KB058003

삶과

죽음의

번뇌

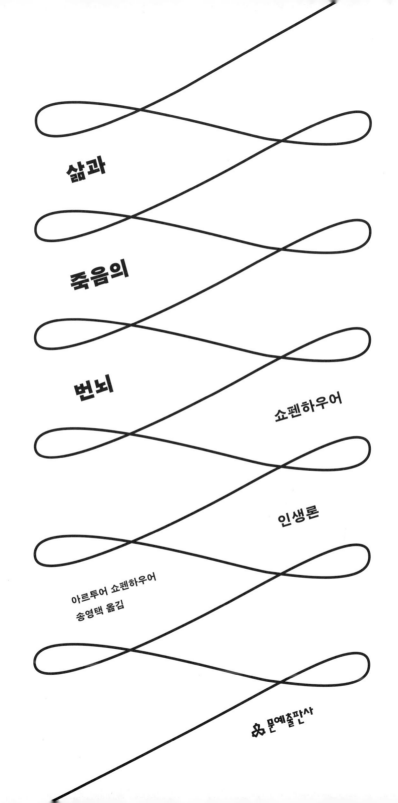

삶과

죽음의

번뇌

쇼펜하우어

인생론

아르투어 쇼펜하우어
송영택 옮김

문예출판사

차례

사랑의 형이상학·1
Metaphysik der Geschlechtsliebe

시인들은 즐겨 사랑을 묘사한다. 사랑은 비극이건 희극이건, 낭
만적이건 고전적이건, 인도에서건 유럽에서건 모든 희곡에서 흔
히 다루는 주제며, 서정시나 서사시에도 곧잘 등장하는 주제다.
특히 유럽의 많은 문명국가에서 몇 세기 동안, 마치 해마다 생산
되는 농산물처럼 규칙적으로 출판하는 소설에서도 사랑을 주요
주제로 다루고 있다.

이러한 모든 작품의 주요 내용을 보면 결국 사랑을 간단하게
혹은 상세하게 기술하고 있다고 해도 무방하다. 예를 들면 불멸
의 명작으로 일컫는 《로미오와 줄리엣》, 《신新 엘로이즈》, 《젊은
베르테르의 슬픔》 등과 같은 작품이 그러하다.

라로슈푸코*는 정열적인 사랑은 마치 유령과 같아서 사람들
이 여러 모습으로 이야기하지만 누구도 실제로 그 모습을 본 적
은 없다고 말했다. 또한 리히텐베르크†는 〈사랑의 힘에 대하여〉
라는 논문에서 그러한 현실성과 자연성을 부정하고 공박하는데

---

*　François de La Rochefoucauld, 1613~1680. 프랑스의 모럴리스트다.
†　Georg Christoph Lichtenberg, 1742~1799. 독일의 물리학자이자 풍자학자다.

이는 큰 오류다. 사랑이 인간의 천성과 관계없거나 모순된다면, 즉 단지 상상으로 만들어내어 희화한 거라면 모든 시대의 천재적 시인들이 끊임없이 묘사하지도 않았을 테고 사람들이 변함없는 흥밋거리로 환영하지도 않았을 테니 말이다. 또한 진리가 들어 있지 않은 작품에는 예술적 아름다움이 존재하리라고 기대하기도 어렵다.

> 진리보다 아름다운 것은 없고
> 진리만이 사랑의 대상이다.
> / 부알로*

사랑은 일상적으로 매일 되풀이된다고는 할 수 없지만 일반적인 경험에 비춰보면 더욱 분명해진다. 뜨겁지만 통제할 수 있는 사랑도 어떤 상황에서는 급속도로 증폭되어 그 강렬한 불길이 다른 모든 정열을 뛰어넘고, 모든 사념을 물리치며 큰 위력을 발휘한다. 모든 장애를 물리치고 욕구를 충족하기 위해 갖은 방법을 동원하며, 그래도 채워지지 않으면 자살까지 결행하기도 한다.

베르테르나 야코프 오르티스† 같은 이들이 소설에만 존재하는 것은 아니다. 유럽에서는 실제 이런 이유로 자살하는 사람이 해마다 네다섯 명은 나온다. 남모르게 죽어 조용히 사라질 뿐이

---

* Nicolas Boileau, 1636~1711. 프랑스의 시인이자 문학평론가로 고전주의 문학 이론의 대표자다.
† 이탈리아 작가 우고 포스콜로의 작품 《야코프 오르티스의 마지막 편지》에 나오는 주인공 이름이다.

다. 이들이 고뇌한 흔적은 고작 신문이나 잡지에 자그맣게 보도되고, 그 죽음은 호적계 관리자의 손에서 습관적으로 처리될 뿐이다. 영국이나 프랑스 신문을 읽는 사람들은 내 말이 옳다고 인정할 것이다. 그런데 이렇게 자살하는 사람보다 더 많은 사람이 이러한 정열에 사로잡혀 정신병원을 드나든다.

그리고 해마다 여러 쌍의 연인이 사랑 때문에 죽는다. 외부의 압박을 견디지 못하고 절망에 빠진 나머지 죽음을 택해서다. 두 사람은 서로 사랑하며 최고의 행복을 누리고 싶었을 텐데, 어떻게든 어려움을 이겨내고 더 바랄 게 없을 정도의 큰 행복을 잡으려 하지 않고 왜 생명을 쉽게 포기해버리는지 나는 결코 이해할 수가 없다. 그러나 앞에서 언급한 내용은 특별한 예일 뿐이고 사람들은 누구나 매일 잔잔한 사랑의 불꽃을 보고 들으며 아주 늙지 않은 이상 대개는 가슴속에 그런 불꽃을 지니고 있다.

아무튼 사랑이 인생에서 중대한 사건이라는 데는 의심의 여지가 없다. 그러므로 시인들이 늘 다뤄온 이 주제를 철학자가 다룬다고 해서 그리 괴이하게 여길 필요는 없다. 오히려 인생에서 이처럼 중요한 역할을 하는 문제를 지금까지 철학자가 전혀 고찰하지 않았고, 또 다루지 않은 소재로 여전히 남아 있다는 사실에 놀라워해야 한다.

지금까지 이 문제(사랑)에 가장 많은 관심을 가진 사람은 플라톤이다. 특히 《향연》과 《파이드로스》에서 사랑에 대해 많이 다루었다. 그러나 그 내용은 신화나 우화, 비유의 범주를 벗어나지 못했고 대부분 그리스인의 남색男色을 언급하고 있을 뿐이다.

루소가 《인간 불평등 기원론》에서 짧게 이 주제를 다룬 부분이 있는데 내용도 불충분하고 잘못되었다. 칸트도 논문 〈미와 숭고한 감정에 대하여〉 3장에서 이 문제를 자세히 다루는데, 이 또한 부분적으로 오류를 범하고 있으며 전문적 지식이 없는 피상적인 내용으로 이루어져 있다. 플라트너*가 《인류학》에서 이 문제를 논한 것도 천박하고 평범한 견해다. 이와 반대로 스피노자의 정의는 극히 소박해서 기분 전환 삼아 인용해볼 만하다.

연애는 외부적인 원인에서 오는 관념에 따르는 일종의 쾌락이다.
/《에티카》 4부 정리定理 44의 증명

내게는 이들을 인용하거나 논박할 근거가 없다. 즉, 이 문제는 객관적으로 나의 가슴에 밀려와서 저절로 나의 세계 고찰의 맥락 속에 들어왔다.

나는 지금 정열에 지배당해 자신의 넘치는 감정을 가장 숭고하고 영묘한 형태로 표현하려는 사람들의 동의나 찬양을 기대하는 게 아니다. 그들에게는 내 견해가 너무나 물질적이거나 형이하학적으로 보일지도 모른다. 하지만 사실은 아주 형이상학적이고 초월적이다.

다만 다음 하나만은 꼭 생각해주기 바란다. 오늘날 그들에게 마드리갈†이나 소네트‡를 만들게 할 정도의 감격을 안겨준 대상

---

*   Karl Friedrich Plattner, 1800~1858. 독일의 화학자이자 철학자다.

도, 그들이 18년 전에 태어났다면 거들떠보지도 않았을 거라는 사실을 말이다. 모든 연애는 아무리 영묘한 외관으로 포장하더라도 성욕이라는 본능에 기인하며 성욕이 특수화 또는 개체화된 것이다. 성애性愛는 희곡이나 소설뿐만 아니라 현실 세계에서도 모든 단계와 배열에서 중요한 역할을 하며, 모든 충동 중에서 생명에 대한 애착 다음으로 가장 강하고 활동적이다. 그래서 언제나 젊은이들의 힘과 사상의 절반을 차지한다.

또한 성애는 뭇사람들이 하는 노력의 최후 목표며 가장 중대한 사건에 악영향을 끼치고 가장 진지한 일을 수시로 중단시키기도 한다. 때로는 가장 위대한 지성에도 한동안 혼란을 주어 정치가가 회담할 때나 학자들이 연구 중일 때도 누더기 같은 것을 가지고 와서 방해한다. 연애편지나 머리카락을 장관의 서류함이나 철학자의 원고 속에 밀어 넣는가 하면 교묘하게 매일 가장 분규가 심하고 나쁜 사건을 계획하며, 가장 중요한 관계를 끊어버리고 가장 견고한 유대도 단절시킨다. 때로는 생명이나 건강 혹은 재산과 지위와 행복까지도 희생시킬 뿐 아니라 정직한 사람들을 부정직하게, 지금까지 성실하던 사람을 불성실하게 만드는 등 모든 것을 전도시키고, 혼란을 주며 전복하는 악마가 되어 나타난다.

이러한 점을 놓고 볼 때 무엇 때문에 우리는 소란과 혼잡, 싸움, 근심, 궁핍에 빠지는 거냐고 부르짖을 수밖에 없다. 그러나 이

---

† 목가와 연애시에 곡을 붙인 무반주 합창곡이다.
‡ 유럽 서정시의 한 형식이다.

는 저마다 상대를 찾기 위해서다. 지극히 단순하다. 그렇다면 이런 사소한 일이 왜 그처럼 큰 풍파를 일으키고 질서 있는 인생에 끊임없이 소란과 혼란을 가져올까?

방해와 혼란을 진지하게 연구하는 철학자라면 올바른 해답을 내릴 수 있다. 여기서 문제는 그 중대성이 결코 하나의 작은 일과 관련된 게 아니고 당사자들의 진지하고 열렬한 모습과 맞먹는다는 사실이다.

비극으로 연출되든 희극으로 연출되든, 모든 연애의 목적은 인생의 여러 목적보다 중요하다. 그런 까닭에 누구나 연애를 진지하게 추구하는 게 당연하다. 거기서 다음 세대의 구성이라는 중대한 문제가 실제로 이뤄진다. 우리가 무대에서 퇴장한 뒤에 새로 등장할 인물의 생존과 성질이 사소한 장난처럼 보이는 남녀의 정사情事로 결정되기 때문이다.

미래의 인간 존재, 즉 실존이 우리의 성욕을 절대 조건으로 삼고 있듯이 성격적인 특질인 본성도 성애에서 개체의 선택이 절대적인 조건이다. 따라서 이 사랑을 통해 모든 부분이 돌이킬 수 없게 확정된다. 이 점이 바로 문제의 핵심이다. 아주 가벼운 호감에서 격렬한 격정으로까지 흐르는 연애의 정도를 자세히 살펴보면 이를 좀 더 정확하게 이해할 수 있다. 그리고 이때 나타나는 여러 연애의 형태는 이성을 선택하는 개별화 정도에 따라 차이가 발생한다는 사실도 알 수 있다.

그러므로 현대인의 모든 연애 사건은 전 인류의 다가올 세대의 구성에 대한 진지한 성찰이며, 그 이후의 무수한 세대를 배려하는 진지한 일이다. 이러한 면에서 사랑은 다른 모든 문제와 마찬가지로 개인의 행복과 불행이 아니라 미래의 인류 생존과 특수한 성질에 대한 문제다.

따라서 개인의 의지는 강화되어 종족의 의지로 나타나는데, 연애 사건의 극한 슬픔과 숭고함, 그 환희와 고뇌의 초월성도 연애의 중요성에 기인한다. 시인들이 수천 년 동안 무수한 실례를 들며 사랑을 묘사했지만 싫증을 느끼지 않았다. 그 이유는 흥미 면에서 어떤 주제도 이를 따를 수 없기 때문이다. 또한 사랑은 종족의 행복과 불행과 관련이 있어서, 개인의 행복과 관련된 다른 모든 것과 사랑의 관계는 마치 평면과 입체의 관계와 같다.

사랑 이야기가 없는 희곡이 흥미를 자아내기 어려운데 다 이런 이유 때문이다. 그리고 사랑 이야기는 오랜 옛날부터 다뤄온 주제인데도 결코 진부하게 느껴지지 않는다.

사랑이 남자와 여자라는 어느 특정한 개인에게 향하지 못하고 개인의 의식 속에서 희미한 성욕으로 나타나는 것은 모든 현상 밖에 존재하는, 살고자 하는 절대적 의지 때문이다. 반면에 의식 속에서 특정한 대상을 향한 성욕도 나타나는데, 이는 자신이 하나의 개체로서 살려는 의지이기도 하지만 미래의 후계자라는 명백히 한정된 생물체 안에서 살려는 것이기도 하다. 또한 이 경우 성욕은 그 자체로 주관적 욕구이지만 교묘하게 객관적인 감탄과 찬미라는 가면을 쓰고 의식을 기만하는 술책을 쓴다.

자연은 목적을 위해 이러한 전략이 필요하다. 그러나 이러한 감탄과 찬미가 아무리 객관적이고 숭고한 색채를 띠는 듯 보여도 그 최종 목적은 일정한 특성을 가진 개체의 생산이다. 이러한 사실은 연애할 때 서로에 대한 애정만으로 만족하지 않고 상대방에게 육체적인 관계를 요구하는 것만 봐도 알 수 있다. 그러므로 서로의 애정이 확실하다 해도 육체적 관계가 빠지면 아무런 위안을 줄 수 없다. 오히려 이러한 상태에서 자살해버리는 사람이 적지 않다.

이와 반대로 상대방에게 강한 애정을 품은 사람이 그 사랑에 보답받지 못하면 상대방을 소유하는 것, 즉 육체관계만으로도 만족하는 경우가 있다. 여자가 싫어하는데도 많은 선물이나 그 밖의 재물을 미끼로 육체관계라는 목적을 달성하거나 강간 등을 저지르는 것이 이러한 사실을 증명한다. 대부분의 정사는 설령 당사자가 의식하지 못하더라도 결국 아이를 낳는 것이 참되고 유일한 목적이다. 거기까지 이르는 과정에서 일어나는 여러 가지 일은 부차적일 뿐이다.

이렇게 말하면 고상하고 다감한 사람들, 특히 현재 사랑에 빠진 사람들은 내 견해가 지나친 현실론이라고 반박할지도 모른다. 하지만 그들은 틀렸다. 다음 세대의 개성을 정확하게 규정한다는 것은 그들의 과장된 감정이나 초감각적인 비눗방울 같은 것보다 훨씬 높고 가치 있지 않겠는가? 인간의 여러 가지 목적 가운데서 이보다 더 중요한 게 또 있을까? 이 목적을 인정하지 못하는 사람이라면 열렬한 사랑도 이해할 수 없다. 이 목적이 사랑에서 중대한 역할을 하며, 그 동기가 아무리 사소할지라도 사랑의 이러한 목적과 연결되면 곧 중대한 의미를 가지게 된다.

사랑하는 상대를 얻기 위해서 하는 여러 가지 번잡한 일이나 한없는 노력과 노고가 결과와 맞지 않는 듯도 보이지만, 이를 올바로 이해하려면 앞에서 말한 참된 목적을 저버리지 말아야 한다. 이러한 행동과 노력으로 이 세상에 태어나는 것이 바로 완전한 개체로 확정된 미래의 세대이기 때문이다. 아니, 미래 세대 자신도 우리가 연애라고 부르는 성욕을 위해 극히 신중하고도 확실하며 자신의 뜻대로 행하는 선택을 이미 시작하고 있다.

사랑하는 두 사람 사이에서 깊어지는 애정은 필경 그들이 낳을 수 있거나 낳으려고 하는 새로운 개체의 생존 의지다. 다시 말하면 서로 반한 두 남녀가 주고받는 갈망으로 가득한 눈빛에서 벌써 새로운 개체의 생명이 싹터 미래의 개체로서 그 모습을 드러낸다. 사랑하는 두 사람은 참다운 하나로 결합하고 융화되어 하나로서만 평생을 살아가고 싶은 갈망을 느낀다. 이러한 갈망은 그들이 낳은 개체 속에서 실현되는데, 두 사람의 유전적 특성이 융합되고 결합하고 합쳐져서 하나의 존재로 생존해간다.

반대로 남자와 여자가 집요하게 확실히 서로를 싫어한다면, 그들 사이에서 태어날 아기는 나쁜, 부조화한, 불행한 존재가 될 수 있다는 징후다. 그러므로 칼데론*이 대기의 딸이라고 부르는 무서운 세미라미스(강간으로 태어난 딸)를 나중에 남편을 죽이는 것으로 묘사한 데는 깊은 의미가 내포되어 있다.

마지막으로 이성의 두 개체가 강력하게 서로 자신의 상대만을 끌어당기는 것은 모든 종족에게 나타나는 생존 의지며, 이 의지는 두 사람 사이에서 태어날 자식이 자신을 실현해주기를 바란다. 자식은 대개 아버지에게서 의지, 즉 성격을 물려받고 어머니에게서 지성을 이어받으며 이 두 사람 모두에게서 체질을 계승받

* Pedro Calderon de la Berca, 1600~1681. 스페인의 극작가다.

는다.

그러나 대개 용모는 아버지를 많이 닮고 체격은 오히려 어머니를 닮는다. 이 법칙은 동물의 잡종을 만들 때 나타나는데, 주로 태아의 크기가 자궁의 크기로 정해지기 때문이다. 각 개체의 아주 특별하고 고유한 개성을 쉽게 설명할 수 없듯이 두 연인의 아주 특별하고 개별적인 정열 또한 설명할 수 없다. 사실 둘 다 그 뿌리는 동일하며, 후자에 포함된 것이 전자로 드러난 것이다.

새로운 개체의 출현, 그 생명의 참된 발생점은 사실 부모가 서로 사랑하기 시작하는 그 순간(영어로는 '서로 좋아하다to fancy each other'라는 표현이 가장 적절하다)이라고 볼 수 있다. 이미 말한 바와 같이 두 사람의 갈망하는 시선이 서로 마주쳤을 때 새로운 존재가 싹튼다.

이 존재도 물론 다른 모든 존재처럼 짓밟히기도 한다. 이 새로운 개체는 어느 의미에서 새로운 플라톤적인 이념이다. 모든 이념이 현상계에 나타나려는 줄기찬 노력을 아끼지 않으며, 인과 법칙이 그들의 입속에 넣어주는 물질을 삼키려고 하듯이 인간 개체인 이 특수한 이념도 최대의 탐욕과 격정으로 현상 속에서 자신을 실현하려 노력한다. 이 탐욕과 격정이야말로 미래의 부모가 될 두 사람 사이의 정열이다.

격정에는 무수한 단계가 있는데, 그 양극단을 '평범한 사랑'과 '천상의 사랑'이라 불러도 좋다. 그러나 본질은 동일하다. 다만 그 정도의 측면에서 정열이 개체화하면 할수록, 즉 사랑받는 개체의 모든 부분과 성질이 사랑하는 개체의 소망이나 자신의 개성으로 확립된 요구를 충족시키는 데 가장 적합하면 할수록, 그 힘은 더욱 강해진다. 이때 무엇이 중요한 문제인지 점차 명료해진다.

애욕적인 사랑은 첫째로 본질상 건강, 힘, 아름다움, 청춘을 향한다. 의지는 무엇보다도 먼저 모든 개성의 밑바탕인 인류의 종족적 성격을 나타내려고 하기 때문이다. 평범한 사랑은 이 이상 나아가지 않는다. 그다음으로 더 구체적인 요구가 여기에 연결되어 있는데 여기서 이를 계속해서 자세히 검토해보고자 한다. 이 요구가 충족될 가망이 있을 때 정열도 함께 높아진다.

그런데 두 개체가 서로 잘 어울릴 때 정열이 최고에 다다른다. 이를 통해 아버지의 의지, 즉 성격과 어머니의 지성이 결합하여 목적하는 개체가 완성된다. 보통 모든 종족에게서 나타나는 개체에 대한 생존 의지는 그 크기에 알맞은, 인간 마음의 한계를 넘어선 갈망을 느낀다. 이 갈망의 동기 또한 마찬가지로 개인 지성의 한계를 넘어선다. 이야말로 참으로 위대한 정열의 영혼이다.

다음으로 고찰해볼 점은 두 개체가 상호 간에 화합하는 정도가 완전하면 완전할수록 상호 간의 정열은 더욱 강렬해진다는 것이다. 완전히 동일한 두 개체는 존재하지 않기 때문에 각각의 특정한 남성은 언제나 태어날 아이를 고려하여 특정한 여성과 가장 완벽하게 짝을 이뤄야 한다. 이러한 남녀가 서로 만나는 일이 매우 드물듯이, 정열적인 연애 또한 참으로 드물다. 그러나 누구에게나 이러한 연애의 가능성이 있기에 우리가 시인의 작품에 나오는 표현을 이해할 수 있는 것이다.

정열적인 사랑의 핵심은 아이가 태어날 거라는 기대감과 그 본성에 달려 있기에, 두 사람의 이성과 교양, 성향과 성격, 지적 경향이 일치할 경우 성애가 전혀 섞이지 않는 우정이 성립할 수도 있는데 더욱이 이 점에서 서로에게 일종의 혐오감을 느끼기도 한다. 그 원인은 그들 사이에서 태어나는 아이가 육체적 또는 정신적으로 부조화한 특성을 가질지도 모른다는 것, 즉 아이의 생존과 특성이 종족에게 나타나는 생존 의지라는 목적에 적합하지 않기 때문일 것이다.

반대로 성향, 성격, 지적 경향의 질이 달라서 서로에게 혐오감을 느낄 뿐 아니라 적의마저 품고 있는데도 성애가 생길 수도 있다. 이 경우에는 사랑이 서로를 맹목적으로 만들어 그 부조화가 눈에 보이지 않는 것으로, 만일 여기에 현혹되어 결혼에까지 이른다면 그들은 반드시 불행해진다.

이제부터는 좀 더 근본적인 문제로 들어가보자. 이기주의는 일반적으로 모든 개성에 깊이 뿌리박혀 있어서 그 개체가 활동하려면 이기적인 목적을 보이는 것보다 더 유일하고 확실한 방법은 없다. 사실 종족은 사멸해야 할 개체 그 자체보다도 더 빠르고 직접적인 큰 권리를 개체에 가지고 있지만, 개체가 종족의 존속이나 성질을 위해 활동하고 또 희생해야만 할 때 개체에게 그러한 희생의 필요성을 이해시키고 개체가 자신의 이해관계를 떠나게 할 수는 없다.

그러므로 이럴 때는 그 목적을 달성하려면 자연이 다음의 수단을 취할 수밖에 도리가 없다. 자연이 개체에게 일종의 환영을 심어, 사실은 종족을 위해서인데 개체 자신을 위한 것처럼 생각하게 만들어 거기에 진력하도록 하는 것이다. 이렇게 하면 개체는 훗날에 결국 스러져버릴 단순한 환영을 개체에게서 추구하게 된다. 이 환영이 바로 본능이다. 이 본능은 대개 종족의 감각으로 여겨지며, 종족에게 이익이 되는 것을 의지의 면전에 드러내 보인다. 그러나 이 경우 의지는 개체적이라서 이 본능에 기만당하여, 종족의 감각이 내보이는 것을 개체의 감각으로 지각한다.

그리고 본능은 동물에게 가장 큰 역할을 하며 외부로 나타난 모습은 정밀하게 관찰할 수 있으나, 내부 활동은 다른 모든 내면적인 현상과 마찬가지로 오직 우리 자신을 돌아봐야만 알 수 있다. 흔히 인간에게는 본능이란 거의 없고 있다고 하더라도 갓난아기가 어머니의 젖을 더듬는 정도라고 말하지만, 사실 우리는 아주 명확하고 복잡한 본능을 가지고 있다. 성욕의 만족을 위해 다른 개체를 교묘하고 진지하게 자의적으로 선택하는 것 또한 본능이다.

만약 이 성욕에 대한 만족감이 개체의 절실한 욕구에서 기인한 관능적인 향락에만 머무른다면 상대 이성의 아름다움과 추함은 문제가 아닐 것이다. 그런데도 아름다움과 추함을 두고 열심히 고려하고 신중하게 선택한다. 이는 선택하는 개체와는 아무런 관련이 없는데 개체는 관련이 있다고 여긴다. 이 행동의 진정한 목표는 태어날 아이와 관련이 있으며, 가능한 한 종족의 전형을 순수하고 완전한 형태로 보존하려는 방편이다.

많은 육체적인 사건이나 도덕적인 부정으로 인간 형태에 실로 다양한 변종이 생기지만 순수한 전형은 그 모든 부분에서 끊임없이 회복 중이다. 이러한 회복은 미적 감정에 이끌려 행해지는데, 일반적으로 성욕에 앞서는 이 미적 감정이 없으면 성욕은 구토를 유발할 뿐이다. 그러므로 누구든 무엇보다도 가장 아름다운 개체, 즉 종족의 성격이 가장 순수하게 나타나 있는 개체를 결정적으로 좋아하며 또한 열렬히 그런 완벽함을 원한다.

누구든 다른 개체에서 자신에게 없는 아름다움을 특히 더 원한다. 그뿐만 아니라 결점이라 하더라도 자신과 반대되는 거라면 모두 아름답다고 생각한다. 이를테면 키가 작은 남자는 키가 큰 여자를, 금발을 가진 사람은 흑발의 사람을 좋아한다.

남자는 마음에 드는 아름다운 여자를 보았을 때 현혹되어 환희에 사로잡히며 그 여자와 결합하는 것을 최고의 행복이라고 생각한다. 이 환희가 바로 종족의 의지다. 그녀를 통해 자기 종족을 영속시키려는 것이다. 종족 전형의 유지는 아름다움에 대한 강한 애착에 기인해서 아름다움에 대한 애착은 매우 큰 힘으로 작용한다. 이 애착에 따른 고려 사항은 뒤에서 더 자세히 설명하겠다.

그런데 인간을 이끄는 것은 실상 종족의 이익을 추구하는 본능이지만 인간은 단지 자신이 커다란 향락을 찾고 있다고 생각한다. 이 사실에서 우리는 모든 본능의 내면적인 본질에 대한 많은 교훈을 얻은 셈인데, 본능의 역할은 거의 언제나 종족의 행복을 위해 개체를 움직이는 데 있다.

한 마리의 곤충이 알을 낳기 위해 꽃이나 과실, 오물이나 짐승 고기 혹은 여왕벌처럼 다른 곤충을 찾아 헤매며 어떠한 고생이나 위험도 두려워하지 않는 것은 마치 남자가 성욕을 충족하기 위해 하나의 개체로서 자신에게 맞는 한 여자를 바라는 것과 흡사하다. 때로는 모든 이성의 경고를 무시하고 그 여자를 얻기 위해 자기 자신의 행복을 희생한다. 어리석은 결혼으로, 혹은 재산이나 명예, 생명까지도 앗아가는 연애 사건으로, 나아가 간통이나 강간 등의 범죄를 저지른다.

이는 모든 곳에서 주권을 쥐고 있는 자연의 의지에 따른 것으로, 개체를 희생하더라도 가장 효과적으로 종족에게 봉사하기 위해서다. 언뜻 보면 때때로 본능은 일정한 목적이라는 개념에 종사하는 듯 보이나 사실은 전혀 그렇지 않다. 자연은 행동하는 개인이 목적을 이해할 능력이 없거나 목적을 추구하기 싫어할 때 본능을 발동한다.

대개 본능은 동물, 주로 지능이 가장 낮은 하급 동물에게만 있다. 그러나 이 글에서 살펴본 내용으로 보면 인간에게도 본능이 있다. 인간에게 본능이 주어진 이유는 자연의 목적을 깨달을 수 없기 때문이 아니라 그 목적을 위해 자기 행복을 희생하려 하지 않기 때문이다.

그러므로 모든 본능과 마찬가지로 의지에 따라 작용하게 하려고 진리가 환영의 형태를 취한다. 남자를 기만하는 것은 음탕한 망상이라서, 남자는 마음에 드는 아름다운 여자의 팔에 안기면 다른 여자의 팔에 안길 때보다 더 만족스러우리라고 생각한다. 혹은 그 본능이 오직 하나의 개체만을 향하면 이 개체의 소유를 통해 자신이 무한한 행복을 얻으리라고 확신한다. 그러므로 남자는 자신이 쾌락을 위해 노고와 희생을 치르고 있다고 생각하지만, 실은 종족의 올바른 전형을 유지하기 위해 또한 부모에게서만 물려받을 수 있는 아주 특정한 개체를 출생하기 위해 움직이는 것이다.

이때 본능에는 인간이 그 목적을 위해 힘쓰도록 하는 특성이 있어서 때때로 인간은 자신의 환영에 이끌린다. 그리고 이렇게 했다가 앞으로 새 생명이 탄생할 수도 있다는 사실을 깨닫고 싫으면 여기에 반항하기도 한다. 대부분 간통의 경우에 볼 수 있는 일이다.

이러한 본능의 특성에 따라서 향락을 끝낸 후에는 이상한 실망을 경험하며, 그렇게까지 열망했지만 다른 모든 성적 만족과 별로 다를 게 없다는 사실에 놀란다. 그러면 남자는 향락에 별 이익이 없다고 느낄 것이다. 즉, 이 욕망과 다른 모든 욕망의 관계는 종족과 개체, 즉 무한無限이 유한有限과 관련되어 있는 것과 같다.

이에 반해 만족은 본래 종족에게 이익이기 때문에 개체의 의식에는 나타나지 않는다. 이때 개체의 의식은 종족 의지에 격려받아 모든 것을 희생하고 전혀 자신의 것이 아닌 다른 목적을 위해 봉사한 것이다. 그러므로 모든 애인은 이 위대한 작업을 완성한 후에야 비로소 속았다는 사실을 깨닫는다. 환영이 사라지면 개체가 종족에게 속았다는 사실을 깨닫기 때문이다. 플라톤은 이 상황을 아주 적절히 다음과 같이 말했다.

쾌락에 버금갈 최대의 사기꾼은 없다.

이러한 사실들은 동물의 본능과 아름다움에 대한 감수성을 설명하는 데 빛을 던져준다. 틀림없이 동물도 일종의 환영에 사로잡혀 자신의 쾌락을 추구한다고 생각하겠지만, 실은 아주 열심히 종족을 위해 일하고 있는 것이다.

새는 둥지를 틀고, 곤충은 알을 낳기에 적합한 장소를 찾거나 자신은 먹을 수 없어도 태어날 유충에게 주기 위해 먹이를 찾아 헤매고, 꿀벌이나 호리병벌이나 개미는 교묘하게 둥지를 틀고 아주 복잡한 경제 체계에서 일에 전념한다. 이 동물들은 모두 틀림없이 종족을 위한 이기적인 목적의 가면을 쓴 환영에 이끌리고 있다. 이는 본능을 발현시키는 기본 단계인 주관적인 진행 과정을 우리에게 이해시키는 유일한 방법이다.

그러나 객관적으로 보면 본능이 지배하는 동물, 특히 곤충은 신경 계통, 즉 주관적인 신경 계통이 뇌신경 계통보다 우수한 듯하다. 이로 미뤄볼 때 곤충들은 객관적으로 정당한 이해를 좇아서가 아니라 오히려 신경 계통이 두뇌에 미치는 작용으로 생기는 주관적이고도 욕망을 자극하는 표상, 그러니까 일종의 환영에 이끌린다. 이는 모든 본능의 생리적인 진행 과정이다.

좀 미약하지만 인간의 본능을 좀 더 설명하기 위해 임신부의 엄청난 식욕을 예로 들어보겠다. 여기에는 태아에게 영양분을 공급해줘야 하는 혈액이 특별한 또는 일정한 변화를 자주 요구하는 데 원인이 있는 듯하다. 그래서 임신부가 그러한 변화를 만드는 음식물을 홀연히 갈망하게 되고 여기서도 음식물이라는 하나의 환영이 생겨난다. 그러므로 여자는 남자보다 본능을 하나 더 가지고 있다. 또 신경 계통은 여자가 훨씬 더 발달해 있다.

인간이 동물보다도 약한 본능을 가졌고, 이 약한 본능조차도 잘못 인도되기 쉽다는 것은 사람의 두뇌가 그만큼 뛰어나다는 사실로 설명할 수 있다. 즉, 성적 만족을 위한 선택을 본능적으로 이끄는 미적 감정이 남색의 경향으로 타락한다면 잘못 인도된 것이다. 쉬파리가 그 본능에 따라서 썩은 고깃덩어리 속에 알을 낳는 대신 썩은 고기 냄새와 같은 천남성* 향기에 현혹되어 그 꽃 위에 알을 낳는 것과 흡사하다.

모든 성애의 근저에는 전적으로 새로 태어날 존재를 향한 본능이 깔려 있다. 이런 측면에서 한층 더 세밀히 분석해보면 이 진리가 옳다는 것을 알 수 있다.

첫째, 천성이 남자는 사랑이 쉽게 변하고 여자는 변하지 않는 경향이 있다. 남자는 만족을 얻은 순간부터 사랑이 현저히 줄어든다. 또 자신이 이미 소유한 여자보다는 다른 여자에게 더 이끌린다. 남자만 변화를 갈망한다. 반대로 여자는 만족을 얻은 순간부터 사랑이 커진다.

자연의 목적에 따라 생겨나는 필연적인 결과다. 자연은 종족을 유지하기 위해서 가능한 한 증식을 많이 한다. 남자가 100명 이상의 여자를 상대한다면 아마 일 년에 100명 이상의 아이를 쉽사리 만들어낼 수 있다. 그러나 여자는 아무리 많은 남자를 상대한다 해도 쌍둥이를 낳는 경우를 제외하면 일 년에 1명의 아이밖에 낳지 못한다. 그래서 남자는 항시 다른 여자를 구하지만 여자는 꼭 한 명의 남자만 지킨다. 자연은 으레 여자를 본능적으로 태어날 아이의 양육자이자 보호자로 머무르게 하기 때문이다. 그러므로 여자의 간통은 객관적으로는 그 결과 때문에, 주관적으로는 자연을 위반하기 때문에 남자의 간통보다도 더욱 용서할 수 없는 일이다.

이성을 향한 희열은 가령 그것이 객관적으로 보이더라도 사

---

*　천남성과에 속하는 냄새가 유독한 다년초 식물이다.

실은 가면을 쓴 본능, 즉 자신의 타입을 유지하고자 노력하는 의지인데, 이 희열을 근본적으로 이해하고 충분한 확신을 얻으려면 더욱 자세히 탐구하고 그 세목까지도 꼭 논해야 할 몇 가지 고려 사항이 있다. 이 사항은 직접적인 종족의 전형, 즉 아름다움에 관한 것과 정신적인 성질에 관한 것 그리고 상대적인 것에 지나지 않는 것, 즉 두 개체의 편파와 변태에 필요한 교정 혹은 서로 중화할 수 있는 데서 생겨나는 것 등으로 나눌 수 있다. 이를 상세히 조사해보자.

선택과 희열을 이끄는 가장 중요한 고려 사항은 나이다. 전체적으로 우리는 월경이 시작할 때부터 끝날 때까지를 그 기간으로 보는데, 그중에서도 열여덟 살부터 서른여덟 살까지의 시기를 특히 좋아한다. 이 나이를 벗어난 다른 여자는 관심을 끌지 못한다. 나이를 먹은 여자, 즉 월경이 끝난 여자는 혐오감을 일으킨다. 젊은 여자는 미인이 아니더라도 매력이 있지만 젊음이 없는 아름다움은 전혀 매력이 없다. 이때 무의식적으로 우리를 이끄는 목적은 대개 명백히 생식 가능성이어서, 어느 개체든 생식이나 수태受胎할 수 있는 적당한 시기에서 멀어지면 멀어질수록 이성으로서 매력이 사라진다.

둘째 고려 사항은 건강이다. 급성 질병이라면 일시적인 장애일 뿐이지만 만성병 혹은 악성 질병은 공포를 느끼게 한다. 아이들에게까지 옮아가기 때문이다.

셋째 고려 사항은 골격이다. 골격은 종족 전형의 기초이기 때문이다. 늙음과 질병을 제외하면 기형적인 모습만큼 혐오감을 일으키는 대상은 없다. 아무리 얼굴이 아름다워도 기형을 바로잡을 수는 없는 반면, 비록 얼굴은 미워도 정상적인 모습이라면 호감을 느낄 수 있다. 우리는 골격의 모든 불균형을 극히 예민하게 느낀다. 이를테면 키가 작고 땅딸하고 하체가 짧은 모습이나 태어나면서부터 절름발이인 경우가 전자에 속한다. 이와 반대로 현저하게 아름다운 자태는 모든 결점을 보완하고 우리를 황홀하게 한다.

또한 작은 발이 중요하다. 발의 크기는 종족의 중요한 특징이기 때문이다. 족근과 중족골이 인간만큼 작은 동물이 없는데, 이는 척추동물인 인간이 직립 보행하는 것과 관계가 있다.

이에 대해 성경 외경의 〈전도서〉에서도 "자태가 똑바르고 아름다운 발을 가진 여자는 은박 위에 세운 황금 기둥과 같다"라고 찬양했다. 치아 또한 중요하다. 치아는 영양 섭취에 근본적으로 필요하며, 특히 유전되기 쉽기 때문이다.

넷째는 적당한 정도의 살 붙임, 다시 말하면 식물성 기능과 형성 작용이 왕성하고 충분해야 한다. 태아에게 풍부한 영양을 줄 수 있다는 약속이기 때문이다. 몹시 여윈 여자는 성적으로 거부감을 불러일으키는데, 이 역시 무의식중에 태아의 영양에 영향을 미치기 때문이다. 그리고 풍만한 여자의 앞가슴은 여자의 생식 작용과 직접 관련이 있어서 태어날 아기에게 풍족한 영양을 약속하기 때문에 남자에게 대단히 매력적이다. 이와는 반대로 지나치게 비대한 여자는 불쾌감을 주는데, 그런 체질은 병적이고 자궁이 위축되었다는 징후이며 불임의 가능성이 크기 때문이다. 이 모두를 지각하는 것은 뇌가 아닌 본능이다.

마지막 고려 사항은 얼굴의 아름다움이다. 이 경우에도 제일 먼저 골격이 문제인데, 그중에서도 코가 가장 중요하다. 짧고 위로 치켜 올라간 코는 얼굴 전체를 망쳐놓는다. 코가 낮으냐 높으냐 하는 조그만 차이는 예부터 무수한 처녀의 일생을 결정해왔다. 종족의 전형과 관계가 있기 때문이다. 작은 턱과 입은 동물과는 달리 인간 얼굴의 고유한 특징으로 대단히 중요하다. 뒤로 밀린, 깎아버린 듯한 턱을 특히 못마땅하게 여기는 것은 동그스름한 턱이 인간의 특징 중 하나기 때문이다. 그리고 아름다운 눈과 넓은 이마를 중요시하는 것은 심적 특질, 특히 어머니에게서 물려받는 지성과 관계가 있기 때문이다.

한편 여자가 남자를 선택할 때 무의식적으로 염두에 두는 고려 사항은 위에서 논한 만큼 상세하게는 들 수가 없다. 그러나 대체로 다음과 같은 내용을 주장할 수 있다.

우선 여자는 서른 살에서 서른다섯 살 사이의 남자를 좋아한다. 원래 인간이 가장 아름다운 시기가 청년기인데도 여자는 그 이상의 나이를 좋아한다. 취향이 아니라 본능에 이끌려서인데 본능은 이러한 나이에 이르렀을 때 생식 능력이 절정에 달하기 때문이다.

일반적으로 여자는 아름다움, 특히 남자 얼굴의 아름다움을 별로 중시하지 않는다. 아이들에게 아름다움을 물려주는 일은 여자 측에서 도맡는다고 보는 듯하다. 주로 남자의 힘과 용기가 여자의 마음을 이끈다. 이 두 가지는 강한 아이를 출산할 가능성과 동시에 남자가 아이의 든든한 보호자가 될 수 있다는 점을 확실하게 보여주기 때문이다.

남자에게 육체적인 결점이 있다든가 외형이 비정상적이라

할지라도 여자가 이런 부분에 결점이 없거나 오히려 반대로 더 뛰어나면 아이들에게 남자의 그런 부분이 유전되는 것을 막을 수 있다. 그러나 남성만 가진, 여자가 아이들에게 물려줄 수 없는 남자만의 고유한 여러 가지 특질은 여기에서 제외된다. 즉, 남자다운 골격 조직, 벌어진 어깨, 가는 허리, 곧게 뻗은 다리, 근육의 힘, 용기 혹은 수염 같은 것 말이다. 그래서 여자가 때로 못생긴 남성을 사랑하는 일은 있어도 남자답지 않은 남자를 사랑하는 일은 결코 없다. 여자가 이 결점을 중화할 수 없기 때문이다.

사랑의 원천이 되는 두 번째 고려 사항은 심적 특성과 관련이 있다. 이 점에서는 여자가 전적으로 남자의 마음, 즉 성격 특성에 이끌린다는 사실을 발견할 수 있다. 이는 부친에게서 유전된다. 강인한 의지, 결단, 용기 및 정직, 친절 등이 주로 여자의 마음을 사로잡는다.

반면, 지성적인 면에서 남자는 여자에게 어떠한 직접적인 또는 본능적인 힘조차도 미치지 못한다. 지성은 부친에게서 전해지지 않기 때문이다. 남자의 이해력 결핍은 여자에게 별로 문제가 아니다. 오히려 남자의 탁월한 정신력이나 천재성은 불리한 결과를 초래한다. 그러므로 추하고 우둔하고 거친 남자가 교양 있고 총명하고 훌륭한 남자보다 여자의 사랑을 얻는 수가 허다하다.

또 정신적으로 기질이 아주 다른 남녀가 연애 끝에 결혼하는 경우가 흔히 있다. 예를 들면 남자는 거칠고 힘이 세고 식견이 좁은데 여자는 감정이 섬세하고 생각이 깊고 교양이 있다든가, 남자는 천재고 학문적인데 여자는 아주 우둔하다든가 하는 경우가 있다.

사랑의 여신 비너스는 냉혹한 희롱으로
몸도 마음도 아주 다른 두 사람을
구리줄 고삐로 한데 묶어놓나니
/ 호라티우스*

이 경우에는 고려 조건이 지성적인 것과는 완전히 다른 것, 즉 본능에 관한 것이기 때문이다. 결혼의 목적은 부부가 재치 있는 담화를 나누기 위해서가 아니고 아이들을 만드는 데 있다. 또한 결혼은 마음의 결합이지 두뇌의 결합이 아니다. 그러므로 여자가 남자의 지성에 반했다고 말한다면 어처구니없는 일이다.

반면에 남자의 본능적인 사랑은 여자의 성격적 특질로 결정되지 않는다. 수많은 소크라테스가 저마다의 크산티페를 찾아낸 것도 이 때문이고 셰익스피어, 뒤러†, 바이런 등도 같은 경우다.

그러나 지성적 성질은 어머니에게서 유전되기 때문에 이 경우에도 영향을 미치겠지만, 그 영향력은 본질적인 점에서 더 직접적으로 작용하는 육체적인 아름다움에 쉽사리 압도당한다. 그러나 지성적인 성질의 작용을 직접 경험했거나 혹은 느낀 어머니들은 자기 딸이 남자의 마음을 끌 수 있도록 미술이나 여러 언어를 가르친다. 마치 필요한 경우에 허리나 가슴에 장식물을 달듯이, 인공적인 수단으로 지성을 보완하려는 것이다.

여기서 우리는 참된 사랑을 일깨우는 아주 직접적이고 본능

* Horatius, BC. 65~BC. 8. 고대 로마의 시인이다.
† Albrecht Dürer, 1471~1528. 독일의 화가이자 조각가로 독일 르네상스 회화의 정점을 이뤘다.

적인 매력만을 논하고 있다는 점을 알아두기 바란다. 교양이 있는 총명한 여자가 남자의 이해력과 정신을 존중한다든가, 남자가 이성적으로 숙고한 후에 약혼자의 성격을 시험하고 고려하는 일은 여기에서 다루는 주제와는 관계가 없다. 이러한 일은 결혼에서 이성적 선택에 영향을 미치지만 우리가 지금 문제로 삼고 있는 격정적인 연애와는 아무런 관계가 없다.

지금까지 나는 다만 절대적인, 즉 모든 사람에게 해당하는 고려 사항만을 관찰했다. 이제부터는 개인적이고 상대적인 고려 사항을 생각해보려 한다. 이러한 고려 사항은 이미 불완전한 면이 있는 종족의 전형을 개량하고, 선택자 자신이 이미 갖고 있는 비정상적인 자태를 정정하여 전형의 순수한 표상으로 돌아가는 것이 목적이다. 그러므로 사람들은 각자 자신에게 없는 것을 좋아한다. 상대적인 고려에 기초한 선택은 개인의 소질을 목표로 하기 때문에 절대적인 고려보다 훨씬 더 결정적이고 명백하며 배타적으로 성립한다. 그러므로 진정한 격정적인 연애의 근원은 대개 이 상대적인 고려에 존재하고, 비교적 가벼운 애착만이 절대적인 고려에 포함된다.

꼭 균형 잡힌 완전한 아름다움만이 강한 격정의 불을 일으키지는 않는다. 이러한 참된 격정적인 사랑이 성립하려면 화학적 비유로만 표현할 수 있는 무엇이 필요하다. 즉, 산과 알칼리가 섞여 중성염이 되듯이 두 사람이 서로를 중화시켜야만 한다. 이에 필요한 조건은 주로 다음과 같다.

첫째로는 모든 성은 편향적이다. 이러한 편향은 다른 사람보다 한 사람에게서 더 확실하게 드러나며 수준도 더 높을 수 있다.

그러므로 모든 개체는 자신이 속한 한쪽 성보다도 다른 이성으로 더욱 잘 보완하고 중화할 수가 있다. 새로 태어날 개체에 인류의 전형을 완전하게 부여하기 위해서는 자신과 반대의 편향이 필요하기 때문이다. 모든 것은 새로운 개체를 목표로 행해진다.

생리학자는 성적인 특징이 남녀를 막론하고 무수한 양상으로 나타난다는 점을 인정하고, 남자나 여자에게서 찾아볼 수 있는 가장 저급한 양상은 남녀의 성향을 반반씩 띠고 있는 거라고 말한다. 그리하여 양성의 중간을 지키며 어느 쪽에도 속하지 않는 개인은 전혀 생식할 수가 없다. 두 개체가 서로 중화하기 위해서는 남자의 성적 성질과 여자의 성적 성질이 정확하게 서로 적응해야 한다. 이것으로 양쪽의 편향을 서로 상쇄하게 된다.

그러므로 가장 남성다운 남자는 가장 여성스러운 여자를 구하며, 그 반대의 경우도 역시 같다. 이처럼 모든 개체는 그 정도에 따라 자신에게 적합한 것을 구한다. 이때 두 사람 사이에 필요한 비례가 어느 정도인지는 그들 스스로 본능적으로 감지한다. 이는 다른 상대적인 고려 사항과 함께 연애의 수위를 높이는 기초가 된다.

사랑하는 사람들은 서로의 마음이 조화를 이룬다고 감동적으로 말하지만 대개는 태어날 아이와 그 완전성에 관한 조화가 핵심이고, 이것이 그들 마음의 조화보다도 분명히 중요하다.

정신의 조화는 결혼 후 즉시 심한 부조화로 변하기 쉽다. 그렇기에 또 다른 상대적 고려가 따르기 마련이다. 즉, 각 개체는 자신의 약점이나 결함, 전형에서 벗어난 특질이 태어날 아이에게 유전되어 영구화되거나 완전한 변태가 되지 않도록 하기 위해 다른 개체로 이를 상쇄하려고 노력한다. 남자는 근육의 힘이 약하면 그만큼 더 강한 여자를 구할 것이다. 여자 역시 마찬가지다. 그러나 여자는 남자보다 힘이 약한 것이 자연적이며 보편적이기 때문에 보통 힘이 강한 남자를 구한다.

다음으로 중요한 고려는 신장 문제다. 키가 작은 남자는 키 큰 여자를 좋아하며 그 반대도 역시 마찬가지다. 아버지는 큰데 어머니의 영향을 받아서 키가 작은 남자라면 큰 여자를 더 좋아할 것이다. 그는 아버지에게서 혈관 계통과 그 에너지를 물려받아서 큰 체구에 혈액을 공급할 수 있기 때문이다. 이와 반대로 아버지, 할아버지도 키가 작다면 이러한 경향은 그렇게 현저하지 않을 것이다. 큰 여자가 큰 남자를 싫어하는 이유는 너무 큰 아이가 태어나는 것을 피하려는 자연의 의도에 기인한다. 만약 이들이 결합한다면 어머니에게서 유전되는 2세의 체격이 지나치게 커서 오히려 살아가기가 불편할 테고, 따라서 오래 생존할 수 없을 것이다. 만약 이런 여자가 여러 가지 동기와 일종의 허영심에서 큰 남자를 선택한다면 자손이 그 어리석은 행동의 값을 대신 치르게 된다.

다음으로 매우 중요한 고려 사항은 빛깔이다. 금발인 사람은 검거나 갈색인 사람을 찾지만 후자가 전자를 찾는 경우는 드물다. 그 이유는 금발과 파란 눈은 전형에서 벗어난 흰쥐 또는 백마처럼 변종에 가깝기 때문이다. 이들은 유럽 이외의 어느 대륙에서도, 심지어 극지방 근처에서조차 살지 않았다. 분명히 스칸디나비아에서 유래한 것으로 보인다.

여기에다 내 의견을 첨부하면 하얀 피부색은 인간에게 자연스럽지 않다. 인간은 본래 우리의 조상인 인도인처럼 검든가 혹은 갈색 피부를 가졌으며, 따라서 피부가 하얀 인간은 원래가 자연의 품에서 나온 인종이 아니다. 백인종이라는 말이 자주 입에 오르내리지만 실은 이런 인종은 없다. 피부가 하얀 백색인은 표백된 인종을 지칭하는 말일 뿐이다. 척박한 북쪽 땅으로 내쫓겨 외래 식물처럼 근근이 생존하며 수천 년이 지나면서 점점 하얀색으로 변한 것이다. 약 400년 전에 유럽으로 이동해온 집시는 인도 인종이었지만 그 피부 빛은 인도인에서 유럽인으로 변하는 과도기적 상태를 보여준다. 그러므로 자연은 성애를 통해 원형인 흑발과 갈색 눈으로 돌아가려고 노력한다. 그러나 하얀 피부가 제2의 자연이 되어버렸다. 물론 인도인의 갈색 피부가 우리에게 혐오스러운 감정을 일으킬 정도는 아니다.

마지막으로 누구든 각각의 신체 부분에서 자신의 결점과 특이 사항을 교정하려고 노력한다. 중요한 부분일수록 그 욕구는 강해진다. 그러므로 들창코를 가진 사람이 매부리코나 앵무새와 같은 얼굴을 형언할 수 없을 만큼 좋아한다. 다른 부분도 마찬가지다. 지나치게 가냘프고 큰 키에 긴 팔다리를 가진 사람은 지나칠 만큼 뚱뚱하고 작은 신체조차도 아름답다고 본다. 기질에 대한 부분도 이와 비슷하게 선택에 영향을 미친다. 각자 자신과 반대되는 기질을 좋아하는데 자신의 기질이 명확하게 결정된 한에서 그러하다.

물론 완전한 사람이 모든 면에서 불완전성을 구하거나 좋아하는 일은 없겠지만 다른 사람보다는 쉽게 불완전성과 화해한다. 자신이 그 부분에서 완전성을 지니고 있기 때문이다. 예를 들면 피부가 매우 하얀 사람은 노란 피부의 얼굴을 봐도 싫어하지 않을 것이다. 하지만 피부가 노란 사람은 눈이 부실 정도로 하얀 얼굴을 보면 신성하고 아름답다고 생각할 것이다.

남자가 아주 못생긴 여자를 사랑하는 수가 흔히 있는데, 앞서 언급한 두 사람의 성 적합 정도가 정확하게 조화를 이루고 여자의 변태성 전체가 남자의 변태성과 정반대여서 교정할 수 있을 때다. 이런 경우에는 연애가 높은 수준에까지는 도달하지 못한다.

남자가 여자의 신체 각 부분을 검사하고 관찰하는 경우나 여자가 남자에게 같은 일을 할 때의 진지함, 남자가 마음에 들기 시작한 여자를 음미할 때의 비평적 세심함, 우리의 자의적인 선택, 신랑이 신부를 관찰하는 면밀한 주의, 어떠한 점에도 속지 않겠다는 용의주도, 중요한 부분의 모자람에 큰 가치를 두는 일, 이 모두는 그 중대한 목적과 서로 상응한다. 이러한 일이 새로 태어날 자식을 그다지 불완전하지 않도록 해줄 수 있다고 생각하기 때문이다.

물론 이 사실을 의식하지는 못한다. 오히려 누구라도 다만 자신의 쾌락(사실 쾌락은 여기에 전혀 관여할 수 없다)을 위해 저 어려운 선택을 한다고 생각하지만, 실은 자기 자신의 체질을 전제로 하고 그 체질이 종족의 이익에 꼭 알맞게 적응하도록 선택하는 것이다. 종족의 전형을 가능한 한 순수하게 유지하는 것이 은밀한 사명이다. 이때 개체는 부지불식간에 더욱 높은 것, 즉 종족의 명령에 따라서 행동한다. 그러므로 개체 자체에는 무관한 것, 아니 무심해도 좋은 것을 중요시한다.

처음으로 만난 젊은 남녀가 서로를 관찰할 때 보이는 무의식적인 깊은 진지함이나, 서로를 향한 탐구적인 날카로운 시선이나, 상대의 용모나 부분 부분을 검사하는 세심한 주의 등에는 아주 특별한 무언가가 있다. 이 탐구와 검토는 두 사람 사이에서 태어날 개체와 특성의 조합에 대한 종족 수호신의 명상이다. 이 명상의 결과에 따라 서로에 대한 호감과 욕망의 정도가 결정된다. 서로에게 호감도가 상당히 높아진 후에라도 이전에 눈치채지 못한 뭔가가 발견되면 둘의 관계는 갑자기 벌어질 수도 있다.

이리하여 종족의 수호신은 생식 능력이 있는 모든 인간을 보면서 미래의 종족에 대해 명상한다. 큐피드가 끊임없이 활동하고 사색하고 숙고하며 종사하고 있는 사업은 미래 종족의 성질에 관한 것이다. 종족과 미래의 모든 것을 다루는 큐피드의 위대한 사업의 중요성에 비하면, 그 전체가 일시적인 존재일 뿐인 개체의 일들은 아주 사소하다.

그러므로 큐피드는 개체를 사정없이 희생시키려고 애쓴다. 즉, 큐피드와 개체의 관계는 불멸의 존재와 필멸의 존재 사이의 관계와 같고 큐피드의 이해와 개체의 이해는 무한이 유한을 대하는 관계와 같다. 큐피드는 개체의 행복이나 불행과 관련된 일보다 한층 높은 차원의 일을 관리한다는 점을 의식하면서, 전쟁의 소용돌이나 실무 생활의 혼잡 또는 질병이 만연하는 동안에도 초연하게 자기 일을 수행하고 은둔 생활을 하는 수도원에까지 들어가 자기 일에 몰두한다.

위에서 살펴본 바와 같이 종족의 전형을 가능한 대로 개량하기 위해 두 개체의 육체적 성질은 한쪽이 다른 한쪽의 아주 특별하고 완전한 보완물이 되며, 따라서 오로지 그 역할을 원한다는 사실을 증명해주었다. 또 연애의 정도는 개체화할수록 점점 증대한다는 사실을 보여주었다. 이런 경우에도 강렬한 정열이 일어나는데 이 정열은 오직 하나의 상대에게만 향하여, 즉 종족의 특별한 명령을 받고 나타나기에 더욱 고상하고 숭고한 색채를 띤다.

이와 반대로 단순한 성욕은 개체화하지 않고 모든 사람을 향하며, 질을 거의 고려하지 않고 단지 양으로만 종족을 유지하려고 노력하기 때문에 자연히 비속해진다. 그러나 사랑이 유일한 한 개인에게 쏠리면 굉장한 힘과 열정을 만들어내며, 만일 사랑이 맺어지지 못하면 세상의 모든 사물이 시들하게 보이고 나아가 목숨마저도 주체하지 못하는 수가 있다. 이럴 때의 연애는 다른 어떠한 소망도 따를 수 없을 만큼 강렬해진다. 어떤 희생도 주저치 않으며, 만약 이 소망이 충족되지 않으면 미치거나 심지어 자살까지 할 수도 있다.

이런 과도한 정열의 근저에 깔린 무의식적인 고려에는 위에서 말한 내용 외에도 우리의 눈에는 직접 보이지 않는 다른 무언가가 있는 것이 분명하다. 따라서 우리의 상상에 지나지 않지만 이 경우 체질뿐 아니라 남자의 의지와 여자의 지성이 서로 특별히 적응하고, 그 결과 종족의 수호신이 꾀하고 있는 일정한 개체가 이 두 사람에게서만 태어나게 된다. 그 이유는 이 속에 종족의 존속이라는 사실이 숨겨져 있으나 우리의 사려가 거기까지는 미치지 못하기 때문이다.

더욱 엄밀하게 말한다면 이 경우 생존 의지에는 그 아버지와 어머니 사이에서만 태어날 수 있는, 즉 은밀하게 정해진 개체 속에서 자신을 객관화하려는 욕구가 있다. 생존 의지 그 자체의 이러한 형이상학적 요구는 그 활동 범위가 처음에는 세상만물 중 미래의 부모가 될 사람의 마음속만이었다. 그래서 부모의 마음은 이러한 충동에 즉시 사로잡히는데 이때는 순수한 형이상학적 목적, 즉 아직은 현존하는 범위에 속하지 않지만 존재 목적을 가지고 싶어 하는 것은 자기 자신을 위해서라고 생각한다.

이러한 하나의 미래 개체가 생존을 원하고 생존할 유일한 기회를 찾아내 나아가는 힘은 모든 생물의 근원인 생존 의지에서 비롯한다. 이 형이상학적인 생존 욕구는 미래의 부모가 상대방에게 품고 있는 강렬하고 배타적인 사랑으로 나타난다. 그리고 하나의 환상으로 나타나서 미래의 부모를 세상의 모든 선을 희생하면서까지 결합하게 만든다.

그러나 사실 이러한 결합도 대부분의 다른 여자와 동침하는 것과 같고 결코 그 이상의 무언가를 주지는 않는다. 그 목적이 이러한 점에만 있다는 것은 이 강한 정열도 다른 모든 정열과 마찬가지로 향락이 끝나면 이내 사라져버리는 것만 봐도 명백하다. 당사자 자신도 여기에 매우 놀란다. 이 정열은 또한 여자의 불임(후펠란트*에 따르면 열아홉 가지의 우연적인 체질의 결함에서 생긴다) 등으로 본래의 형이상학적 목적이 수포가 될 때도 소실된다.

이처럼 이 목적은 날마다 짓밟혀서 사라져가는 수백만 개의 봉오리와도 같으며, 이 봉오리 속에도 실은 동일한 형이상학적인 생명력이 태어나려고 노력하고 있다. 이러한 경우에 생존 의지는

---

* Christoph Wilhelm Hufeland, 1762~1836. 독일의 화학자이자 의사다.

무한한 공간과 시간과 물질, 즉 반복해서 돌아오는 무한한 기회가 있다는 사실 외에는 위로받을 만한 게 없다.

파라셀수스*는 이 문제를 취급하지도 않았고 내 사상의 전체 흐름이 이 사람과는 전혀 다르지만, 여기에서 말한 내 의견이 짧은 순간이나마 틀림없이 한 번은 그의 머리에 떠올랐을 것이다. 그가 전혀 다른 문제로 다음과 같은 주목할 만한 의견을 써두었기 때문이다.

> 이러한 사람들, 이를테면 우리야의 소유였던 여자와 다윗은 인간의 정신에서 보면 확실히 합법적인 결혼을 전적으로 위반하지만, 신의 뜻으로 결합했다. 솔로몬은 밧세바†와 다윗의 결합으로 나온 씨로서 밧세바 외에 다른 이에게서는 태어날 수 없었을 것이다. 신은 솔로몬을 위해 두 사람을 결합시켰다.
>
> / 파라셀수스, 《장수에 대하여》

사랑에 대한 동경은 모든 시대의 시인들이 다양한 표현법으로 끊임없이 묘사하려고 노력했지만, 이 대상을 다 묘사할 수 없을 뿐 아니라 충분히 그려낼 수도 없었다. 이 동경은 특정한 여자를 소유하는 것과 무한한 행복의 관념을, 그 여자를 잃는 것과 말할 수 없는 비애를 결부시켰다.

---

*   Philippus Aureolus Paracelsus, 1493~1541. 스위스의 화학자이자 의학자로 의화학을 창시했다.

†   밧세바는 우리야의 아내로, 솔로몬은 다윗과 밧세바 사이에서 태어났다.

이 사랑에 대한 동경과 비애는 덧없는 개체의 욕망에서 생겨날 수는 없으며, 오히려 자신의 목적을 위해서 없어서는 안 될 수단을 얻거나 혹은 잃은 것을 보고 그 때문에 신음하는 종족의 영靈이 내뱉는 깊은 탄식이다. 무한한 생명을 갖는 것은 종족뿐이며, 종족은 한없는 소망과 만족과 비통을 수용할 수 있다. 그러나 사랑의 경우 이러한 것들은 인간의 좁은 가슴속에 갇혀 있다. 그러므로 작은 가슴이 금방이라도 터질 듯하거나 혹은 가슴을 채우고 있는 무한한 기쁨, 한없는 슬픔의 상념을 표현할 말을 찾지 못하는 것도 당연하다.

그래서 사랑은 숭고한 종류의 모든 연애시의 소재가 되고, 따라서 연애시는 지상의 모든 것을 넘어서는 초월적인 은유의 경지로까지 고양된다. 페트라르카‡가 붓을 들게 한 것도 사랑이요, 베르테르나 야코프 오르티스 등이 소설의 주인공으로 등장한 이유도 사랑이다. 이 인물들의 사랑의 깊이를 도외시하면 이들의 사랑을 이해할 수도, 설명할 수도 없다. 사랑하는 여자의 어떠한 정신적인 장점, 일반적으로 객관적이며 실제적인 장점이 여자를 한없이 존경하는 근거일 수는 없기 때문이다. 확실히 사랑은 페트라르카의 경우처럼 때때로 사랑하는 사람 자신도 충분히 알지 못하기 때문이다. 오직 종족의 영만이 여자를 언뜻 보고서 자신에게, 또 자신의 목적에 어떠한 가치가 있는지 감지할 수 있을 뿐이다. 또한 강렬한 정열은 보통 처음 본 순간에 일어난다.

‡　Francesco Petrarca, 1304~1374. 이탈리아 르네상스기의 시인이자 학자다.

연애를 해본 사람치고 첫눈에 반하지 않은 사람이 있을까?

/ 셰익스피어,《뜻대로 하세요》

마테오 알레만*의 소설에는 이 점에 대해 언급한 구절이 있다.

> 사랑하기 위해서 많은 시간을 허비하거나 숙고하거나 선택할 필요는 없다. 오히려 첫눈에 서로에게 어떤 적응과 일치감이 생기는 것, 보통 피의 동감이라고 하는 것이 필요하다. 거기에는 천체의 특별한 영향이 미쳤을 것이다.

그러므로 애인을 경쟁자에게 빼앗겼다거나 혹은 죽음으로 잃어버렸다면, 사랑하는 사람에게 그보다 더한 슬픔은 없을 것이다. 이 슬픔은 초월적인 종류이기 때문에 개체로서의 그에게뿐 아니라 그의 영원한 본성인 종족의 생명에 손해를 끼치고, 그 자신은 또 종족의 특수한 의지와 명령에 따라 이 세상에 태어났기 때문이다. 그러므로 질투는 괴롭고도 무서우며, 애인을 다른 사람에게 넘겨준다는 것은 모든 희생 중에서도 가장 큰 희생이다.

영웅은 모든 비탄을 수치스럽게 여기지만 사랑의 슬픔만은 그렇게 여기지 않는다. 이때 슬퍼하는 것은 그가 아니고 종족이기 때문이다.

칼데론의 《위대한 제노비아》 2막에서 데키우스가 제노비아

---

* Mateo Alemán y del Nero, 1547~1614. 스페인의 소설가다. 본문의 인용 구절은 《구스만 데 알파라체》에 나온다.

에게 이렇게 말한다.

아, 그러면 너는 나를 사랑하고 있는가? 그렇다면 수천의 승
리를 포기하더라도 돌아와야지.

여기에서는 이때까지 모든 이해를 압도하던 명예심도 일단 사랑,
즉 종족의 이해가 중요해져 그 명확한 이익이 눈앞에 보일 때는
홀연히 굴복하고 만다. 단순한 개체의 이해가 아무리 중요하더라
도 종족의 이해는 그보다 훨씬 우위에 있기 때문이다. 그러므로
명예, 의무, 성실 따위가 다른 모든 유혹이나 죽음의 위협마저 견
뎌낸 후에도 사랑에만은 굴복한다.

마찬가지로 사생활에서도 이 사랑 앞에서는 어떤 양심도 믿
을 수 없다는 사실을 발견한다. 다른 일에서는 정직하고 의로운
사람도 사랑 앞에서 양심을 무시하는 수가 많으며 또 격렬한 사
랑, 즉 종족의 이해에 사로잡혔을 때는 간통까지도 태연히 범한
다. 그뿐 아니라 이 경우에 그들은 자기 행동이 종족의 이익을 위
해서이므로 개체의 이익 덕에 얻을지도 모르는 권리보다도 훨씬
가치 있다고 자각하는 듯 보인다. 이와 관련해서 샹포르†의 말은
주목할 만하다.

남자와 여자가 서로 열렬히 사랑할 때는 남편이나 부모 같은

---

† Nicolas Chamfort, 1741~1794. 프랑스의 극작가로 풍자문과 격언으로 가장 잘 알
려져 있다.

방해자들이 떼어놓으려고 해도 사랑하는 두 사람은 법률이나 관습에 구애받지 않고, 마치 자연히 또는 신의 명령에 따라서 서로서로 결합했다고 여긴다.

여기에 분개하는 사람은 예수가 간통한 여인을 아주 너그러이 대했고 거기에 있던 다른 모든 사람에게도 같은 죄를 지을 거라고 예정한 사실을 생각해보자. 또한 이 관점에서 보면《데카메론》의 대부분은 종족의 수호신이 스스로 짓밟은 개인의 권리와 이해에 대한 조소나 경멸에 지나지 않는 듯하다.

계급의 차이나 이와 비슷한 모든 조건이 열렬히 사랑하는 사람들의 결합을 방해할 때도, 종족의 수호신은 쉽사리 이를 제거하여 무효를 선언하고 무한한 세대에 속하는 종족의 목적을 추구하여 이러한 인간의 관습이나 고려 사항들을 지푸라기처럼 날려버린다. 이러한 심오한 이유에서 사랑이 격정의 목적과 관련이 있으면 어떠한 위험도 기꺼이 받아들이고 겁쟁이들까지도 이때는 용감해진다.

희곡이나 소설에서도 우리는 연애 사건, 즉 종족의 이익을 위해 싸우는 젊은 사람들이 개체의 행복에만 관심 있는 늙은이에게서 승리를 얻을 때 동감하며 즐거운 마음으로 그들을 바라본다. 개체보다도 종족이 중요하다면, 그만큼 연인들의 노력은 여기에 반대하는 어떠한 힘보다도 훨씬 중요하고 숭고하며 또 정당하기 때문이다.

그러므로 대부분의 희극喜劇 주제는 작품에 묘사된 사람들의 개인적 이해에 반대하고 그 행복을 파괴하려는 종족 수호신의 등장을 담고 있다. 보통은 수호신의 목적이 관철되는데 이는 소위 시적 정의로 관객에게 만족을 준다. 관객은 종족의 목적이 개체의 목적보다 우위에 있다는 것을 느끼기 때문이다. 그러므로 끝에 가서 관객은 승리의 영광에 빛나는 연인들과 작별하고 그들이 자신들의 행복을 이룩한 듯한 환영을 간직한 채 아주 만족스러워하며 극장을 떠난다. 그러나 실은 사려 깊은 늙은이들의 의지를 거역하고 종족의 행복을 위해 자신들의 행복을 희생한 것이다.

소수의 진기한 희극은 이 관계를 전도시켜 종족의 목적을 희생시키고 개체의 목적이 성취되도록 시도했다. 그러나 이 경우에 관객은 종족의 수호신이 받는 것과 같은 고통을 느끼고 그렇게 이룩한 개체의 이익에서 위안을 얻지 못한다. 이러한 종류의 실례로 대단히 유명한 두서너 편의 작품이 생각난다. 이를테면 《16세의 여왕》이나 《이성理性의 결혼》 등이다. 연애 사건을 다룬 비극에서는 대개 종족의 목적이 좌절되어 그 도구가 된 여인들도 동시에 멸망한다. 예를 들면 《로미오와 줄리엣》, 《탕크레드》, 《돈 카를로스》, 《발렌슈타인》, 《메시나의 신부》 등이 그렇다.

사람이 연애하고 있을 때는 대개 희극적이지만 때로는 비극적인 현상이 나타나는 수도 있다. 그 사람이 종족의 영에 사로잡혀 전적으로 그 지배를 받아 행동과 성격 사이에 균형이 잡히지 않기 때문에 그의 행동은 개체에 어울리지 않는다.

연애가 더욱 높은 정도에 이르면 그 사람의 사상은 퍽 시적이며 또 숭고한 색채를 띨 뿐 아니라 초월적이며 초자연적인 경향을 지닌다. 그리하여 본래의 형이하학적인 목적을 잃어버린 듯 보이는데, 이는 필경 그저 개체에만 관련되는 일보다 훨씬 중요한 일에 종사하는 종족의 영에 고무되어 있기 때문이다. 특히 자신이 아버지가 되고 연인이 어머니가 되어 비로소 얻을 수 있는 완전히 고정된 개체의 성질로서, 무한히 영속하는 자존의 존재에 기초를 부여하는 것을 목적으로 하고 있기 때문이기도 하다. 더구나 이러한 성질은 생존 의지의 객관화가 명백히 그 존재를 요구하고 있는데도 지금까지 그와 같은 것으로는 태어나지 않았다.

이러한 초월적인 중요성을 가진 사건에 관여하는 감정은 사랑에 빠진 사람들을 모든 지상적인 것 이상으로뿐 아니라 자기 자신의 이상으로까지 초월시키고, 그들의 극히 형이하학적인 소망에 아주 초자연적인 옷을 입힌다. 그 때문에 연애는 가장 산문적인 사람들의 생애에서도 시적인 에피소드가 된다. 이때는 희극적인 색채를 띠는 수가 많다.

종족에서 자신을 객관화한 의지의 명령은 연애하는 남자의 의식 속에 이 여자와 결합하면 무한한 행복을 찾을 수 있을지도 모른다는 기대의 가면을 쓰고 나타난다. 사랑이 최고에 이르면 이 환영은 광채를 띠고, 만약 이 사랑이 성취되지 않으면 삶이 모든 매력을 상실하여 마침내 인생이 공허하고 즐거움도 전혀 없는 듯 보이기 때문에 죽음도 두려워하지 않고 자살해버리기도 한다.

이러한 인간의 의지는 종족 의지의 물결에 휩쓸렸거나 아니면 종족의 의지가 개체의 의지를 압도한 것이므로, 만약 그 사람이 종족 의지를 실현하는 자로서 활동할 수 없으면 개체의 의지를 실현하는 자로서 활동하는 것도 거절하는 것이다. 이 경우에 개체는 어느 특정 대상에 집중된 종족 의지의 끝없는 동경을 담는 그릇으로서는 너무 약하다. 그러므로 이때 사람을 미치게 하여 광기라는 베일로 절망적인 상태의 의식을 감싸서 생명을 구해 주지 않으면, 최후에는 자살하거나 두 연인이 동반자살을 감행하기도 한다. 실제로 이런 사건은 해마다 발생한다.

그러나 충족되지 못한 사랑의 정열만이 비극적인 결과를 초래하지는 않는다. 정열이 충족되더라도 종종 불행해질 때가 있다. 정열의 요구가 연인의 다른 사정과 일치하지 않고, 그 위에 세워진 생활의 설계를 파괴할 뿐 아니라 지금까지의 의도나 소망의 탑을 무너뜨리기 때문이다.

그뿐 아니라 연애는 때때로 외부적인 사정과 자신의 개성과도 모순되는 수가 있다. 성적 관계를 떠나서 자신이 미워하고 경멸하는 사람이 사랑의 상대가 될 수도 있기 때문이다. 그러나 종족의 의지는 개체의 의지보다 훨씬 강하기 때문에 사랑에 빠진 사람은 자신이 혐오하는 연인의 특성에 눈을 감아버리고 모든 것을 간과해버리며, 또한 판단이 흐려져 자신의 열정의 대상과 영원히 결합하려고 한다. 이는 그 환영이 사랑에 빠진 사람의 눈을 현혹하기 때문이지만, 종족의 의지를 성취하면 이내 환영은 사라지고 지긋지긋한 생애의 동반자만 뒤에 남는다.

우리는 때때로 이성적이고 뛰어난 남자가 악독하고 간악한 여자와 함께 사는 것을 보고 어찌하여 그런 선택을 했는지 괴이하게 여기지만, 이는 위에서 말한 이유로 곧 설명할 수 있다.

옛사람들은 사랑의 신을 장님으로 표현했다. 그뿐 아니라 사랑하는 남자는 약혼자의 기질이나 성격상의 참을 수 없는 결점이 장차 그와 생애를 괴롭히리라는 점을 분명히 예상하면서도 쉽사리 단념할 용기를 내지 못하기도 한다.

너의 가슴속에 죄가 있는지
나는 묻지 않는다
아랑곳없다
네가 정말 무엇이든
귀엽다는 것만을 알고 있을 뿐

필경 그가 구하고 있는 것은 자기의 것이 아니고 장차 태어날 제
삼자에 관한 것이다. 그러나 환영이 그를 감싸고 있기 때문에 자
신의 것을 구하고 있다고 생각한다. 그러나 이처럼 자기의 것이
아닌 것을 구하는 것은 어떠한 경우에도 위대하다는 징표이며 격
렬한 연애에 숭고한 색채를 준다. 이는 시의 가치 있는 재료다.

마지막으로 사랑은 상대방에 대한 극단적인 증오와도 양립
한다. 플라톤이 이를 양에 대한 이리의 사랑에 비유한 것도 그런
까닭이다. 이 상태는 열렬히 사랑하는 남자가 아무리 노력해도
또 아무리 애원해도 상대가 절대로 말을 듣지 않을 때 일어난다.

그녀는 귀엽기도 하고 밉기도 하다.
/세익스피어,《심벨린》

이때 미움이 심해지면 때로로 남자는 여자를 죽이고 자살해버리
기도 한다. 이런 사건은 해마다 두서너 건씩 일어나 신문에 보도
된다. 그러므로 괴테의 다음 시는 아주 지당하다.

거절당한 사랑! 지옥의 갖가지 원소!

이것보다 저주스러운 것은 없다

한 남자가 열렬히 사랑하는 애인이 냉담하다거나 또는 자신을 고뇌에 시달리게 하면서 즐거워할 때, 그녀를 잔인하다고 생각하는 것은 결코 과장이 아니다. 그 남자는 곤충의 본능과도 같은 충동에 지배받고 있어서 이성의 도리를 거역해가면서 오직 자신의 목적만을 추구하기 때문이다. 그러나 사랑을 중지할 수는 없다. 그리하여 충족되지 못한 사랑의 열망 때문에 일생을 무거운 사슬에 끌려다니거나 적적한 숲속에서 탄식하는 자는 페트라르카 외에도 수없이 많았다. 그러나 그 사람 중에서 시의 재료를 가진 것은 오직 페트라르카뿐이었다. 괴테의 아름다운 시는 그에게 어울린다.

    괴로움으로 사람들이 말을 못 할 때
    신은 나에게 나의 괴로움을 노래할 능력을 주셨다

종족의 수호신은 곳곳에서 개인의 수호신과 겨루어 박해자와 강적이 되고 자기 뜻을 이루기 위해서 개체의 행복을 가차 없이 짓밟아버린다. 그뿐 아니라 국민 전체의 행복이 종족 수호신의 조작으로 희생된 일도 있다.

셰익스피어는 《헨리 6세》의 3부 3막 2장 및 3장에서 그 실례를 보여주었다. 이는 우리 본질의 근저인 종족이 개체보다도 직접적인, 또 보다 빠른 권리를 가지고 있기 때문이며 종족에 관한 일이 다른 일보다 앞서기 때문이기도 하다. 옛사람들은 이를 느끼고 종족의 수호신을 큐피드로 인격화했다. 그 용모는 순진해 보이지만 악의가 있는, 잔인하고 사나운 신이자 변덕스럽고 폭군 같은 악마며 또한 신들과 인간의 주인이다.

　에로스여! 너, 신과 인간의 폭군이여!

사람을 쏘는 화살과 맹목과 날개는 큐피드의 상징물이다. 특히 무상함을 의미하는 날개는 보통 만족의 결과인 환멸과 함께 비로소 나타난다.

　사실 사랑의 정열은 종족에게만 가치가 있을 뿐인데 마치 개체에게도 가치가 있는 듯 속이는 환영에 기초하기 때문에, 종족의 목적이 달성되면 그 환영은 사라져야 한다. 지금까지 개체를 점령하고 있던 종족의 영이 개체를 다시 자유롭게 한다. 종족에게 팽개쳐진 개체는 다시 본래의 제한과 빈곤의 영역으로 떨어지고, 그처럼 숭고하고 용감한 무한의 노력을 치른 후에 자신이 받은 대가라고는 감각적인 만족밖에 없었으며, 기대와 달리 전보다 더 행복하지 않다는 사실을 발견하고 새삼 놀란다. 종족의 맹목적인 의지에 속았다는 사실을 깨달은 것이다. 그러므로 행복을 얻은 테세우스는 보통 아리아드네를 버린다. 페트라르카의 정열이 만족을 얻었더라면, 마치 알을 낳은 새가 이내 침묵하듯 그의 시 또한 나오지 않았을지도 모른다.

내 사랑의 형이상학은 현재 격정에 빠진 연인들에게는 별로 마음에 들지 않을 것이다. 그러나 이성적으로 격정을 관찰한다면 앞서 밝힌 근본적 진리가 무엇보다도 먼저 격정을 극복하는 힘을 가지고 있다는 점을 알 수 있다. 그러나 옛 희극작가가 한 말을 기억할 필요가 있다.

> 연애로 맺어진 결혼은 종족의 이익을 위하지, 개인을 위하지 않는다. 물론 당사자는 자기 행복을 증진하기 위해서라고 생각한다.

그러나 그 참된 목적은 두 연인 사이에서만 가능한 개체를 낳는 것이기 때문에 당사자 자신과는 관계가 없다. 두 사람은 이 목적으로 결합하고 가능한 한 화목하게 지내려고 노력한다. 그러나 열렬한 연애의 본질인 이 본능적 환영으로 결합한 부부는 성적인 관계 이외의 여러 면에서는 심한 부적응을 보이는 경우가 많다. 이러한 부적응은 그런 환영이 사라지는 시기와 때를 같이하여 더욱 명료해진다. 요컨대 격정적인 사랑으로 맺어진 결혼은 다음 시대를 위해 현재 세대의 사람들을 희생시키기 때문에 대개 불행으로 끝나는 것이 상례다. 스페인의 속담에 "연애로 결혼하는 사람은 슬픔 속에서 살지 않으면 안 된다"라는 말이 있다.

대개 편의상 부모의 선택으로 맺어진 결혼은 이와 반대다. 이때 적용되는 고려 사항은 그 결혼의 성격이 무엇이든 적어도 저절로 없어지는 경우가 드물기 때문이다. 현재 세대 사람들의 행복을 배려했기 때문에 분명히 미래의 사람들에게는 이롭지 못하다.

그런데 현재 세대 사람들의 행복도 실은 의문이다. 결혼할 때 자신의 사랑을 충족하는 대신 돈을 목표로 하는 남자는 종족을 위해서 산다기보다 오히려 개인을 위해 사는 자다. 진리를 위반하고 자연을 거역하며 경멸을 초래하는 일이다. 모든 관습적인 통념을 버리고 젊고 부유한 남자 대신 오직 본능에 따라서 남편을 선택한 처녀는 종족의 행복을 위해 자기 행복을 희생한 것이다. 그러므로 사람들은 그녀에게 어떠한 찬사도 사양해서는 안된다. 그녀는 더욱 중요한 것을 선택했고 자연(오히려 종족)의 감각으로 행동했기 때문이다. 이와 반대로 부모의 결혼 권고는 개인적인 이기다.

이러한 점에서 생각해보면, 대개 혼인을 맺을 때 개체나 종족 중 어느 한쪽이 손해를 입지 않으면 안 된다는 점을 알 수 있다. 편의와 정열적인 열애가 손을 잡는 일은 아주 드물다.

대부분의 사람은 육체적, 도덕적 또는 지성적으로 가련한 상태에 있는데 이 원인의 일부는 대개 결혼이 사랑에 따른 순수한 선택이 아니라 갖가지 외적인 조건으로 맺어진 결과라는 데 있다. 그러나 조건과 함께 사랑도 어느 정도 고려한다면, 종족의 수호신과 타협한 것이다. 다 알고 있듯이 행복한 결혼이란 드물다. 결혼의 주요 목적은 현재 세대의 사람들이 아니라 미래 세대의 사람들에게 있다는 점이 그 본질이기 때문이다.

그러나 연약한 애인들의 마음에 위안이 될 수 있도록 열렬한 성적 사랑이 전혀 다른 기원의 감정, 즉 성향의 일치에 기초한 참된 우정에서도 사랑이 싹트는 경우가 많다는 사실을 덧붙여두겠다. 하지만 이 우정 역시 대개가 실제 성애가 충족되고 사라진 후에야 비로소 나타난다. 이 우정은 두 사람의 육체적, 도덕적, 지성적 성질이 서로 보완하고 적응할 때 태어날 생명과 관련 있는 성적 사랑이 생기고, 또 상반되는 기질적 특성이나 정신적인 장점이 서로 보완해줄 때 마음의 조화를 이룬다. 여기서 논한 사랑의 형이상학 전체는 나의 형이상학 전반과 밀접한 연관이 있다. 따라서 전자는 또 후자의 설명에 빛을 던져주는데 이는 다음과 같이 요약할 수 있다.

성욕을 충족하기 위한 선택은 면밀하고 무수한 단계를 거쳐서 격정적인 연애로까지 올라가지만, 이 선택은 인간이 미래 세대의 특별한 개인적 성질에 아주 진지하게 관심을 보인다는 데 기인한다는 사실이 명백해졌다. 크게 주목할 만한 이 관심은 앞의 여러 부문에서 해명한 두 개의 진실을 확인해준다.

첫째, 인간의 본질 그 자체는 불멸하며 미래의 종족 속에서 생존을 계속한다. 그처럼 활발하고 열성적인 관심은 사고나 의도의 결과로 생겨나는 것이 아니라, 우리 본질의 깊은 내면에 있는 특질과 충동에서 생겨나기 때문이다. 만약 인간이 확실히 필멸하며 이 인간과 실제로 아주 다른 종족이 다만 시간적으로 연속될 뿐이라면, 그처럼 끈질기게 존재하지 않을 것이며 그처럼 큰 힘을 인간에게 미칠 수도 없을 것이다.

둘째, 인간의 본질 그 자체는 인간 개체보다도 종족에 더욱 많이 존재한다. 종족의 특수한 성질에 대한 관심은 가장 경미한 애착에서부터 가장 진지한 정열에 이르기까지 모든 단계에 언제나 영향을 미치는데, 이 관심은 누구에게나 가장 중요한 사건이며 그 성취 여부는 가장 예민하게 각자의 마음에 영향을 끼치기 때문이다. 그러므로 이를 특히 심정의 사건이라고 한다. 또 종족에 대한 이해가 강조되면 개체와 관계있는 이해는 등한시되고, 필요에 따라서는 희생당하기도 한다. 따라서 인간은 개체보다 종족이 더 중요하다는 점을 체험하며 개체보다도 종족 가운데서 더 많이 살고 있다는 사실을 깨닫는다.

사랑에 빠진 남자가 스스로 선택한 여자의 눈초리에 마음을 빼앗겨 그 여자를 위해서는 어떤 희생이라도 달갑게 하려는 것은 대체 무엇 때문일까? 이는 남자의 마음속에 깃들어 있는 불멸의 부분이며 그 밖의 모든 것은 언제나 필멸해야만 하는 부분이기 때문이다. 따라서 한 여자를 향한 활발하고 열렬한 요구는 우리 본질의 핵심이 파괴되기 어렵고 그 핵심이 종족 속에 존속한다는 점을 입증한다.

이 존속이 사소하고 무의미하다는 생각은 잘못이다. 이러한 오류는 종족의 존속을 우리와 비슷한 인간이 존재한다는 정도로만 생각하고 우리와 그들이 참으로 동일하다는 사실을 염두에 두지 않는 데서 생겨난다. 이러한 생각은 외부로 향한 인식에서 출발하여 직관적으로 우리가 이해할 수 있는 종족의 외모만을 보고 그 내적 본질을 고려하지 않는 데서 생겨난다.

그러나 이 내적 본질이야말로 우리 의식의 핵심이고 그 근저를 이루며 의식 자체보다도 더욱 직접적인 것, 즉 개체의 원리를 벗어난 물자체物自體로서 모든 개체가 시간적, 공간적으로 전후좌우에 흩어져 있더라도 영원히 같은 방식으로 존재한다. 이 내적 본질이 바로 생존 의지로 생명과 영속을 절실히 요구한다. 그러므로 내적 본질은 죽음을 당하지 않고 죽음에 방해받지 않는다. 그러나 현재의 상태 이상으로는 우월해질 수 없다.

따라서 내적 본질에는 생명과 함께 개체의 끊임없는 고뇌와 죽음이 있는 것이 확실하다. 여기에서 개체를 해방하는 일은 생존 의지의 부정일 수밖에 없고, 생존 의지를 부정해 종족의 그루에서 떠나 종족 속에서 생존하기를 중지하는 것이다. "그때 개체의 의지는 어떠한 것인가"라는 물음이 생기지만 우리의 사고는 거기까지 미치지 못하며 또 이 개념을 구성하기 위한 재료도 없다. 그러므로 우리는 이를 두고 생존 의지로 되는 것과 안 되는 것이 다 자유롭다고만 표현할 수밖에 없다.

불교에서는 후자를 열반이라는 말로 표현한다. 열반은 모든 인간이 어떤 인식으로도 영원히 도달할 수 없는 경지다.

우리가 최후에 고찰한 이 입장에서 인생의 혼란을 들여다보자. 모든 사람은 인생의 빈곤과 고통에 무한한 욕구를 충족하려고 하며 다양한 고뇌를 막기 위해 전력을 기울이지만, 오직 잠깐이나마 이런 고뇌에 가득한 비참하기 짝이 없는 개체로 생존하는 데 그치는 것을 기대할 수밖에 없다. 그러나 이 혼란의 한가운데서 서로 사랑하는 남녀가 그리움의 눈빛을 주고받는 것을 본다. 더구나 이들은 자신들의 일거수일투족이 남의 눈에 띄기를 원하지 않는다. 이 연인들은 결국에는 끝날 이 모든 빈곤과 고통을 더욱 영속시키려고 남몰래 노력하는 반역자이고, 그들의 동족이 지난날에 그러하였듯이 그들 또한 이를 방해하려고 하기 때문이다.

사랑의 형이상학·2

Anhang zum vorstehenden Kapitel

대담하게도 너는 부끄러움도 없이 이러한 말을 입에 담고 서
로 벌을 면하려고 하는가?
나는 면하였다, 나를 위한 증언은 진리이므로
/ 소포클레스

앞에서 나는 부수적으로 남색을 논하면서 본능이라고 말했고 그
것으로 충분하다고 여겼다. 그 후 이러한 탈선을 더욱 숙고한 결
과, 그 속에서 주목할 만한 문제를 발견하고 다음과 같이 해결했
다. 아래는 앞에서 말한 내용을 전제로 하며 동시에 그 내용에 빛
을 던져주기에, 앞에서 말한 근본적인 견해의 예증인 동시에 보
충 자료다.

남색은 그 자체로만 보면 분명히 자연을 위배할 뿐 아니라
아주 지겹고 혐오스럽기까지 한 기괴한 일로 보인다. 또한 인간
의 천성이 완전히 전도되고 혼란해져 타락했을 때 있을 수 있는
일이며 아주 드물게 일어나는 일이기도 하다.

그러나 경험에 비춰볼 때 우리는 이와 반대인 현상을 발견한
다. 이 흉측한 악습은 모든 시대, 모든 나라에서 매우 많이 행해

졌다. 모든 사람이 다 알고 있듯이 남색은 그리스와 로마 사람들 사이에 널리 퍼져 있었다. 그리고 거리낌 없이 공공연하게 인정되고 또 행해졌다. 이는 고대의 모든 저술가가 충분히 증명해준다. 특히 시인은 한 사람도 빠짐없이 이 주제를 다루었다. 저 정결한 베르길리우스도 결코 예외가 아니다. 그뿐 아니라 오르페우스(그 때문에 마이나데스*들은 그의 몸을 갈가리 찢어버렸다)나 타미리스 같은 태고의 시인들 사이에도, 신 사이에도 남색 행위가 있었다고 한다.

철학자들 또한 여색보다도 남색을 더 많이 말했다. 특히 플라톤은 남색 외의 애정은 거의 모르는 듯하다. 또 스토아학파 철학자들도 남색이 현저하게 어울린다고 말한다. 플라톤은《향연》에서 소크라테스가 덤벼드는 알키비아데스를 물리친 일을 이를 데 없는 용감한 행위라고 찬양했다. 크세노폰의《회상록》에서 소크라테스는 남색을 훌륭하고 칭찬할 만하다고 말했다.《회상록》에서와 마찬가지로 소크라테스는 위험한 사랑을 주의하라고 경고했는데, 이 세상에 여자는 하나도 존재치 않는다고 생각하는 게 아닐까 싶을 만큼 전적으로 남색만 이야기했다.

아리스토텔레스 또한 남색을 비난할 이유가 없는 예사로운 행위라고 말하며, 켈트 사람들은 남색을 공공연히 존중하고, 크레타섬에서는 인구 과잉을 방지하는 수단으로 법률이 남색을 장려한다는 실례를 들면서 입법자인 필로라오스 등의 남색을 언급

---

*   그리스 신화에 나오는 '술에 취한 미친 여자들'로 디오니소스를 모시는 여사제들을 일컫는다.

했다. 그뿐 아니라 키케로도 "그리스 사람들 사이에서는 청년이 소년 애인을 갖지 않는 일을 수치로 간주했다"라고 말했다.

박식한 독자를 위해 여기에 일일이 예를 들 필요는 없겠다. 고대 서적은 남색 이야기로 가득 차 있으므로 독자는 수많은 실례를 접할 수 있다. 또 미개 민족, 특히 갈리아 민족 사이에서도 이 악습은 유행했다.

아시아로 눈을 돌려보자. 이 대륙의 모든 나라에, 더구나 고대에서 현대에 이르기까지 이 악습은 만연했고 여기에서도 남색을 별로 감추려 하지 않는다는 점을 볼 수 있다. 인도나 중국 사람은 물론 이슬람교 나라에서도 마찬가지며, 그곳의 시인들 역시 여색보다는 남색을 많이 취급했다는 사실을 발견할 수 있다. 예를 들면 사디*의 작품 《굴리스탄》의 〈애정〉편은 전적으로 남색만 다뤘다. 그러나 구약이나 신약에서도 남색은 벌을 받아야 하는 행위라 말했기에, 유대 사람들도 남색이 악습이라는 점을 모르지 않았다고 본다.

필경 기독교의 지배 아래에 들어간 유럽에서는 종교와 법률과 여론으로 남색을 적극적으로 방지해야 했고, 중세에는 어디서든 남색을 행하는 자를 사형에 처했다. 또한 프랑스에서는 16세기 때 화형에 처했고, 영국에서도 19세기 초기 30년간은 용서 없이 사형, 지금은 종신 추방형으로 다스리고 있다.

이 악습을 방지하기 위해서는 준엄한 조처가 필요했다. 각 나라의 이러한 조처는 사실 대단한 효과를 얻었지만 결코 남색을

---

* Saadi Shirazi, 1210~1292. 중세 페르시아의 대표적인 시인이다.

근절할 수는 없었다. 남색은 어느 시대, 어느 곳에서든 비밀의 베일을 쓰고서 비밀리에 행해지고, 때때로 뜻하지도 않았던 곳에서 갑자기 나타나기도 했다.

또 중세 이전에 남색이 사형으로 다스려졌지만 근절되지 않았다는 점은 그 시대의 책이 남색을 이야기하거나 암시했다는 점에서 증명할 수 있다. 이러한 사실을 염두에 두고 잘 생각해보면 남색이 모든 시대, 모든 나라에서 똑같이 행해지고, 우리 생각과는 아주 다른 방법으로 행해지고 있다는 사실을 알 수 있다.

즉, 남색이 아주 보편적으로 행해지고 쉽사리 근절되지 않는다는 사실은 남색이 인간의 천성 그 자체에서 생겨난 행위라는 점을 증명한다. 그리고 이를 근거로 남색이 언제 어디에서나 끊임없이 나타난다고 볼 때, "천성은 갈퀴로 긁어내도 곧 되돌아온다"라는 사실도 증명이 된다. 그러므로 정직하게 하자면 우리는 이 결론을 절대 피할 수 없다.

그러나 이 사실을 가볍게 처리해 비난하고 욕하기는 쉽지만 이 방법은 내가 문제를 처리하는 방식이 아니다. 나의 타고난 천직은 어디까지나 진리를 탐구하고 사물의 근본을 구명하는 것이며, 여기에서도 이를 충실히 지키기 위해서 우선 실제로 나타나 있고 또 증명을 요하는 현상과 지금부터 나올 필연적인 결론들을 시인하고자 한다. 그러나 근본적으로 자연을 위배할 뿐만 아니라 자연의 가장 중요한 목적을 위배하는 행위가 자연 그 자체에서 생겨난다고 한다면, 이는 놀랄 만한 역설이며 설명하기가 참으로 어려운 문제다. 그러나 나는 지금 그 근저에 놓인 자연의 비밀을 헤쳐 이 문제를 풀어볼까 한다.

아리스토텔레스의 《정치학》 7장 16절의 한 대목을 그 출발점으로 삼겠다. 아리스토텔레스는 "너무 젊거나 늙은 사람이 낳은 아이들은 정신적으로나 육체적으로 열등하고 허약하여 불완전하다"라고 말했다. 그래서 아리스토텔레스가 개인에 대한 규율로 삼은 것을 스토바이오스*는 페리파토스학파†의 철학을 설명한 마지막 장에서 일반 사회에 대한 계율로 삼았다. 스토바이오스는 "결혼하여 튼튼하고 완전한 2세를 얻으려면 나이가 너무 어려도, 너무 많아도 안 된다. 나이가 어느 쪽이든 그 아이는 만족스럽지 못하고, 결국 허약한 아이만 태어나기 때문이다"라고 말했다. 그래서 아리스토텔레스는 쉰네 살이 된 사람은 성교하더라도 건강이나 다른 이유로 더는 아이를 낳아서는 안 된다고 규정했다. 이를 실행하는 방법은 설명하지 않았지만, 이 나이에 생긴 아이는 낙태하라는 의견이 분명하며 몇 줄 앞에서 이를 권하기도 했다.

그런데 자연은 아리스토텔레스 규율이 근거로 삼고 있는 사실을 부정할 수 없지만, 그렇다고 적절한 연령을 벗어난 사람들의 출산을 중지할 수도 없다. 즉, "자연은 비약하지 않는다"라는 원칙에 따라서 남자의 정액 분비를 갑작스레 중지할 수가 없고, 모든 것이 서서히 사멸하듯 이 경우도 서서히 퇴화되도록 한다. 그러므로 이 기간의 생식은 약하고 둔하며 쇠약하고 불쌍한 그리고 수명이 짧은 인간을 낳을 것이다. 이는 매우 자주 일어난다. 늦은 나이에 낳은 아이는 대개 일찍 죽든가 적어도 오래 살지 못하

* Joannes Stobaeus, 5세기경. 초기 그리스 작가들의 발췌물을 모은 《선집》으로 유명하다.
† 아리스토텔레스학파의 다른 이름으로, 소요학파라고도 한다.

며 거의 다 약하고 불완전하다. 이들에게서 태어난 아이들도 비슷한 특성을 가지고 있다. 여기에서 말한 노쇠한 나이에 하는 생식의 내용은 미성숙한 나이에 하는 생식에도 들어맞는다.

그러나 자연은 종족과 종족의 순수한 전형을 유지하는 데 가장 신경을 쓴다. 그러므로 자연은 성질이 좋은 건전하고도 튼튼한 개체만을 원한다. 사실 자연은 개체를 하나의 수단으로만 보고 또 그렇게 취급하는데 그 목적은 어디까지나 종족의 유지에 있다. 우리는 이 경우 자연이 자신의 법칙과 목적 때문에 곤경에 빠져 괴로워하는 것을 본다.

자연은 그 본질상 아리스토텔레스가 제시한 것과 같은 강제적인 다른 임의적 수단에 의지할 수도 없고, 인간처럼 경험을 통해 너무 이르거나 너무 늦은 생식이 이롭지 않다는 점을 깨달아서 이성적이고 냉정한 숙려 끝에 정욕의 발산을 억제할 수도 없다. 이처럼 자연은 그러한 중대사를 위의 어느 쪽에도 맡길 수 없었다. 그래서 자연은 두 개의 이롭지 못한 것 중에서 해가 적은 쪽을 택할 수밖에 도리가 없었는데, 이 경우에도 이 목적을 위해서 자연이 즐기는 도구, 즉 본능을 이용할 수밖에 없었다.

이 본능은 앞에서도 말한 바와 같이 곳곳에서 생식이라는 중대한 일을 지도하고 그 위에다 기묘한 환영을 만든다. 그런데 지금의 경우에는 이를 올바르지 못한 길로 이끄는 것으로만 그 목적을 달성할 수 있었다. 즉, 자연은 형이하학적인 것만 알고 도덕적인 것은 모른다. 그뿐 아니라 자연과 도덕은 도무지 상응할 수 없다. 자연의 유일한 목적은 개체와 종족, 특히 종족을 가능한 한 완전하게 유지하는 것이다. 육체적으로도 남색은 여기에 빠진 청년에게는 해롭지만 두 개의 이롭지 못한 행위 중에서 남색의 해가 더 심하지는 않기 때문에, 자연이 이쪽을 택한 것이다. 종족의 악화를 예방하고 불행이 오래 남아 점점 커지는 일을 방지하기 위해서다.

이처럼 자연을 위주로 보면 남색의 경향은 대체로 아리스토텔레스가 제시한 나이에서 은근히 그리고 서서히 생겨나며, 튼튼하고 건강한 아이를 낳을 능력이 쇠퇴하면서 차츰 명료하게 나타난다. 자연이 그렇게 만든다.

주의할 점은 이러한 경향이 생겨서 악습으로 자리 잡기까지는 아직 상당한 거리가 있다는 점이다. 고대 그리스나 로마 또는 아시아의 어느 시대라도 남색을 완전히 방지하지 못하면 여러 사례에 힘을 받아 남색이 쉽게 악습화되어 널리 퍼졌다. 이와 반대로 유럽에서는 종교, 도덕, 법률, 명예 등의 강력한 동기가 남색을 반대했기 때문에 대부분의 사람이 남색을 생각하기조차 꺼린다. 따라서 이러한 욕망을 느낀 300명 중에서 남색을 이겨내지 못할 만큼 약하고 우매한 자는 아무리 많아도 한 사람을 넘지 않았다. 이 욕망이 노년에 비로소 생기면 더욱 그렇다. 일반적으로 노년기에는 혈기 왕성하던 때와 달리 성욕이 감퇴하는 한편, 이성은 성숙하고 경험을 쌓아 신중하며 참고 견디는 데도 익숙하기 때문이다. 결국 이 악습에 빠지는 자는 천성이 불량한 인간이라고 간주해도 좋다.

그런데도 이러한 경향이 생기면 여자에게 냉담해지며 점점 심해지면 결국 여자를 증오하게 되어, 자연은 확실하게 그 목적을 달성한다. 그러므로 우리는 남색을 오직 노인의 악습으로 인식한다. 때때로 현장이 발각되어 추문을 퍼뜨리는 자는 모두 노인이다. 이는 장년의 남자에게는 없는 일일 뿐 아니라 도무지 이해할 수도 없는 일이다.

예외가 있다면 우연히도 일찍부터 생식 능력이 쇠퇴한 결과, 나쁜 생식밖에 할 수 없어서 자연이 이를 예방하기 위해 다른 곳으로 전환한 것으로 보인다. 그러므로 유감스럽게도 큰 도시에 적지 않은 남색가가 추파를 던지고 덤벼드는 대상도 언제나 노인이지 장년이나 더욱이 청년에게는 없는 일이다. 그리스에서도 실제 사례들이나 습관 때문에 때때로 이 원칙에 예외가 생겼을 수도 있지만 저술가, 특히 플라톤이나 아리스토텔레스와 같은 철학자는 대개 남색 애호가는 분명히 노인이라고 말했다. 이 점에 대한 플루타르코스의 다음 말은 특히 주목할 만하다.

남색은 인생의 전성기가 지난 황혼기에, 불순하고 어두운 애정이 생겨나서 본래의 순수한 애정을 쫓아버린다. 신 중에서도 남자 애인이 있는 신은 마르스, 아폴로, 바쿠스, 머큐리 등 젊은 신이 아닌 제우스나 헤라클레스 같은 나이 많은 신뿐이다. 그러나 동양은 일부다처기 때문에 여자가 부족해 때때로 이 규칙에 예외가 생기기도 하지만 어쩔 수 없다. 캘리포니아처럼 여자가 적은 곳에서도 이와 같을 것이다. 다음으로 노년기와 같이 청년에게도 때때로 그들 사이에 이러한 종류의 성적 욕망이 존재하지만 위에서 말한 동기 외에 청년기의 순진, 순결, 양심, 수치심 등이 여기에 저항하므로 사실상 악습이 되는 경우는 극히 드물다.

위의 말을 미루어 생각해보면 예의 악습은 자연의 목적을 전적으로 위배하고 더구나 가장 중요한 점에서 자연을 위배하는 듯 보이지만, 더욱 큰 해를 예방하는 수단으로써 바로 이 목적에 알맞은 것이 틀림없다. 즉, 이 악습은 종족을 위태롭게 하는 노쇠 혹은 미성숙의 생식 능력에서 생기는 현상이다. 둘 다 도덕적인 이유에서 중단해야 하지만 기대하기는 어렵다. 원래 자연은 그 영위에서 참다운 도덕적인 면은 고려하지 않기 때문이다.

따라서 자연은 자신의 법칙이 만든 결과로 궁지에 몰리자 응급수단을 써서 본능을 올바르지 못한 길로 이끌었고, 모략을 써서 두 개의 이롭지 못한 것 중에서 피해가 더 큰 쪽을 피하고자 소위 '나귀의 다리'*를 만들었다. 말하자면 불행한 생식은 서서히 모든 종족을 타락시킬 우려가 있으므로, 자연은 이러한 타락을 예방하기 위해 중대한 목적을 안중에 둔 것이다.

더구나 자연은 이미 봐온 대로 수단을 가리는 데 주저하지 않는다. 자연이 이를 행할 때의 정신은 호리병벌이 새끼를 찔러 죽이는 경우와 같다. 두 경우 모두 자연이 나쁜 일을 하는 것은 더 나쁜 일을 피하기 위해서다. 즉, 자연은 성욕의 제일 해로운 결과를 방지하기 위해 본능을 올바르지 못한 길로 이끈다.

내가 이런 논술을 하는 의도는 우선 위에서 말한 기이한 문제를 해명하고, 다음으로는 앞에서 말한 내 학설을 확인하기 위해서다. 자연에서는 종족의 이해가 다른 모든 이해를 앞서기 때

---

* 스콜라 철학에서 논리상의 관계를 해명하는 도해로, 라틴어로는 'pons asinorum'이다. 대개 '바보는 모르는 일'이라는 뜻이다.

문에 모든 사랑에서 본능이 종족의 이해 외에 다른 이해를 제어하고 환영을 만들어낸다. 성욕의 지겨운 오류와 타락도 같다고 말할 수 있다. 이때도 자연의 행동은 예방이며, 소극적이기는 해도 종족의 이해가 가장 밑바닥에 깔려 있다.

그러므로 이 관찰은 또다시 내 형이상학 전체를 설명하는 데 빛을 던져준다. 아무튼 이것으로 지금까지 숨어 있던 진리가 밝혀졌고, 기묘한 일이지만 남색은 자연의 본질과 정신과 활동에 새로운 빛을 던져준다. 따라서 이 경우에는 악습에 대한 도덕적 경고가 아니라 사태의 본질에 대한 이해가 중요하다.

남색을 배척할 진실한 최후의 형이상학적 근거를 요약하면 다음과 같다. 생존 의지는 남색에 긍정적이지만 구제의 길을 열어주는 이러한 긍정의 결과가 오히려 생명의 혁신을 완전히 차단하고 있다. 마지막으로 이러한 역설적인 사상을 서술한 것은 철학 교수들이 주의 깊게 숨겨두었던 나의 철학이 점점 널리 알려져 이제 결속이 무너진 그들에게 내가 남색을 변호하고 또 장려했다고 헐뜯을 기회를 주어서 약간의 자선을 베풀려고 생각했기 때문이다.

생존 의지의 긍정에 대하여

Von der Bejahung des Willens zum Leben

생존 의지가 단지 자기 보존에 대한 충동으로만 나타난다면 이는 개체적 현상이 존속하는 짧은 시간 동안만 이 생존 의지를 긍정하는 것뿐이다. 그렇게 되면 생명에 대한 노력과 근심이 크지 않아서 결과적으로 생존이 쉽고 평온할 것이다. 그러나 의지는 언제나 생명을 원하기 때문에 끝없이 이어지는 세대를 겨냥한 성욕으로 나타난다. 이 충동은 의식에 불안과 우울을, 생애에 불행과 근심과 고난을 가져오며, 그 결과 개체적 존재에 따라오는 안심과 평온함, 순진함을 앗아간다.

반면에 아주 드물게 볼 수 있듯이 이 충동을 자발적으로 억제한다면 이는 의지가 방향을 바꿔서 회전한 것이다. 이 경우에 의지는 개체 속에서 소멸할 뿐 개체 이상으로는 나오지 않는다. 이는 개체 스스로 괴로운 자정의 과정을 거쳤을 때만 이뤄질 수 있다. 만약 이런 일이 이뤄진다면 개체적 존재의 안심과 평온함이 의식에 다시 회복되고 실제로 더 높은 수준으로 회복된다.

이와 반대로 모든 충동과 욕망 중에서 가장 강렬한 것, 즉 성욕의 만족에는 새로운 생명의 기원과 그 때문에 발생하는 모든 무거운 짐, 즉 근심, 곤궁, 고통을 수반하는 새로운 생명의 완성이 결부되어 있다. 물론 성욕의 만족은 개별 개체 속에서 이뤄진다. 하지만 생존 의지의 긍정 현상에서 볼 때, 두 사람이 그렇게 절대적으로, 또 그 자체로 다르다면 영원한 정의는 대체 어디에 있을까?

생명은 하나의 문제, 수행해야 할 과제로서 나타난다. 따라서 일반적으로 곤궁에 대한 끊임없는 투쟁으로 드러나며 모든 사람은 가능한 한 잘 헤쳐나가려고 노력한다. 사람들은 생존을 자신에게 부과된 강제노동을 해내는 일과 같다고 생각한다. 이러한 부채를 지운 사람은 감각적 쾌락으로 그를 낳은 사람이다. 이처럼 한 사람이 감각적 쾌락을 즐긴 대가로 다른 한 사람은 삶을 살아내야 하고 괴로워해야 하며 죽어야 한다.

그렇지만 같은 종류의 사람들이 저마다 다른 이유는 공간과 시간의 제약을 받기 때문이며, 이런 의미에서 나는 이를 '개체화의 원리'라고 이름 지었다. 만약 그렇지 않다면 영원한 정의는 입증할 수가 없다. 아버지의 사랑은 자신이 낳은 자식에게서 자신을 재인식하는 데서 비롯한다. 이 때문에 아버지는 자신보다는 기꺼이 자식을 위해 일하고 괴로워하고 무엇이든지 감수할 준비가 되어 있으며, 동시에 이를 자신의 책무로 안다.

끝없는 노력과 곤궁과 괴로움을 안고 있는 인간의 생애는 생식 행위에 대한 설명이자 해명이다. 즉, 생존 의지의 단호한 긍정이라고 간주해야 한다. 또한 이런 이유로 인간은 자연에 죽음이라는 빚을 지고 있고 이 빚 때문에 불안해한다. 이게 우리의 생존 자체가 죄라는 증거가 아닐까? 아무튼 우리는 죽음과 삶이라는 정기적인 대가를 치르고 영원히 존재하며, 계속하여 생명의 모든 괴로움과 기쁨을 향유하고 있는 까닭에 여기에서 벗어날 수는 없다. 이것이 바로 생존 의지를 긍정하는 결과다. 그러므로 번거로운 생애인데도 우리를 이 생애에 굳건히 붙잡아두는 죽음에 대한 공포는 실제로는 환상에 불과하다. 그렇지만 우리를 그곳으로 유혹한 충동 역시 망상이다.

이 유혹을 객관적으로 볼 수 있는 곳이 바로 사랑하는 두 연인의 갈망하는 눈빛이다. 두 사람의 눈빛은 생존 의지를 긍정하는 가장 순수한 표현이다. 이때의 의지는 어쩌면 그리도 상냥하고 부드러울까! 의지는 행복해지고 싶어 하고 자신과 상대를 위해, 모두를 위해 조용한 즐거움과 잔잔한 기쁨을 원한다. 이게 아나크레온*이 쓴 시의 주제다. 이리하여 의지는 유혹과 아첨을 통해 스스로 생명 속에 들어간다. 의지가 생명 속에 들어가면 괴로움이 범죄를 낳고 범죄는 괴로움을 낳는다. 공포와 겁탈이 무대를 가득 채운다. 이게 아이스킬로스†의 주제다.

그러나 의지의 긍정을 통해 인간이 탄생하는 원인인 이 행위는 모든 사람이 부끄러워하며 마음속 깊이 숨겨둔다. 그뿐만 아니라 만일 그 행위를 하고 있는 것을 들키면 무슨 범죄 현장을 발각당한 듯 놀란다. 그 행위를 냉정한 마음으로 깊이 생각해보면 대개 싫은 마음이 들고, 고상한 기분에 잠겨 있을 때는 삼가야 할 일이다. 몽테뉴는 이 행위에 관한 상세한 고찰을 《사랑이란 무엇인가》에서 난외 주석으로 제공했다. 또 이 행위를 한 후에는 독특

* Anacreon, BC. 582~485경. 그리스의 위대한 서정 시인이다.
† Aeschylos, BC. 525~BC. 456. 고대 그리스의 3대 비극 시인 가운데 한 사람이다.

한 비애와 후회의 정이 생기는데, 처음으로 그 행위를 한 후에 가장 강렬하며 일반적으로 성격이 고상하면 할수록 분명히 느낀다고 한다.

여기에 대해 이교도인 플리니우스‡는 《박물지》 10권의 83장에서 "인간만이 첫 성교 후에 후회한다. 자신의 기원을 후회하는 것은 확실히 생명의 특징이다"라고 말했다. 또 괴테의 《파우스트》에서 악마와 마녀가 행동하고 노래하는 것은 무엇인가? 같은 작품(파우스트의 훌륭한 파랄리포메나)에서 인간의 모습을 한 악마가 군중 앞에서 설명하는 것은 무엇인가? 음탕과 외설, 그뿐이다. 그러나 이러한 행위를 계속해야만 인류는 존속한다.

만약 낙천주의가 올바르고 우리의 생존이 예지가 인도한 최선의 선물이며 고맙게 여겨야 할 대상이라면, 따라서 그 자체가 칭찬할 만한 가치가 있고 기뻐해야 할 영광이라면 우리의 생존을 영원하게 하는 행위는 전혀 다른 모습을 지녀야 한다. 이와 반대로 만약 이 생존이 일종의 과실 혹은 오류라면, 원래 맹목적인 의지가 한 일이라면, 다행히 발전하더라도 의지가 자기 자신을 지양하기 위해 본래의 모습으로 되돌아온 것일 뿐이다. 그러므로 이 생존을 영원하게 하는 행위는 바로 보이는 모습 그대로 나타나야 한다.

근본적 진리라는 내 학설에 대해 한마디하자면, 생식 행위에 쓰는 생식 기관이 다른 모든 기관과 같이 타고난 것인데도 위

‡ Gaius Plinius Secundus, 23~79. 로마 제정기의 장군, 정치가, 학자로 대백과전서인 《박물지》 37권을 저술했다.

에서 말했듯 생식 행위에 대한 수치감이 생식 기관에까지 미친다는 점이다. 이는 행위뿐 아니라 인간의 신체도 의지의 현상이며 객관화이고 의지가 만들었다고 볼 수 있는 정확한 증거다. 만약 자신의 의지 없이도 존재하는 거라면 그 존재를 부끄러워할 리가 없기 때문이다.

나아가서 세계와 생식 행위의 관계는 수수께끼와 답의 관계와 같다. 즉, 세계는 공간적으로는 넓고 시간적으로는 오래되고 끝이 없는 다양한 형태로 이뤄져 있다. 그러나 이 모두는 생존 의지의 표현일 뿐이다. 이 의지가 집중하고 초점을 맞추는 것은 생식 행위다. 그러므로 이 행위에서 세계의 내적 본질이 가장 뚜렷이 나타난다. 사실 여기서는 독특한 어법을 주의해야 하는데, "그는 그녀가 자기의 뜻에 따르기를 바랐다Er verlangte von ihr, sie sollte ihm zu Willen sein"라고 할 때 이 행위가 곧 '의지Wille'다. 이처럼 의지의 가장 뚜렷한 표현인 생식 행위는 세계의 핵심이며 강령이며 정수다.

그러므로 우리는 생식 행위로 세계의 본질과 추세를 분명히 할 수 있다. 즉, 생식 행위는 수수께끼의 답과도 같다. 따라서 생식 행위는 소위 '지혜의 나무'를 의미한다. 누구든지 이 행위를 알고 난 후에는 생명에 눈이 열리기 때문이다. 그래서 바이런도 "지혜의 나무가 꺾이고 나면 만사를 알게 된다"(《돈 주안》, 1권, 128)라고 말했다.

이러한 특성과 부합하여 이 행위는 커다란 비밀로서 언제 어디서나 분명하게 언급해서는 안 된다. 또 언제 어디서나 중요한 문제로 여기기 때문에 누구나 다 알고 있고 언제나 염두에 두고 있어서 조금만 암시해도 즉시 이해한다. 성교는 곳곳에서 실제로 행해지며 또한 행해진다고 가정하기 때문에, 이 행위와 이 행위에 관련된 일은 세계에서 중요한 역할을 한다. 이 역할은 이 세계의 심장으로서의 중요성punctum saliens에 전적으로 일치한다. 중요한 관심사를 끊임없이 비밀로 두는 것이야말로 쾌락의 근원이다.

그러나 젊고 순진한 인간의 지성이 이 세계의 커다란 비밀을 처음으로 알았을 때 그 거대함에 얼마나 놀라는가를 보라! 그 이유는 이러하다. 원래 인식이 없는 의지가 지성, 특히 인간의 이성적 지성으로 고양되기 전에 거쳐야만 했던 오랜 과정 속에서 자기 자신에게서 너무 멀어졌기 때문이다. 그래서 자신의 기원, 즉 그 후회해야 할 기원poenitenda origo을 잊고 지금은 순수하고 순진한 입장에서 그 비밀을 보고 놀라는 것이다.

그런데 성욕과 그 만족은 의지의 초점, 즉 의지의 집중이며 최고의 표현이다. 그러므로 개체화한 의지, 즉 인간과 동물의 생식기라는 문을 통해 세상에 나온다는 사실은 아주 의미심장하며 또한 자연의 상징적인 언어를 사용한 소박한 표현이다.

생존 의지의 긍정은 그 중심이 생식 행위에 있고 동물에게 이러한 사실은 피할 수 없다. 자연적 본성인 의지는 인간에게서 비로소 반성을 얻기 때문이다. 반성을 얻는다는 것은 다만 개인적 의지가 일시적으로 필요하고 긴박한 현재에 사용하기 위해 인식, 즉 동물처럼 그 완전과 필요에 따라 인식하는 것이 아니다. 지난날에 대한 분명한 기억과 앞날에 대한 대략적인 예상을 통해 더 폭넓은 인식의 폭을 얻고 이를 통해 자신과 타인의 삶, 나아가 존재 전반에 대해 널리 전망한다는 의미다.

어떠한 종류의 동물일지라도 수천 년의 생존을 통해 볼 때 그 생명은 단 일순간과도 같다. 그 생명은 단지 현재의 의식이지 과거나 미래에 대한 의식이 없고, 따라서 죽음에 대한 의식도 없기 때문이다. 이런 의미로 생명은 지속하는 순간, 즉 '영원한 현재'라고 봐야 한다.

덧붙여서 다음의 사실은 여기에서 가장 명료하다. 일반적으로 생명의 형성, 즉 의식을 동반하는 의지의 현상은 첫째 직접적으로는 현재에 지나지 않는다. 과거와 미래는 인간의 경우에만 덧붙는데, 이 역시 개념으로서 추상적으로만 인식되며 상상의 형태로 겨우 설명할 수 있을 뿐이다. 이처럼 생존 의지, 즉 자연의 내적 본질은 완전한 객관화와 완전한 향락을 끊임없이 추구하면서 일련의 동물들을 지나(같은 행성에서 뒤이어 새롭게 생겨나는 동물 계열의 갖가지 단계에서 많이 일어난다) 마침내 이성을 부여받은 생물, 즉 인간에게서 반성을 얻는다.

여기에 이르러 의지의 문제는 중대성을 띠고, 의지에서 다음과 같은 의문이 생길 수밖에 없다. 만물은 어디서 와서 어디로 가는가? 또 특히 그 생명의 노력과 고난에 보답할 만한 이익이 있는가? 이 놀이는 소비한 시간만큼의 가치가 있는가?

지금이야말로 명확한 의식의 빛을 받으며 생존 의지를 긍정할 텐가, 그렇지 않으면 부정할 텐가를 결정해야 할 때다. 그러나 후자는 대개 신화적인 옷을 입고 의식에 나타날 따름이다.

결과적으로 우리에게는 이 이상 더 높은 의지의 객관화를 이룰 수 있다는 근거가 없다. 의지는 이미 여기에서 전환점에 도달했기 때문이다.

생존 의지의 긍정과 부정에 대하여

Nachträge zur Lehre von der Bejahung und Verneinung
des Willens zum Leben

1

현존하는 이 세계의 현상을 나타나게 하는 존재는 동시에 이 현상이 나타나지 않게도, 즉 절대 안정 속에 머무르게 할 수도 있다. 그리고 이 점을 경험에 앞서서 거의 선험적으로 인식할 수 있으며 대개 스스로 이해를 할 수 있다. 바꾸어 말하면 현재의 다양성과 본래의 단일성이라고 할 수 있다. 전자를 생존 의지의 현상이라고 한다면, 후자는 생존에 의지하지 않는 현상이라고도 할 수 있다. 다시 말하면 후자는 베다교에서 말하는 크고 깊이 잠든 숙면 상태大熟眠位, 불교도의 열반, 신플라톤학파의 피안과 본질적으로 같다.

여기에 대한 터무니없는 반론이 있을 듯해서 말해두는데, 이 생존 의지의 부정은 결코 어떤 실체를 소멸시키는 게 아니다. 다만 의욕하지 않은 것, 즉 지금까지 의욕해온 것을 의욕하지 않는 것뿐이다. 우리는 이 본질, 즉 사물 자체로서인 이 의지를 다만 의욕하는 행동을 통해서만 알고 있기 때문에 이 행위를 부정한 후의 의지가 계속해서 무엇이 되는지, 무엇을 하는지 알 수가 없다. 그러므로 이 의지가 현상화된 존재인 우리는 의지의 부정을 무無

에 이르는 과정으로 인식할 수밖에 없다.

2

그리스인과 인도인의 윤리 사이에는 현저히 상반되는 점이 있다. (플라톤은 예외로 하고) 그리스인은 행복한 생활이 목적이며 인도인은 삶에서 해탈을 얻으려고 기도한다. 《삼키아카리카》*도 첫 문구에서 이를 단적으로 드러냈다.

그리스인의 석관과 기독교인의 관은 이와 비슷하고 직관적으로도 더욱 명백하게 대조를 이룬다. 피렌체 미술관에 있는 석관에 조각된 그림에는 최초의 구혼에서부터 혼인의 신께 바친 횃불이 보금자리를 비추는 장면까지 모두 묘사되어 있는데, 기독교인의 관에는 비애의 상징인 검은 천이 덮여 있으며 그 위에는 십자가가 장식되어 있다. 이러한 대조는 둘 사이의 가장 깊고도 다른 의미를 나타내주지만, 각각 색다른 방법으로 죽음을 위안하려는 모습이며 모두 타당한 근거가 있다.

즉, 하나는 생존 의지를 긍정적으로 표시한 것이다. 생존 의지로서 삶 그 자체는 형태가 아무리 빨리 변하더라도 영원토록 계속되면서 분명히 존속한다는 의미다. 다른 하나는 고뇌와 죽음의 상징을 통해 생존 의지를 부정하고 죽음과 악마의 영토인 이 세상에서 해탈하려는 것을 나타낸다. 그리스와 로마의 이교도 정신과 기독교 정신 사이에는 생존 의지를 긍정적으로, 또 부정적

---

* 인도의 철학 분파인 삼키아학파의 가장 오래된 경전으로 4세기 무렵 이슈바라 크리슈나가 저술했다.

으로 바라보는 근본적인 차이가 있다. 그런데 결국은 기독교가 올바른 근거 위에 서 있다고 할 수 있다.

3

유럽 철학에서 말하는 모든 윤리학과 나의 윤리학의 관계는 한마디로 성서의 구약과 신약의 관계와 같다. 구약에서는 인간을 율법의 지배하에 두면서도 그 율법으로는 구원받을 수 없다고 말한다. 신약에서는 율법이 불완전하다고 선언하고 이미 인간이 율법에서 해방되었다고 가르친다. 그런가 하면 인간은 은총의 나라에 들어가야 하며 그 나라에 들어가기 위해서는 믿음이 필요하다고 강조한다. 이 믿음이 악과 이 세상에서 구원받는 길이라고 주장한다.

신교적이고 합리주의적인 왜곡도 있기는 하지만 금욕주의적 정신이야말로 본래의 신약 정신이다. 금욕주의적 정신이 바로 삶에 대한 의지의 부정이며 구약에서 신약으로, 율법의 지배에서 신앙의 지배로, 행위를 통한 의로움에서 중개자를 통한 구원으로, 죄와 죽음의 지배에서 그리스도의 영원한 생명으로, 다시 올바르게 말하면 단순한 도덕적 선행에서 생존 의지의 부정으로 이르는 길이다. 나 이전에 나타난 모든 철학적 윤리설은 구약 정신에 입각해 있다. 그 주장이나 서술의 체제에서 많은 차이가 있지만, 이른바 절대적 도덕 율법과 모든 도덕적 명령과 금지(구약)는 암암리에 명령을 내리는 구약의 여호와를 토대로 했다.

이와 반대로 나의 윤리는 근거와 목표를 포함한다. 우선 윤리적으로 정의와 박애의 형이상학적 근거를 증명하고, 다음으로

이 관계가 완전히 행해질 때 이를 수 있는 최후의 목표를 제시한다. 동시에 이 세계를 기피해야 한다고 솔직하게 고백하고, 구원의 길은 의지의 부정에 있다고 가르친다. 그러므로 실제로 나의 윤리학은 신약 정신과 합치하지만, 그 밖의 윤리학은 모두가 구약 정신에 바탕을 두고 있으며 이는 이론상으로는 유대교(철두철미하고 전제적인 유신론)로 귀결된다고 볼 수 있다. 이런 의미에서 내 학설은 참다운 기독교 철학이라고 부를 수 있다. 그러나 사물의 핵심에 이르지 못하고 표피만 핥고 있는 사람에게는 상당히 역설적으로 들릴 것이다.

4

적어도 사물을 깊이 생각할 수 있는 사람에게는 다음의 사실이 확실하게 보일 것이다. 즉, 인간의 탐욕은 인간이 각각 개인적으로 서로 방해하여 한편에서는 죄를, 다른 한편에서는 악을 저질러서 비롯되는 게 아니다. 오히려 인간의 탐욕은 처음부터 근원적인 죄악이며 거부해야 할 대상이다. 따라서 삶에 대한 의지 그 자체를 모두 거부해야 할 대상으로 봐야 한다. 세상에 충만한 모든 공포와 비참은 인간의 모든 성격의 필연적 결과이며, 삶에 대한 의지는 이 성격 가운데서 인과율의 연속으로 나타나는 상황에서 자기 자신을 현상화하고 여기에 동기를 부여한다. 그러므로 모든 공포와 비참은 생존 의지를 긍정하는 논평에 지나지 않는다(루터의 《독일 신학》 참조). 우리의 존재 자체가 하나의 죄악을 내포하고 있다는 사실은 죽음이 증명해준다.

5

고귀한 성격의 인간은 자기 자신의 운명을 쉽게 한탄하지 않는다. 햄릿은 "자네는 갖은 괴로움을 겪었으면서도 마치 아무 일도 없는 사람 같아 보여"라며 호레이쇼를 칭찬하는데, 이 말이 여기에 해당한다.

이는 다음과 같이 이해할 수 있다. 이러한 사람은 자신의 본질을 다른 사람에게서도 인식하고, 따라서 다른 사람의 운명도 자신의 운명처럼 느낀다. 그리고 주위에는 언제나 자신보다 더 심한 불운이 있다는 사실을 바라보며 자신의 불우한 처지를 한탄하지 않는다. 이와 반대로 비열한 이기주의자는 자신만이 실재하고 남을 허수아비로 간주하여 다른 사람의 운명에는 아무런 동정도 하지 않는다. 오로지 자신의 운명에만 전력을 기울이므로 개인의 이해에 대단히 민감하여 번번이 비탄을 연발한다.

내가 여러 번 언급했듯 정의와 박애의 중요한 원천은 이렇게 다른 사람에게서 자기 자신을 재인식하는 데 있다. 이 재인식은 생존 의지를 포기하는 데 이를 수도 있다. 재인식하는 타인의 현상은 분명히 비탄과 고뇌 속에 놓여 있으므로 자신의 자아를 모든 타인의 입장에까지 확대하는 사람이라면 이미 그러한 자아로 계속 살 수 없기 때문이다. 이는 마치 모든 제비를 도맡아 뽑는 자가 마땅히 큰 손해를 보는 것과 같다. 의지의 긍정은 자아의 의식을 자신의 개체에만 국한할 것을 전제로 하며, 우연을 통해 행복한 삶을 이뤄가려고 한다.

세계를 파악할 때 물자체인 삶에 대한 의지에서 출발한다면 세계의 핵심, 그 으뜸가는 중심점은 생식 행위라는 사실을 알 수 있다. 즉, 이 생식 행위는 최초의 중대사이자 결말로 나타나며 세계라는 난자의 기점이자 모든 요소다.

그런데 현상으로 나타난 경험 세계, 즉 표상으로서의 세계에서 출발하면 얼마나 많은 정반대의 장면이 연출되는가. 여기에서 생식 행위는 아주 동떨어진 특수한 것, 비열한 의지밖에 지니지 못한 것, 숨어서 몰래 이루어지는 부대사건, 색다른 일, 조소의 대상으로 나타난다. 마치 배후에 악마가 숨어서 모든 것을 조종하는 듯 보인다. 이 악마는 성교를 값으로 주고 세계를 매입한다고 말할 수 있기 때문이다.

그리고 누구든 '교접을 마치고 나면 바로 등 뒤에서 악마의 웃음소리가 들리는 것'을 느끼지 않는 자가 없다. 이 문구를 곰곰이 해석해보면 성욕, 특히 어떤 여자에게 애정을 품은 성욕은 이 그럴듯한 세계에서 이루어지는 모든 사기의 전형이며, 이루 헤아릴 수 없는 많은 것을 약속하지만 실상 얻는 것은 보잘것없이 빈약하다.

생식 행위에서 여자가 범하는 죄는 남자보다 어느 정도 적다. 남자는 탄생한 아기에게 최초의 죄악이자 모든 죄악의 원천인 의지를 부여하지만 여자는 구원의 길을 열어주는 지성을 주기 때문이다.

생식 행위는 삶에 대한 의지가 새로운 생명을 긍정했다는 의미에서 세계의 매듭이다. 브라만교 경전의 "아, 슬프도다. 링감*

은 요니†에 들어갔도다"라는 문구도 이런 의미에서 부르짖은 비탄이다. 반면에 수태와 임신은 '인식의 광명이 또다시 의지에 주어졌다'는 것을 의미한다. 즉, 의지는 이 광명을 얻어 다시 올바른 길에 도달할 수 있으며 따라서 새로운 생명의 구원이 가능할 수 있다.

이런 점에서 설명할 수 있는 주목할 만한 현상이 있다. 모든 여인은 성교에 임할 때 깜짝 놀라고 무척 부끄러워하지만 일단 임신하면 조금도 부끄러워하지 않을뿐더러 오히려 의기양양해서 뭇사람들 앞에 나타난다. 대체로 어떤 확실한 증거는 그 결과로 나타나는 상태를 두고 보면 알 수 있는데, 여자는 성교 자체는 아주 부끄러워하지만 임신은 아무렇지도 않아 한다. 이는 앞서 말했듯이 임신한 사실이 어느 의미에서는 성교로 생긴 죄에 대한 변상을 내포하며, 적어도 죗값을 변상해줄 거라고 기대하기 때문이다.

성교에는 모든 부끄러움과 수치감이 따르지만, 이와 밀접한 관계인 임신은 순결하고 티 없으며 어느 정도 고귀한 일로 여겨진다. 성교는 남자가 하고 임신은 여자가 한다. 아기는 아버지에게 의지와 성격을, 어머니에게 지성을 이어받는데 전자는 속박하는 힘이고 후자는 해방하는 힘이다.

삶에 대한 의지는 언제나 지성을 통해 백일하에 드러나지만 성교는 삶에 대한 의지가 항구적으로 존재하려고 하는 표시다. 이 의지로 새로운 인간을 낳는 것은 분명하며 언제나 이 의지를

---

* 시바교에서 힌두교의 신 시바를 추상적이거나 비정형적으로 표현한 것이다.
† 인도에서 숭배하는 여성의 생식기 상이다.

통해 구원에 도달하는 길이 열릴 수 있다. 잉태는 새로운 개체가 태어나는 징표로서 잉태했을 때는 자유롭고 정정당당하게, 아니 의기양양하게 나돌아다니지만 반대로 성교는 마치 범죄자처럼 숨어들어 간다.

7

몇몇 교부敎父들은 결혼 후 동침도 출산이 목적일 때만 용납 가능하다고 가르쳤으며, 클레멘스*는 《스트로마티스》 3권 11장에서 피타고라스학파도 같은 견해였다고 말했다.

그러나 정확하게 말하면 이 견해는 잘못이다. 성교가 출산만을 목적으로 한다면 이미 삶에 대한 의지의 부정이 나타나게 되며, 출산으로 목적을 달성했으므로 인류의 존속은 무의미하다. 더구나 아무런 주관적인 정열이나 음욕, 생리적 충동도 없이 다만 순수한 사려와 냉정한 의도로 한 인간을 세계에 내보내는 일이 가능하다면, 이는 도덕적으로도 매우 의심스러운 행동이며 실제로 이러한 사람은 매우 드물 것이다.

또한 이러한 성교와 단순한 성욕에서 비롯한 생식 행위는 고의적인 살인과 분노로 일어난 우연한 살인의 관계와 비유할 수 있다. 부자연스러운 모든 성욕의 만족을 비난하는 것도 실은 이와 정반대 이유에 기인한다. 이러한 성욕의 만족은 충동을 가득 채울 뿐이며, 그 결과로 생존 의지를 긍정하게 되어 이 의지를 부

---

*   Clement of Alexandria, 150~215년경. 기독교 신학자이자 철학자로 고전 그리스 철학과 문학에 정통했다.

정케 하는 유일한 행위인 번식이 중지되기 때문이다. 이런 점에서 금욕적인 경향을 띤 기독교의 출현과 함께 남색이 왜 무거운 죄악으로 인정되었는지를 설명할 수 있다.

8

수도원이라는 곳은 가난, 순결, 복종(즉, 자기 의지의 단념)을 약속한 사람들이 공동생활을 하며 존재 자체 그리고 수도 생활의 괴로움을 덜어보려고 모여든 곳이다. 자기와 같은 인간이 같은 고행을 하는 모습을 보면서 서로 결심을 굳게 하고 적잖이 위로도 받을 수 있다. 그리고 어떤 한정된 범위 안에서 하는 공동생활은 인간의 천성에 맞는 일이며 많은 불상사에 직면했을 때 한결 마음이 가벼워질 수 있다.

이런 관점이 수도원에 대한 올바른 해석이다. 그러나 내 철학 이외의 다른 철학에 따르면 수도원은 바보나 광인의 집합소라고 말할 수밖에 없지 않은가? 순수한 수도원 생활에 내재한 정신과 그 의의는 자신이 이 세상의 존재일 때보다 내세에서 더욱 선량한 존재로 거듭날 만한 가치가 있으며, 또한 그 가치를 체험할 수 있다고 인식하는 데 있다. 이 확신을 유지하고 강화하기 위해 이 세상이 제공하는 것을 멸시하고, 쾌락을 무가치하다고 보아 포기하고, 현세의 공허한 욕구를 무시한 생활에 만족하고, 차분한 마음으로 그 생애가 끝나기를 기다려 한 번 죽음이 다가오면 구원의 계기로 기꺼이 맞이하는 데 있다.

브라만교의 은둔자 생활도 이와 같은 경향과 의의로 이루어지며 불교도의 수도 생활 역시 마찬가지다. 그러나 실천이 이론

을 따라가기 어렵다는 점이 이 수도 생활에서 가장 뚜렷이 나타
난다. 그 이유는 그 근본 사상이 너무나 고답적이어서 맹목적인
실천은 죄악이 되기 때문이다. 순결한 승려는 누구보다도 존경할
만하지만 대부분 승복은 다만 가장행렬의 꾸밈에 지나지 않으며,
거짓 복장 속에 진짜 승려가 들어 있기란 가장행렬과 마찬가지로
드문 일이다.

9

자신의 의지를 부정하려면 주저치 말고 개체의 의지에 자신을 전
적으로 맡겨버리는 것이 심리적으로도 편리한 방법이며, 또한 진
리에 이르는 적절한 길이다.

10

진정한 트라피스트회* 수도사는 그 수가 아주 적다. 그들의 거
의 반은 마지못해 수도사가 되어 가난과 복종과 모든 금욕 그리
고 가장 절실히 해야 할 일마저 저버린다. 그러나 강제적으로, 때
로는 가난 때문에 순결을 지키고 있는 것이 그들의 운명이다. 진
정한 수도사는 자신의 뜻에 따라 질서 있게 고행하면서 수도하
고 자신의 처지가 나아질 거라는 희망을 품지 않는다. 반면, 대다
수의 수도사는 내가 금욕을 논한 장에서 '두 번째 길'이라고 말한
부류에 속한다. 이것이 이 둘의 차이다.

---

*   1664년에 프랑스 노르망디의 라 트라프 수도원이 세운 분파로, 기도와 침묵, 정
진, 노동을 강조하는 엄격한 수도회다.

자연은 인간이 이 두 번째 길에 순종할 수 있도록 충분히 배려해두었고 기본적으로 가난이나 고난이 발생하도록 마련해두었다. 특히 자연이 직접 마련한 데에서 우러나오는 죄악 이외에도, 전시든 평화 시든 인간의 상호 불화와 악의에서 비롯된 죄악이 있다. 그러나 그리스도도 영원한 구원을 얻으려면 자신이 초래한 고뇌가 필요하다고 말했다. "낙타가 바늘귀로 들어가는 것이 부자가 하나님의 나라에 들어가는 것보다 쉬우니라"라고 한 《마태복음》 19장 24절의 내용이 바로 그 말이다. 그러므로 진심으로 영원한 구원을 받으려는 자는 자신이 부유하고 고귀한 집안에 태어나서 가난과 멀 경우에는 자진해서 가난한 생활에 뛰어들기까지 한다.

부처가 된 석가모니가 그러한 사람 중 하나다. 그는 왕자로 태어났으나 자진하여 문전걸식했다. 그리고 가톨릭의 탁발수도회를 창립한 프란체스코도 그랬다. 프란체스코는 명문가 딸이 많이 모여 있는 무도회에 갔다가 다음과 같은 질문을 받았다.

"프란체스코, 당신도 언젠가는 이 미인 중에서 한 사람을 택하겠지요?"

"전 그보다 더 아름다운 것을 이미 택했습니다."

"그래요, 어떤 건가요?"

"가난입니다."

얼마 후 그는 모든 것을 버리고 걸식하며 전국을 방랑했다.

이러한 사실로 미뤄볼 때 대체로 가난과 고뇌가 우리의 구원에 얼마나 필요한지를 인식한 사람이라면, 다른 사람의 행복을 부러워하기보다 오히려 불행을 부러워해야 한다는 사실을 깨달게 될 것이다. 또한 이러한 이유로 금욕주의적인 마음가짐은 운명에 대항하는 좋은 방법이자 번뇌와 고통을 막는 갑옷으로서 현재를 비교적 더 쉽게 견디는 데 확실히 도움을 준다. 하지만 진정한 구원과는 거리가 멀다. 이러한 금욕주의는 마음을 딱딱하게 하기 때문이다. 마음이 돌과 같은 단단한 껍질에 싸여서 사물을 느끼지 못한다면 고뇌한다고 해도 어떻게 개선이 되겠는가?

그리고 이러한 금욕주의는 그다지 신기하지도 않으며 오히려 위선처럼 보일 때가 많다. 마치 도박에서 지고도 웃는 얼굴을 하는 허세와도 같다. 그리고 금욕주의가 마음속에 드러날 때도 대체로 단순하게 둔감화되고, 이러한 둔감화 때문에 정력, 활기, 다감함, 상상력이 결핍되어 커다란 심적 고뇌를 느낀다. 이러한 마음의 금욕주의는 끈덕지고 둔한 성격의 독일 사람들에게 꼭 알맞다.

11

부당하고 악한 행위는 그 행위를 행한 자가 보면 삶에 대한 의지를 긍정하는 강력한 증거다. 참된 구원, 삶에 대한 의지의 부정, 세계에서 구원되는 것에서 멀어지고 있는 거리를 표시하며, 그 구원에 도달하기까지는 인식과 고뇌의 긴 수련을 거쳐야 한다는 사실을 보여준다. 반면에 그 행위로 고통받는 자가 보면, 형이하학적으로는 죄악일지 모르나 형이상학적으로는 올바른 일이며 참된 구원에 도달하도록 도와주는 자선 행위다.

12

세계정신: 여기에 네가 일하고 괴로워해야 할 과제가 있다. 이 과

제를 위해 너는 다른 모든 존재물처럼 존재해야 한다.

인간: 하지만 나는 존재에서 무엇을 얻는가? 존재에 몰두하면 궁핍에 시달리고 가만히 있으면 권태에 빠진다. 어찌하여 너는 내게 그렇게도 많은 일과 괴로움을 주는가? 그 대가는 왜 이렇게 보잘것없는가?

세계정신: 하지만 그 대가는 너의 모든 노고와 모든 괴로움에 알맞다. 왜냐하면 네 노고와 괴로움이 보잘것없기 때문이다.

인간: 그래? 너무 어려워서 모르겠는데…….

세계정신: 나는 잘 안다. (옆을 보며) 생명의 가치는 그를 가르치고 그가 생존을 원하지 않도록 하는 바로 그 지점에 있다는 것을 그에게 말하란 말인가? 생명 자체가 그에게 이 최고의 경지에 이르는 준비를 시키지 않으면 안 되겠다.

13

이상과 같은 고찰을 통해 높은 견지에서 인간의 고뇌가 외롭다는 점을 인정할 수 있으나 동물의 고뇌는 이렇게 해석할 수 없다. 동물의 고뇌는 대부분이 인간 때문에 생기지만 그렇지 않을 때도 많다(《의지와 표상으로서의 세계》 2권 참조). 이리하여 '왜 이 괴롭고도 무서운 의지는 수없이 많은 형태로 나타나서 신중하지 못한 채 구원의 자유를 제약하는가?'라는 의문이 생긴다. 동물계의 고뇌는 다음과 같은 점에서만 정당하다고 볼 수 있다.

즉, 현상의 세계에는 생존 의지가 움직이고 있을 뿐 그 밖에는 아무것도 없고, 이 의지는 굶주린 의지이므로 자기 자신의 살덩이를 집어삼키는 수밖에 도리가 없다. 그러므로 이 의지의 현상은 단계적으로 나타나서 그 하나하나는 타자를 잡아먹으며 살아간다. 이미 앞에서 동물이 고뇌를 감수하는 정도가 인간보다 훨씬 더 미약하다고 설명했으므로 추가 언급은 하나의 가설, 아니 신화 같은 설명이므로 독자의 생각에 맡기겠다.

14

이미 말했듯이 인간의 생애는 순전히 비극의 성질을 띠고 있으며 인생은 이루지 못한 희망, 부질없는 계획 그리고 뒤늦게야 깨닫는 오류에 지나지 않는다. 다음의 애절한 시가 이를 정확하게 말해준다.

> 그리하여 노쇠와 비애가 함께
> 그를 죽음으로 이끌고,
> 긴, 괴로운 삶을 지나오면서
> 한평생 미궁 속을 헤매었음을
> 깨닫는다

이 시는 내 세계관과 완전히 일치한다. 내 세계관에서 존재 자체는 없는 것이 좋았을 일종의 과실이며, 인식이 우리를 그 과실에서 벗어나게 한다. 인간이 되었다는 사실부터가 잘못이다. 따라서 인간은 한 개인으로서 자기 생애를 돌아보고 대개 미궁에 빠져 있었다는 사실을 당연하게 발견한다. 이를 총괄적으로 인식하는 것이 인간의 구원이다. 그리하여 개별적인 경우, 즉 개인적 생애에서도 이를 깨닫기 시작해야 한다. 개체에 참인 것은 종족에도 참이기 때문이다.

　인생은 어디까지나 우리에게 부여된 엄격한 과업이라고 봐야 한다. 우리 생각은 전혀 다른 방면에 쏠려 있어서 그러한 과업이 무엇 때문에 필요한지를 우리는 이해하지 못한다. 그러나 진리는 여전히 자신을 증명하고 있다. 그러므로 우리는 세상을 떠난 벗을 생각할 때마다 벗이 이미 그 과업을 마쳤다는 생각에 만족을 느끼며, 또 가야 할 곳으로 잘 갔다고 생각한다. 우리도 이와 같은 관점에서 자신의 죽음에 머뭇거리지도, 두려워도 하지 말고 고대하며 기꺼이 맞아야 한다.

　행복한 삶이란 있을 수 없다. 인간이 도달할 수 있는 최고의 삶은 영웅적 삶이다. 영웅적인 삶을 산 사람은 어떤 사건에서든 모든 사람에게 선을 베풀기 위해 커다란 고난에 맞서 싸워 결국 승리를 거두지만, 자신은 그 결과로 약간의 보상을 받거나 혹은 못 받기도 한다. 그리하여 자신은 나중에 이탈리아의 시인 고치*의 희곡 〈까마귀〉에 나오는 왕자처럼 돌로 변하거나 또는 하나님 같은 용모를 하고 존귀한 초인으로 고립될 수밖에 없다. 그러나 그는 영원히 사람들의 기억에 남아 영웅으로 숭배받는다. 그의 의지는 전 생애에 걸친 수고와 활동, 소득 없는 결말과 은혜를 모르는 세상에 정화되고 연소하여 열반에 들어간다.

---

* 　Carlo Gozzi, 1720~1806. 이탈리아 시인이자 극작가다.

생명에 대하여

Leben der Gattung

생물의 여러 가지 단계에 관한 플라톤의 개념은 삶에 대한 의지를 충분히 객관화했지만, 시간의 형식에 묶여 있는 개체의 인식에는 종족으로, 즉 생식이라는 줄에 묶여서 연달아 생겨나는 동류의 개체로서 나타난다. 따라서 종족은 시간 속에서 분열한 개념이다. 모든 생물의 본질 자체는 그 무엇보다도 종족 안에 있다.

한편 종족은 개체 속에서만 생존을 유지한다. 그러나 생존 의지는 개체 속에서 자의식을 얻고 따라서 개인은 자신을 개체로서만 직접 인식한다. 그럼에도 본래 종족 속에 생존 의지의 본질이 객관화되어 있다는 깊은 의식은 성적 관계나 자손 생식과 양육 같은 종족 그 자체에 관한 일이 다른 무엇보다도 개체에게 훨씬 중대하고 절실하다는 점에서 드러난다.

그러므로 동물은 교미 욕구(교미 욕구의 강렬함에 대한 훌륭한 서술은 부르다흐*의 《생리학》 1권에 있다) 때문에, 인간은 성욕의 만족을 위해 다른 개체를 주의 깊게 또는 변덕스럽게 선택할 때 나타나고, 이 선택은 정열적인 사랑으로 고양되기도 한다.

---

*   Karl Friedrich Burdach, 1776~1847. 독일의 신경해부학자이다.

그리하여 최후에는 그 자손을 향한 부모의 지나친 애정으로 확장된다. 의지는 뿌리, 지성은 가지로 비유할 수 있다. 내면적, 즉 심리적으로 보아도 그렇다. 그러나 외면적, 즉 생리적으로 보면 생식기는 뿌리고 두뇌는 가지다. 물론 양육은 생식기가 아닌 내장의 융모가 하지만 뿌리는 후자가 아닌 전자다. 개체는 생식기를 매개로 그 뿌리인 종족과 서로 연결되어 있기 때문이다. 즉, 개체는 형이하학적으로는 종족에서 생겨났지만 형이상학적으로는 시간의 형식 속에서 종족으로서 나타나는 이념의 (많든 적든) 완전한 표현이기 때문이다.

지금 말한 관계처럼 뇌수와 생식기의 최대 활력과 노쇠는 동시에 일어나고 서로 관련이 있다. 성욕은 개체의 생명을 싹트게 하는 수목(종족)의 내면적 충동이라고 봐야 한다. 이를테면 하나의 잎이 수목에 양육당하면서도 한편으로는 그 수목을 돕듯이 말이다. 이 충동이 아주 강렬하게 우리 본성의 밑바닥에서 생겨나는 것도 그 때문이다. 개체를 꺾어버리는 것은 개체를 발생시키는 종족이라는 수목에서 개체를 절단해 말려버리는 것이며, 이는 그 정신력과 체력의 퇴화를 의미한다.

종족에 대한 봉사, 즉 수정 작용이 끝나면 동물 개체는 모든 힘을 일시적으로 소모하고 갑자기 이완되며 이 때문에 대개의 곤충은 즉시 죽어버리기도 한다. 켈수스†가 "정액을 내쏟으면 정신의 일부를 잃는다"라고 말한 것도 그 때문이다.

---

†   Aulus Cornelius Celsus, BC. 30(?)~AD. 45(?). 고대 로마의 의학 저술가로 대표 저서로 《의학에 관하여》가 있다.

인간에게 생식 능력의 소모는 개체가 죽음에 가까이 왔다는 의미다. 나이가 어떻든 이 힘을 남용하면 생명이 단축되고 그 반대로 절제하면 모든 힘, 특히 근육의 힘이 증가한다. 그리스에서 선수를 훈련하는 방법의 하나가 절제였던 것도 그 때문이다. 또 생식 활동을 금하면 곤충의 생명도 다음 해 봄까지 연장할 수 있다.

이상은 개체의 생명이 근본적으로는 종족의 차용물에 지나지 않는다는 점, 즉 모든 생명력은 저지당한 종족의 힘이라는 점을 말하고 있다. 그러나 이를 설명할 때 생명의 형이상학적 기초가 직접 종족 속에 나타나고, 그 결과로 비로소 개체 속에 나타난다고 해야 한다. 따라서 인도인들은 링감과 요니를 종족과 그 불멸의 상징으로 숭배하고 또 죽음에 대항하는 것으로 생각하며 죽음을 지배하는 신인 시바의 속성으로 여긴다.

그러나 신화나 상징을 인용하지 않더라도 성욕의 강렬함은 인간을 포함한 모든 동물이 성욕과 관련 있는 일을 할 때 얼마나 활발하고 부지런하고 진지한가를 보면 알 수 있다. 또한 동물이 원래 그 참된 본질로 삼고 있는 것, 즉 종족의 일원이라는 사실은 성욕에 봉사하는 작용 때문이다. 이에 반해 그 외의 모든 작용이나 기관은 개체에만 직접 봉사할 뿐, 개체의 생존은 필경 이차적인 것에 지나지 않는다. 더구나 개체는 동물의 모든 본질의 집중점인 이 성적 충동의 격렬함 속에서 영속하지 않고, 따라서 그 참다운 생존은 종족 안에 있다. 그러므로 성욕의 강렬함은 종족을 유지하는 데 모든 것을 걸 수밖에 없다는 의식의 표현이다.

위에서 말한 점을 명확하게 하도록 지금 교미기에 있고, 생식 행위를 하고 있는 동물을 상상해보자. 우리는 보통 때는 볼 수 없는 진지함과 열중을 그 동물에게서 볼 것이다. 지금 무슨 일이 일어나고 있는가? 자신은 죽을 수밖에 없고, 지금 하는 행위에 따라 새로운 존재지만 자신과 닮은 개체가 자신을 대신하기 위해 생겨나리라는 사실을 알고 있을까?

지금 행위를 하고 있는 존재는 그런 생각을 하지 못하기 때문에 이런 사실을 하나도 모른다. 하지만 마치 알고 있는 듯이 열심히 시간 속에서 그 종족이 영속할 수 있도록 노력한다. 즉, 살아서 생존하고 싶다는 점을 의식하고 그 욕망의 정점을 생식 행위로 표현하고 있는 것이다. 이게 그때 행위를 하는 존재의 의식 속에서 일어나는 전부다.

또 종족이 영속하는 데는 이걸로 충분하다. 의지가 근본이고 인식은 우연이기 때문이다. 그러므로 의지는 인식의 인도를 받을 필요가 전혀 없고, 그 근본성에서 결정되면 곧 의욕은 자연히 표상의 세계 속에서 객관화될 것이다.

그런데 이처럼 우리가 상상해본 동물의 모습이 생명과 생존에 대한 욕구라면, 이는 일반적인 생명과 생존에 대한 욕구가 아니고 바로 개별적 존재의 모습으로 생명과 생존을 욕구한다. 그러므로 동종의 암컷 속에서 자기 모습을 인식하는 것은 동물의 의지를 생식 행위로 자극하는 것이다. 외부에서 시간의 형식으로 보면 이 욕망은, 정해진 동물의 모습으로 무한한 시간을 통해 끊임없이 한 세대에서 다음 세대로 개체를 바꿔 죽음과 생식을 교차하면서 유지된다.

이렇게 보면 죽음과 생식은 영원히 변치 않는 모습을 맥박처럼 나타나는 데 지나지 않는다. 이는 길항 작용으로 물질을 존속시키는 인력과 반발력에 비교할 수 있다. 여기에서 동물에게서 확인할 수 있는 것은 인간에게도 들어맞는다. 인간에게 생식 행위는 그 목적에 대한 완전한 인식을 수반하지만 인식의 인도를 받지는 않고 직접 생존 의지에서 그 충동으로 나타나기 때문이다.

따라서 생식 행위는 본능적 행위의 하나다. 즉, 동물은 생식할 때와 마찬가지로 새로운 존재를 만들려는 본능에서도 어떤 목적이나 인식의 인도를 받지 않는다. 이 경우에도 의지는 대체로 인식을 매개로 거치지 않고 나타나며 어떻든 사소한 것만 인식에 맡긴다. 생식 행위는 말하자면 새로운 존재를 만들려는 본능에서 가장 경탄할 만한 것이고 그 작품은 가장 훌륭하다.

이상의 고찰에서 성적 욕망이 다른 욕망과는 그 성질에서 현저한 차이가 있다는 점을 분명히 알 수 있다. 성적 욕망은 가장 강한 욕망일 뿐 아니라 다른 어떠한 욕망보다도 특히 유력한 종류의 욕망이다. 성적 욕망은 곳곳에서 필연적이고 불가피하다고 암암리에 가정을 하는데, 다른 욕망처럼 취미나 기분의 문제가 아니다. 성적 욕망은 실로 인간의 본질을 구성하는 소망이기 때문이다.

어떠한 동기도 성적 욕망과 싸워서 확실히 승리를 얻을 만큼 강하지 않다. 성적 욕망은 극히 중대하며, 만족이 안 되면 다른 어떤 향락도 대신 보충해줄 수 없다. 또한 성적 욕망을 위해서라면 동물이나 사람도 어떠한 위험이나 싸움이든 서슴지 않는다.

음경으로 장식된 폼페이의 매음굴 입구에는 "행복은 여기에 있다"라는 문구가 있는데, 이 문구는 앞서 말한 자연스러운 경향을 아주 소박하게 표현하고 있다. 이 문구는 들어가는 자에게는 자연스럽고 나오는 자에게는 반어적이며 그 자체로는 익살맞다.

이와 반대로 오시리스*가 새긴 비문은 생식 욕구의 강력한 힘을 진지하고 엄숙하게 표현했다. 오시리스는 영원한 신들을 위해 원주를 세우고 여기에 다음과 같은 비문을 새겼다. "정신과 하늘과 태양과 달과 땅과 밤과 낮과 또 존재하는 모든 것의 아버지 에로스에게 바친다."

또한 "엔네아드†의 어머니, 인간과 신들의 기쁨, 너 자비로운 비너스여!"라고 루크레티우스‡가 자신의 책 앞에 적은 아름다운 호소도 오시리스의 비문과 같다.

성적 관계가 인간 세계에서 하는 역할도 마찬가지다. 성적 관계는 원래 모든 행동의 눈에 보이지 않는 중심점이며, 은폐되어 있지만 모든 곳에 나타난다. 전쟁의 원인이나 평화의 목적이고 진지함의 근거나 익살의 목표며, 마르지 않는 재치의 샘이자 모든 암시의 열쇠다. 또한 모든 비밀의 신호, 말로는 할 수 없는 모든 제의, 모든 눈치의 의미다. 청년은 물론이고 노인들도 흔히 매일 성적 관계에 몰두하고 음란한 사람은 이를 생각지 않을 때가 없다. 순결한 사람도 의지와 달리 몇 번이나 성적 관계를 몽상한다. 성적 관계는 언제나 익살의 소재이기도 하다. 모두 그 바탕

---

* 　고대 이집트 신화의 풍요, 농업, 내세, 부활, 생명, 초목의 신이다.

† 　고대 이집트 신화에 나오는 아홉 신의 집단으로 그리스 신화의 올림포스 12신과 개념이 비슷하다.

‡ 　Titus Lucretius Carus, 생몰 미상. 로마의 시인이자 철학자다. 그리스의 철학자 에피쿠로스의 사상과 철학을 다룬 장편시 《사물의 본성에 관하여》로 유명하다.

에 아주 깊은 진지함이 있기 때문이다.

그러나 모든 인간의 주요한 관심사가 몰래 행해지고 표면상으로는 될 수 있는 한 무시받는데, 이는 세계의 비꼼이자 익살이다. 사실 성적 관계는 모든 순간 세계의 참된 세습 군주다. 사람들은 성적 관계를 묶고 감금하고, 적어도 제한하고, 가능하면 숨기거나 혹은 인생에서 아주 비천하고 사소한 일처럼 보이도록 제어하기 위해 갖가지 수단을 부리지만, 성적 관계는 선조에게 물려받은 왕좌에 앉아 자신의 절대적인 권력을 휘두르며 사람들을 경멸의 눈초리로 내려다보며 비웃는다.

그렇지만 이러한 일들은 성욕이 생존 의지의 핵심이고 따라서 모든 의지의 집중이라는 사실에 부합한다. 내가 생식기를 의지의 초점이라고 명명한 것도 그 때문이다. 그뿐 아니라 인간을 성욕의 화신이라고 해도 좋다. 인간은 성행위에서 기원했고 제일 큰 소망도 성행위며 이러한 성적 충동만이 그 모든 현상적 존재를 불멸하도록 결합시키기 때문이다.

생존 의지는 첫째로 개체를 유지하려는 노력으로 나타나는데, 이는 종족을 유지하기 위한 노력의 단계일 뿐이다. 이 노력은 종족의 생명이 그 유지 범위와 가치에서 개체의 생명을 능가하면 할수록 그만큼 격렬해진다. 그러므로 성욕은 생존 의지의 가장 온건한 표현이며 가장 명료하게 표현한 의지의 유형이다. 개체가 성욕에서 생겨나는 것도, 자연인의 모든 소망 중에서 성욕이 첫째인 것도 위의 사실과 완전히 일치하기 때문이다.

성욕은 욕망 중에서 가장 격렬하며 소망 중에서 제일 큰 소망이고 모든 의지의 집중이다. 따라서 모든 사람의 개인적인 소망,

즉 일정한 개체를 향한 소망과 정확하게 일치하는 성욕의 만족은 그 사람의 행복의 절정이자 극치로, 그 사람의 자연스러운 노력의 최종 목적이다. 성욕을 달성하면 모든 것을 다 달성한 듯하고, 달성하지 못하면 모든 것을 다 달성하지 못했다고 생각한다.

이는 생리적인 관계에서 보면 객관화된 의지다. 즉, 인간의 유기체에서는 정액이 분비 중의 분비, 모든 체액 중의 정수, 모든 유기적 작용의 최후 결과다. 이는 다시 신체가 의지의 객관화, 즉 표상을 형식화하려는 의지에 지나지 않는다는 증거다.

자손의 보존은 생식과 결부되고 부모의 사랑은 성욕과 결부되어 종족의 생명을 이어나간다. 따라서 성욕처럼 동물의 자손 사랑도 자신이라는 개체를 향한 노력보다도 훨씬 강하다. 거의 모든 동물의 어미는 새끼를 보호하기 위해서라면 어떠한 위험도 무릅쓰고, 대개는 결정적인 순간 죽음마저 불사한다.

인간 중 성격이 나쁜 자는 이성, 즉 반대 성에 끌리거나 반대 성이 매개가 되어, 때로는 반대 성에 가로막혀서 이 본능적인 부모의 사랑을 아예 거절하기도 한다. 그러므로 부모의 사랑은 동물에게서 그 기능이 가장 순수하게 나타난다. 그렇다고 본질적으로 부모의 사랑이 인간에게 강하지 않다는 의미가 아니다. 어떤 경우에는 자기애를 극복하여 자신의 생명을 희생하기도 한다. 한 예로 프랑스의 신문에 프랑스 로트주의 카오르에 사는 한 아버지가 자살했다는 기사가 실렸는데, 병역 의무를 이행해야 하는 아들이 과부의 장남이면 면제받기에 자살했다는 보도였다(〈갈리냐니의 메신저〉, 1843년 6월 22일).

그러나 동물은 반성의 능력이 없으므로 본능적인 모성애는 매개 없이 순수하게, 극히 명료하게 온전한 힘으로 나타난다(수 컷은 대개 자신이 아버지라는 점을 의식하지 못한다). 이 사랑은 필경 자신의 참된 본질이 개체보다도 종족과 직접 연결되어 있고, 따라서 그 자손으로 종족을 유지할 수 있기 때문에 필요하다면 자신의 생명까지도 희생하겠다는 의식이 동물에게 있다는 사실을 의미한다. 그러므로 성욕처럼 여기에서도 생존 의지는 어느 정도 초월적이다. 즉, 이러한 의식은 생존 의지를 원래 가지고 있던 개체를 넘어서 종족에 이른다.

종족의 생명에 대한 이 두 번째 발로를 추상적으로만 말하지 않고, 있는 그대로 독자에게 설명하기 위해 본능적인 모성애가 대단히 강하다는 점을 보여주는 여러 가지 실례를 들어보겠다.

해달은 적이 나타나면 새끼를 데리고 물속으로 들어간다. 숨을 쉬기 위해 다시 떠오를 때는 자기 몸으로 새끼를 감추고 새끼가 달아날 동안에 수렵꾼의 화살을 받는다.

고래의 어미를 잡으려면 그 새끼를 죽이면 된다. 어미 고래는 급히 죽은 새끼에게로 와서 몸에 작살을 맞으면서도 살아 있는 동안은 절대로 새끼 곁을 떠나지 않는다(스코즈비의《포경 일기》).

뉴질랜드 근처의 섬에 바다의 코끼리라고 불리는 거대한 바다표범이 살고 있다. 그들은 떼를 지어 섬의 둘레를 헤엄치며 물고기를 잡아먹고 사는데 바닷속에는 무서운 적이 있어서 때때로 심한 상처를 입는다. 그러므로 그들은 함께 헤엄칠 때 특별한 전술이 필요하다. 암컷이 바닷가에서 새끼를 낳고 젖을 먹이는 7~8주 동안은 수컷이 그 주위를 둘러싸서 굶주림에 지쳐 바다에 뛰어들려

하는 암컷을 막고, 만약 암컷이 뛰어들면 물어뜯어서라도 저지한다. 이처럼 7~8주 동안 수컷은 암컷과 함께 단식하기 때문에 살이 몹시 빠지는데, 이는 순전히 새끼가 잘 헤엄치고 찌르고 물어뜯는 전술을 완전히 습득할 때까지 바다에 들어가지 못하게 하기 위해서다(프레시네의 《오스트레일리아 여행기》, 1826).

여기에서도 모든 의지의 굳건한 노력과 같이 부모의 사랑이 얼마나 지능을 높이는지를 알 수 있다.

들오리나 꾀꼬리나 다른 많은 새는 사냥꾼이 그들의 둥지에 가까이 오면 침략자의 주의를 새끼에게서 자신에게로 끌기 위해 마치 자기 날개가 상한 것처럼 침략자의 발아래에서 큰 소리로 울며 파닥거린다. 또한 종달새는 자기 몸을 희생해서라도 개를 둥지에서 멀리 몰아내려 한다. 이와 마찬가지로 암사슴이나 암토끼도 새끼가 공격받지 않도록 사냥꾼을 유인한다. 제비는 새끼를 구하기 위해, 아니면 새끼와 함께 죽기 위해 불타오르는 집 안으로 뛰어든다. 델프트에 큰불이 났을 때 어미 황새가 아직 날 수 없는 새끼를 지키려다가 둥지에서 타 죽은 일이 있었다. 들꿩이나 멧도요는 알을 품은 채 둥지 속에서 붙잡힌다. 몸이 둘로 잘린 개미는 반쪽 몸만으로도 번데기를 안전한 장소로 운반한다. 암캐의 배를 갈라 새끼를 떼어놓았더니 다 죽어가는 암캐가 새끼들에게로 기어와 어루만졌다. 다시 암캐에게서 새끼를 빼앗자 암캐는 비로소 크게 울기 시작했다(부르다흐의 《생리학》 2권 및 3권).

자살에 대하여

Über den Selbstmord

1

내가 아는 한 자살을 범죄라고 보는 종교는 유일신교, 즉 유대 종교뿐이다. 구약이나 신약에서 자살에 대한 금지나 적극적인 부인을 찾을 수 없는 것은 아주 기이한 일이다. 그러므로 신학자들은 자신들의 철학적 근거를 바탕으로 자살을 범죄라고 규정하는데, 그 근거가 아주 조잡해서 논증의 약점을 보강하기 위해 혐오의 말로 악센트를 주는, 즉 욕을 사용한다. 그래서 우리는 자살은 가장 비겁한 행동이라든가, 미친 자만이 할 수 있다든가, 그 밖에 이와 비슷한 터무니없는 말이라든가 혹은 자살은 옳지 못하다는 아주 무의미한 말을 들어야 한다.

그러나 사람들은 누구든 이 세상에서 자신과 자신의 생명에 대해 다른 무엇보다도 더 큰 권리를 가지고 있다. 이는 명백한 사실이다. 앞에서 말한 바와 같이 자살은 범죄로 취급받는데, 특히 비천하고 완고한 사이비 신자가 많은 영국에서는 자살한 사람을 굴욕적인 방법으로 매장하고 유산을 몰수한다. 그러므로 배심원은 거의 언제나 자살에 정신 이상이라는 판결을 내린다. 이 문제를 우선 도덕적 감정에 호소하여 판단해보자.

아는 사람 중 어느 한 사람이 어떠한 범죄, 이를테면 살인이나 폭행 또는 사기, 절도 따위를 범했다는 소식을 들었을 때의 감정과 그 사람이 자살했다는 소식을 들었을 때의 감정을 비교해보자. 전자에서 우리는 심한 분노와 극도의 불쾌감을 느끼고 처벌이나 제재를 요구하지만, 후자에서는 애처로운 심정과 동정심을 느끼며 어떠한 부정한 행위에 따라오는 도덕적인 비난의 감정보다는 오히려 그 사람의 용기에 감탄하는 경우가 많다.

스스로 세상을 버린 친구나 친척이 한 명도 없는 사람이 있을까? 또 이러한 사람들을 생각할 때 정말로 모든 사람이 범죄자를 대할 때의 감정과 같은 증오심을 품을까? 아니, 그런 일은 결코 있을 수 없다. 내 의견은 다음과 같다.

성경에서 아무런 근거를 찾을 수 없을 뿐만 아니라 신뢰할 만한 아무런 철학적 논증마저 하지 못하는 성직자들이 대체 어떠한 직권으로 설교단 위에서, 혹은 저술에서 우리의 친애하는 사람들의 행위를 범죄라고 낙인을 찍고, 스스로 세상을 떠난 사람들의 법에 따른 장례 절차를 거부하는지 변명을 듣고 싶다. 우리는 근거 없는 내용의 문구나 욕설이 아니라 그래야 한다는 분명한 이유나 근거를 원한다.

형법에서 자살을 금하지만 그렇다고 이게 교회에서도 통용되는 이유일 수는 없다. 더구나 이 금지 자체도 가소로운 일이다. 도대체 죽으려는 사람을 위협하여 자살을 단념시킬 형벌이 있을까? 만약 자살 미수죄로 처벌한다면 이는 자살을 실패하게 한 그 졸렬한 방법에 벌을 주는 것이다.

이 문제에 대한 고대인들의 견해는 앞에서 말한 내용과 비교하면 상당한 차이가 있다. 로마의 학자 플리니우스는 《박물지》 28권 1장에서 이렇게 말했다. "어떤 희생을 치르더라도 연장할 만큼 인생이 가치 있다고는 생각하지 않는다. 인생의 연장을 원하는 자가 누구든 간에 언젠가는 죽을 수밖에 없다. 품행이 나쁘고 신을 모독하는 일을 해온 사람 역시 마찬가지다. 그러므로 자연이 인간에게 부여한 선물 중에서 시기에 맞는 죽음보다 더 훌륭한 선물은 없다는 사실을 우리는 무엇보다도 자기 영혼의 약으로 기억해야 한다. 더구나 죽음의 최고 장점은 우리가 죽음을 자유로이 쓸 수 있다는 점이다." 또한 그는 《박물지》 2권 7장에서는 이렇게 말했다. "신이라도 전지전능할 수는 없다. 신은 자신이 원하더라도 자살할 수 없기 때문이다. 인생의 많은 괴로움 속에서 자살이야말로 신이 인간에게 준 최고의 선물이다."

그런가 하면 발레리우스 막시무스의 《기억할 만한 공적과 격언에 관한 9권의 책》 2권 6장 7절 및 8절에 따르면, 지중해의 마르세유와 그리스의 케오스섬에서는 자살할 정당한 이유가 있는 사람에게는 당국에서 공공연히 독약을 나눠주었다고 한다. 또한 고대에는 얼마나 많은 영웅이나 현인이 스스로 죽음을 택하여 목숨을 끊었던가. 아리스토텔레스도 "자살이 그 개인에게는 죄가 아닐지라도 국가에는 하나의 죄"라고 말했다.

그러나 스토바이오스는 페리파토스학파의 윤리학 해설에서 "선인은 불운이 너무 심할 때, 악인은 행운이 너무 지나칠 때 생명을 버려야 한다"라는 명제를 인용했다. 그런가 하면 "그러므로 사람은 결혼하고 아이를 낳고 나랏일에 관여해야 한다. 일반적으로 덕을 기르면서 살고 또 필요하다면 언제라도 생명을 버려야

한다"라고도 말했다. 스토아학파는 자살을 일종의 고귀한 영웅
적 행위로 찬양했다. 이는 많은 곳에서, 특히 세네카의 저작이 강
력하게 입증해준다. 또한 인도인은 자살을 종교적 행위로 본다.
예를 들면 과부가 스스로 몸을 불태운다든가, 자게르나우트*의
수레바퀴 밑에 몸을 던진다든가, 갠지스강이나 사원의 못에 사는
악어에게 자신을 제물로 바친다든가 하는 경우가 그렇다.

이러한 일은 인생의 거울인 연극으로도 공연된다. 중국의 유
명한 연극 〈중국의 고아〉†에서는 고귀한 성격을 가진 사람 거의
모두가 자살로 인생을 끝내는데, 연극은 그들이 죄를 지었다고는
조금도 암시하지 않는다. 관객도 머릿속으로 그리 생각하지 않
는다.

사실 유럽의 무대도 본질에서는 이와 차이가 없다. 예를 들
면 《마호메트》 속의 팔미라, 《마리아 슈투아르트》의 모티머‡,
《오셀로》, 테르츠키 백작 부인§ 등이 모두 그러하다. 햄릿의 독백
은 죄에 대한 명상일까? 그 독백은 만약 인간이 확실히 죽음을 통
해 완전히 멸한다면, 무조건 죽음을 선택하지 않으면 안 되리라
는 의미일 뿐이다.

그러나 여기에 어려움이 있다. 유일신교, 즉 유대 종교의 여

---

* 인도의 크리슈나 신상을 말한다.
† 13세기 중국의 희곡 〈조 고아〉는 춘추 시대를 배경으로 한 복수 이야기로, 유럽에
  알려진 최초의 중국 연극이다. 1755년에 볼테르가 이 희곡을 바탕으로 〈중국의
  고아〉라는 5막짜리 비극을 발표했다.
‡ 프리드리히 실러의 희곡이자 역사극으로 스코틀랜드 여왕 메리 스튜어트에 관한
  이야기다.
§ 실러의 《발렌슈타인의 죽음》에 나오는 등장인물이다.

러 성직자나 그들에게 동조하는 철학자들이 자살에 반대하는 이유는 쉽게 이해할 수 없는 궤변이다(내 논문《도덕의 기초에 관하여》5장을 참조하라). 흄은 이 문제를 가장 철저히 논박했다. 흄의《자살론》은 영국의 야비하고 고집스럽고 사나우며 파렴치한 성직자의 독단 때문에 판매가 금지되어, 그가 죽은 후에 비로소 발표되었다. 그리하여 극히 적은 부수가 비싼 값으로 비밀리에 팔렸다.

이 위대한 사람이 쓴 이 논문과 또 하나의 논문, 즉《자살론과 영혼 불멸론》은 바젤의 복각판 덕택에 보존되었다. 그러나 영국의 일류 사상가이자 저술가인 흄이 쓴 논문은 자살에 반대하는 당시의 근거를 냉철한 이성으로 반박하는 순수한 철학적 논문이었다. 하지만 마치 악덕 물건이라도 되는 듯이 영국에서 몰래 빠져나와 다른 나라에서 보호받을 수밖에 없었고, 이런 사실은 영국 국민에게 치욕이다. 이는 교회가 자살 문제를 얼마나 착한 양심으로 대했는지를 보여준다.

나는 자살에 반대하는 유효 적절한 도덕적 근거를 내 책《의지와 표상으로서의 세계》1권 69절에서 언급했다. 이 논술에서 "자살은 고난에 찬 이 세상 속에서 참으로 구원받는 것이 아니라 가상의 구원만을 받을 뿐이므로, 자살은 최고의 윤리적 목표에 도달하지 못하고 도피하는 일이다"라고 했다. 그러나 자살이 윤리적 의미의 잘못이라고 해서 반대하는 경우와 그리스도교의 성직자들이 자살은 죄악이라고 낙인찍으려고 하는 것 사이에는 커다란 차이가 있다.

기독교에는 고난(십자가)을 본래 목적으로 보는 진리가 있다. 자살은 이 목적에 어긋나기 때문에 기독교에서 비난 대상이다. 하지만 고대 사람들은 이보다 낮은 입장에서 자살을 용인하고 존중했다. 기독교가 자살에 반대하는 근거 중 하나는 금욕주의 입장인데, 유럽의 도덕 철학자들이 종래 취하던 입장보다 훨씬 높은 윤리적 입장에서만 적용할 수 있다. 그러나 만약 우리가 이 입장에서 탈피한다면, 이제 자살을 비난할 하등의 확실한 도덕적 이유가 없다. 유일신교의 성직자들이 자살을 공격할 때 이상하리만큼 열렬한 열의를 보이는 것은 성경에도 적절한 근거가 없기 때문이다.

그렇다면 거기에는 무슨 이유가 있을 법하다. 생명을 스스로 포기하는 일이 "모든 것은 심히 좋다"라고 말한 여호와에 대한 버릇없는 행동이기 때문은 아닐까? 그렇다면 이 또한 자살 때문에 비난받지 않으려고 먼저 자살을 비난하는 것은 다시 한번 이러한 종교의 의무적 낙천주의일지도 모른다.

2

일반적으로 삶의 공포가 죽음의 공포를 능가하면 인간은 이내 자신의 삶을 끝낼 것이다. 그러나 죽음의 공포는 강력하게 저항하며, 삶에서 벗어나는 문을 지키는 파수꾼처럼 서 있다. 만약 생명의 끝이 아주 순수하게 소극적인 것, 즉 생존의 갑작스러운 정지라면 자신의 생명을 끝내지 않을 사람은 아무도 없을 것이다. 하지만 생명의 끝에는 육체적 파멸이라는 적극적인 것이 있다. 사람들은 이게 두려워서 머뭇거린다. 육체는 생존 의지의 현상이기 때문이다.

그러나 그 파수꾼과의 투쟁은 멀리서 우리에게 보이는 것만큼 그렇게 어렵지 않다. 그 투쟁이 정신적인 고뇌와 육체적인 고통 사이에서 나온 갈등의 결과일 때는 더욱 그러하다. 즉, 우리가 육체적인 고통을 심하게 받거나 혹은 그 고통이 오래갈 때 우리는 모든 다른 걱정에 무관심해지고 오직 고통이 사라지기만을 바란다.

이처럼 심한 정신적인 고뇌는 우리를 육체적인 고통에 무감각해지게 만든다. 우리는 육체적 고통을 경멸한다. 설령 육체적인 고통이 우세해지더라도 우리에게는 오히려 상쾌한 기분 전환이며 정신적인 고뇌의 휴식이다. 바로 이런 사실이 자살을 용이하게 한다. 즉, 정신적인 고뇌에 아주 괴로워하는 사람의 눈으로 볼 때 자살에 수반된 육체적인 고통은 그리 대수롭지 않다. 특히 순수하게 병적이며 심한 불쾌감에 몰려 자살하는 사람에게서 이런 현상이 두드러진다. 이러한 사람은 자살할 때 아무런 극기심도 필요치 않고, 자살을 위한 각오도 필요하지 않다. 함께 있던 감시인이 2분만 방치해도 그들은 재빨리 자신의 생명에 종말을 고하고 만다.

3

괴롭고 무서운 꿈속에서 공포가 절정에 이르면, 바로 그 공포가 우리를 일깨워준다. 그리하여 밤의 모든 괴물도 사라져버린다. 마찬가지로 인생의 꿈속에서도 공포가 절정에 이르렀을 때 우리는 꿈에서 깨어날 수밖에 없는데, 이때도 같은 현상이 일어난다.

4

자살은 역시 하나의 실험이다. 인간이 자연에 질문하고 그 답을 강요하는 일종의 과제다. 즉, 이 질문은 인간의 생존과 인식이 죽음으로 어떻게 변화할지에 대한 실험이다. 그러나 서투른 실험이다. 질문을 할 의식과 그 답을 들어야 할 의식의 동일성을 상실했기 때문이다.

여성에 대하여

Über die Weiber

1

실러의 〈여성의 품위〉는 깊이 생각하고 쓴 시로 대조법으로 깊은 감명을 주지만, 주이*의 몇 마디 말이 이 시 이상으로 여인을 찬미하는 것 같다. "여성이 없으면 우리는 인생의 초년에 도움을 받을 수 없고 중년에는 쾌락이 없으며 노년에는 위안이 없을 것이다." 바이런도 같은 얘기를 희곡 《사르다나팔루스》 1막 2장에서 보다 감동적으로 표현했다.

> 생명의 탄생은 여인의 가슴에서 비롯되며
> 그녀의 입술에서 최초의 몇 마디를 배웠다
> 처음으로 흘린 눈물도 그녀가 닦아주었으며
> 마지막 숨결도 그녀 곁에서 거두지만
> 자기를 이끌어준 사람의 임종을 지키는 일을
> 남자가 꺼리며 하지 않을 때는

---

* Étienne de Jouy, 1764~1846. 프랑스의 극작가, 시인이다.

2

여자가 정신적, 육체적인 일을 감당할 수 없다는 사실은 그 모습만 봐도 알 수 있다. 여자는 인생에 대한 빚을 행동이 아니라 고통, 즉 해산의 고통, 아기 돌봄, 남편에 대한 복종 등으로 갚는다. 또한 아내는 남편에게 항상 참을성 있고 쾌활한 반려자여야 한다는 점도 이러한 측면에서 생각할 수 있다. 지독한 고통과 희열, 노력은 여성에게 맞지 않는다. 여자의 생활은 남자의 생활보다 더 조용하고 평범하기 마련이다. 그렇다고 본질적으로 남자의 삶보다 더 행복하거나 불행하지는 않다.

3

여자는 우리 생애 최초의 유년기에 꼭 필요한 유모나 교사로서 적합하다. 그 이유는 여자 자체가 유치하고 어리석고 근시안적일 뿐 아니라 평생토록 다 자란 어린아이인 까닭이다. 또한 여자는 참다운 인간인 어른과 어린아이의 중간적 존재다. 소녀가 하루 내내 어린아이와 함께 뛰어놀며 노래 부르는 것을 보라. 그런 다음 한 남자가 소녀 대신 그 일을 한다면 아무리 잘하기를 원해도 무엇을 할 수 있겠는가를 생각해보라.

4

소녀를 통해 연극 용어로 소위 극적 효과를 노린다. 몇 해 동안 넘치는 아름다움과 매력과 충실을 부여하나, 그 대신 나머지 긴 생애를 전부 희생시킨다. 여자가 이 몇 해의 기간에 남자의 환상을 사로잡아 평생토록 여자를 충실하게 돌보도록 하기 위해서다. 그러나 남자에게 이렇게 시키기 위해서는 단지 이성적인 사려만으로는 충분치 않다. 그래서 자연은 다른 모든 피조물과 마찬가지로 여자에게도 생존을 확보하는 데 필요한 무기와 도구를 마련해주었다.

그러나 그 무기와 도구는 여자들이 사용할 필요가 있는 기간에 한한다. 이 경우에도 자연은 그동안 해온 버릇대로 절약하는 방법을 쓴다. 마치 암개미가 교접을 마치고 나면 불필요해지는, 아니 알을 낳을 때 방해되는 날개를 잃어버리듯이 여자도 두서너 번 해산하고 나면 보통 아름다움을 상실한다. 아마 같은 이유일 것이다.

따라서 젊은 여성은 가정적인 혹은 직업적인 일거리를 마음속으로는 귀찮게 여길 뿐 아니라 오히려 한낱 장난처럼 여긴다. 그녀들은 사랑의 정복과 그와 관련 있는 일, 즉 화장이나 춤 따위를 유일하고 참다운 천직이라 생각한다.

5

무엇이든지 특히 고상하고 완전할수록 성숙이 늦고 더디다. 남자의 이성과 정신력은 스물여덟 살쯤에 이르러 성숙해지지만 여자는 열여덟 살이면 성숙해진다. 그러나 이렇게 조숙한 여자의 이성은 아주 편협하다. 여자는 한평생 어린아이 같으며 언제나 눈앞의 것만을 보고 현재에만 집착하며, 사물의 외관과 진실에 집착하고 오인할 뿐 아니라 중요한 일보다 사소한 일에 구애받는다. 인간은 동물과 달리 현재에만 살지 않고 과거와 미래를 내다보고 또 배려한다. 이성을 가지고 있기 때문이다. 나아가 이 이성 때문에 근심, 걱정이 생기고 가끔 번민마저 한다.

여자는 이성이 빈약해서 이와 관련한 이해관계는 남자보다 훨씬 적다. 오히려 여자는 정신적으로 근시안자여서 직관적 이해력으로 가까운 것은 날카롭게 보지만 시야가 좁은 탓으로 먼 곳에 있는 것은 보지 못한다. 그러므로 여자들에게는 생존하지 않는 모든 것, 즉 과거의 것이나 미래의 것이 남자에게보다 훨씬 미약한 영향을 주므로 때때로 보이는 여자의 미친 듯한 낭비도 모두 이런 까닭이다.

여자는 마음속으로 남자의 역할은 돈을 버는 일이며, 가능한 한 남편이 살아 있는 동안이나 죽은 후에라도 이 돈을 탕진하는 것이 자신의 직분이라고 생각한다. 남자가 벌어들인 돈을 여자에게 맡긴다는 사실만으로도 여자는 이런 생각을 더욱 견고히 한다.

이러한 사실은 물론 대단히 좋지 않은 결과를 초래하지만 한편으로는 여기서 오는 이익도 있다. 여자는 남자보다 한층 더 현재를 사는 까닭에 견딜 만하다면 현재를 곧잘 즐긴다. 이 때문에 여자 특유의 명랑함이 생기고 고생하는 남편의 마음을 어루만져주며, 필요할 때는 때때로 유력한 위로자 역할도 한다.

어려운 일에 처했을 때 고대 게르만인의 습관을 좇아서 여자와 상의하는 일은 절대 욕되지 않는다. 여자가 사물을 이해하는 방법은 남자와는 아주 판이하며 특히 목적을 달성하기 위한 가장 가까운 길, 즉 일반적으로 가장 가까이에 존재하는 것을 찾아내는 데 남자와 아주 다르기 때문이다. 대개 남자들은 가장 가까이에 있는 것을, 바로 눈앞에 있어서 보지 못하는 수가 많다. 그럴 때는 가깝고 단순한 방법을 되찾을 수 있도록 여자의 조언을 들을 필요가 있다.

또한 여자는 남자보다도 분명히 냉정해서 사물을 실제 있는 그대로밖에 관찰할 줄 모르지만 남자들은 격정의 자극을 받으면 때때로 현존하는 것을 과대시하든가 공상적으로 보기도 한다.

같은 근거로 여자는 남자보다 한층 더 동정심이 많아서 불행한 자들을 보고 쉬이 지나치지 못하지만, 또한 정의나 정직이나 성실에서는 남자보다 못하다는 사실도 같은 이유로 이해할 수 있다. 즉, 여자는 빈약한 이성을 가지고 있어서 현존하는 것, 직접 실재하는 것에 지배받지만, 이와 반대로 추상적인 사상이나 불변의 격언, 확고한 결심 그리고 대체로 과거나 미래, 또한 현존하지 않는 것이나 먼 곳에 있는 사물에 대한 고려 등에는 거의 지배받지 않는다.

따라서 여자는 덕성에서 제일의 주요한 요소는 가지고 있으나 덕성에 필요한 수단인 제2의 요소는 가지고 있지 않은 경우가 많다. 이런 점으로 미루어보면, 여자는 간은 있지만 쓸개가 없는 생물에 비교할 수 있다. 이와 관련해서 내 논문《도덕의 기초에 관하여》17절을 참조하기를 바란다.

그러므로 여자의 성격에는 부정Ungerechtigkeit이라는 근본적 결함이 있다는 사실을 알 수 있다. 이 결함은 위에서 언급했듯이 이성과 사고의 부족으로 생긴다. 더구나 여자가 남자보다 약해서 힘 대신 술책에 의지하도록 규정되어 있기에 더욱 심하다.

여자가 고칠 수 없을 만큼 본능적으로 간사한 것도 여기에 기인한다. 즉, 자연이 사자에게는 발톱과 이빨을, 코끼리와 멧돼지에게는 앞니를, 황소에게는 뿔을, 오징어에게는 먹물을 주었듯이 여자에게는 자신을 방어할 수 있는 위장술을 부여했다. 자연은 남자에게 체력과 이성을 부여한 대신에 여자에게는 천부적인 위장술을 줬다.

그러므로 속임수는 여자의 천성이며, 우둔한 여자도 이 점에서는 영리한 여자에게 뒤떨어지지 않는다. 여자는 기회가 있을 때마다 이 능력을 사용하는데, 이는 동물이 공격할 때 즉시 자신의 무기를 사용하는 것과 마찬가지로 극히 자연스러운 일이다. 이때 여자는 자신의 권리 행사라고 생각하기 때문이다. 그러므로 아주 정직한, 거짓이 없는 여자는 아마도 거의 없을 것이다. 여자는 다른 사람의 거짓을 쉽사리 간파하기 때문에 여자 앞에서는 거짓말을 해도 별로 효과가 없다.

위에서 열거한 근본적 결함과 그 부속물에서 거짓, 부정, 배신, 배은망덕 등이 생긴다. 여자가 남자보다 훨씬 더 많이 법정에서 위증죄를 범한다. 여자에게 증언을 허락하는 것부터가 생각해 볼 문제다. 무엇 하나 부족하지 않은 귀부인이 상점에서 몰래 물건을 훔치는 일이 언제 어디서나 반복해서 일어난다.

6

젊고 건장한 남자에게는 원래 인류의 번식을 꾀할 사명이 있다. 이 사명은 종족의 퇴화를 막기 위한 것으로 자연의 견고한 의지며 여자의 정열은 그 의지의 표현이다. 이 법칙은 출발점이나 위력에서 다른 모든 법칙에 우선한다. 그러므로 이 법칙을 무시하면서까지 자신의 권리와 이익을 주장하는 자는 화를 입는다. 그가 무슨 짓을 하고 무슨 말을 하더라도 그 권리와 이익은 최초의 중요한 기회에 무참히 분쇄되고 말 것이다.

즉, 은밀하고 표현하기 어려운, 게다가 또 무의식적이지만 선천적인 여자의 도덕은 이러하다. "우리에게는 개체인 우리 삶에서 사소한 배려를 해줬다는 이유로 종족에 대한 권리를 획득했다고 믿는 남자들을 속일 권한이 있다. 우리에게서 태어날 다음 세대가 실현할 종족의 소실과 행복은 우리 수중에 있으며, 우리의 성실한 돌봄에 기대고 있다. 우리는 이를 양심적으로 행할 생각이다."

그러나 여자는 이 최고의 원칙을 추상적으로 의식하지 않고 구체적으로 의식하기 때문에 기회가 오면 행동으로 실천한다. 이때의 양심은 대개 우리의 상상 이상으로 여자에게 평온을 준다. 여자는 개체에 대한 의무를 폐기하더라도 훨씬 더 큰 종족에 대한 의무는 다했다는 의식을 하고 있기 때문이다. 더욱 상세한 해설은 《의지와 표상으로서의 세계》 2권 44장 〈사랑의 형이상학〉을 참조하길 바란다.

근본적으로 말하자면 여자는 종족의 번식을 위해서만 존재하고 그 평생의 임무는 여기서 끝난다. 그러므로 끝내 개체보다는 종족을 위해 살며, 개체의 일보다 종족의 일에 더 충실하다. 이러한 생활 태도 때문에 여자의 행동 전체는 일종의 무분별한 모습으로 나타나며, 남자의 생활이나 행동과는 근본적으로 다른 경향을 보인다. 이러한 이유로 결혼 생활에서 흔히 볼 수 있는 불화가 예사로이 일어난다.

7

남자들 사이에는 본래 무관심이 존재하지만 여자들 사이에는 적의가 존재한다. 그 원인은 아마도 경쟁자를 향한 증오감이 남자는 그가 속한 단체에 한정되지만, 여자는 단 하나의 직분만을 가졌기에 여자 전체를 향하는 것 같다.

여자들은 길가에서 서로 만났을 때도 마치 중세 이탈리아의 겔프당과 기벨린당처럼 서로 적대한다. 서로 처음 만났을 때도 남자들보다 더 허식과 허위로 응대한다. 따라서 두 여자가 서로 인사할 때 늘 남자의 인사보다 더 우스꽝스럽다. 대체로 남자는 자기보다 신분이 낮은 자에게도 어느 정도 겸손한 인정을 섞어서 말하지만, 대다수 귀부인은 신분이 낮은(그렇다고 하녀가 아닌) 자에게 거만하고 매정한 태도로 이야기한다. 그 꼴은 차마 눈 뜨고 볼 수 없을 지경이다.

이유는 아마도 모든 계급상의 구별이 남자보다 여자에게 훨씬 부정확하고 변하기 쉬우며 또 없어질 수 있기 때문일 것이다. 또 남자는 갖가지의 일을 비교해서 저울질하지만 여자는 단 하나의 요소, 즉 어떤 남자의 사랑을 받느냐로 운명이 결정되기 때문이다. 또 여자는 직업이 모두 같아서 남자와는 비교도 안 될 만큼 서로 가까이 지내므로 굳이 계급의 구별을 내세우려고 애쓴다.

8

키가 작고 어깨가 좁고 허리가 굵고 다리가 짧은 여자라는 족속을 아름답다고 하는 것은 오직 남성의 지성이 성욕 때문에 흐려져서다. 여자의 아름다움은 모두 이 성욕이라는 충동에 깃들어 있다. 그러므로 여성을 비非심미적인 성이라고 부르는 것이 오히려 지당하다.

여자는 음악, 시, 조형 미술에 실상 아무런 이해력도 감수성도 없다. 만약 여자가 이해하는 체한다면 남자의 사랑을 받기 위해서 하는 흉내에 지나지 않는다. 여자는 어떤 일에도 순전히 객관적으로 관여하는 능력이 없기 때문인데, 내 생각은 다음과 같다. 남자는 모든 일을 이해하거나 극복하여 직접 그 대상을 지배하려고 노력한다. 그러나 여자는 어떤 경우에도 단지 직접적 지배, 즉 유일하게 직접 지배할 수 있는 남편을 통해서만 하도록 정해져 있다. 그래서 여자는 천성적으로 모든 것을 오직 남자를 손에 넣기 위한 수단으로 보며, 그 밖의 다른 것에 보이는 여자의 관심은 언제나 겉으로만 그럴 뿐이고 하나의 굽은 길처럼 돌아가는 수단에 지나지 않는다.

말하자면 교태며 모방이다. 그래서 루소는 달랑베르에게 보낸 편지에서 "일반적으로 여자는 어떠한 예술에도 사랑과 이해가 없으며 어떤 천재성도 보유하고 있지 않다"라고 말했다. 사물을 피상적으로 보아 넘기지 않고 조금이라도 들여다볼 줄 아는 사람이라면 이 말이 무슨 뜻인지 알아차릴 것이다. 이 말을 확인하려면 음악회나 오페라 혹은 연극 등을 구경할 때 여자가 어디에 주의를 집중하는지를 살펴보면 된다. 최대 걸작의 가장 훌륭한 장면에서도 어린아이 같은 순진성을 지니고 나불나불 지껄이는 여자를 보라.

고대 그리스에서는 여자를 극장에 들여보내지 않았다고 하는데, 사실이 그랬다면 지당한 일이다. 그렇게 하면 극장에서 적어도 무언가를 들을 수 있었을 것이다. 오늘날에는 "여자는 교회에서 잠잠하라"라는 구절*에 "여자는 극장에서 잠잠하라"라는 구절을 덧붙이든가 혹은 후자를 전자와 바꾸어서 대문자로 극장 막에다 붙여두는 것이 지당하다.

모든 여자 중 가장 뛰어난 사람이라 해도 참으로 위대하고 순수한 또 독창적인 미술 작품을 하나도 제작하지 못했다. 또 여자가 무언가 영구적인 가치를 지닌 작품을 만들어내지 못했다는 사실만 보더라도 여자에게서 다른 무엇을 기대할 수는 없다. 이 사실이 뚜렷이 눈에 띄는 것은 회화 방면이다. 회화의 기술적인 면에서는 여자도 남자와 같은 소질이 있어 열심히 그리지만 명화라고 일컬을 만한 그림을 그린 예가 없다. 여자는 언제나 주관적인 것에 집착해서 회화에 직접적으로 필요한 정신의 객관화가 부족하기 때문이다. 그러므로 보통 여자들에게는 회화에 감수성이 전혀 없다고 말해도 지나치지 않다는 결론이 나온다.

우아르테†도 그의 책 《제諸 과학을 배우는 능력에 관한 연구》서문에서 "여자가 그 두뇌 속에 가진 자연적인 기능은 모든 정신적 작업에 적합하지 않고 모든 과학적 연구에도 적합하지 못하다"라고 했다. 또한 15장에서 "여자는 그 자연적 소질이 변화하지 않는 한 어떤 종류의 문학이나 과학도 받아들이지 못한다. 여자는 고유의 냉담과 습관 때문에 심오한 정신에 도달할 수 없다. 그리고 우리는 그들이 겉으로만 어느 정도 능숙하게 알고 있

---

* 〈고린도전서〉 14장 34절
† Juan Huarte, 1529~1588. 스페인의 의사이자 저술가다.

는 하찮은 일들을 이야기한다는 사실을 깨닫는다"라고 말하면서
여자들에게 고도의 재능이 있다는 명제를 전적으로 부정했다.

개개의 부분적인 예외가 있더라도 사실이 변할 수는 없다.
전반적으로 여자는 언제나 구원하기 어려운 철저한 속물이다. 그
러므로 여자가 남편의 지위와 칭호를 공유하는 아주 불합리한 제
도 아래서, 아내는 남편의 맹렬한 공명심을 언제나 자극한다. 더
욱이 이러한 성향 때문에 여자가 세력을 얻는다든가 앞장을 선다
든가 하면 현대 사회가 타락한다. 나폴레옹 1세의 "여자에게는
계급이 없다"라는 말은 아내가 남편의 지위를 공유한다는 점에
대한 표준 역할을 한다. 그리고 그 밖의 다른 점에 대해서는 샹포
르의 말이 아주 지당하다. "여자는 우리의 약점과 우매함과는 교
섭할 수 있으나 우리의 이성과는 관계가 없다. 남자와 여자 사이
에는 표면적인 공감만 존재할 뿐 정신이나 심정, 성격에 공감하
기는 매우 힘들다."

여자는 열등한 족속이며, 모든 점에서 남성에게 뒤떨어지는
제2의 성이다. 그러므로 우리는 여자의 약점에 관대해야 한다. 그
러나 여자를 지나치게 존경하는 것은 우스운 일이며 여성에게 우
리의 품위를 스스로 떨어뜨리는 일이다. 자연이 인류를 두 개의
성으로 나누었을 때 한가운데에 금을 긋지 않았다. 양극성이 있
는 모든 것에는 적극과 소극의 구별이 있지만 이 구분은 질적인
동시에 양적이다. 고대인과 동양의 여러 민족은 여자를 이러한
관점으로 봐왔으므로 여자에 대한 대우도 우리보다 훨씬 정확했
다. 우리는 고대 프랑스의 여자에 대한 예절과 부인들을 숭배하
던 어리석은 면을 가지고 있다.

이러한 기독교적, 게르만적 우매함은 여자를 거만하고 또 염치없게 만드는 데 이용됐을 따름이다. 이러한 여자의 모습은 사람들이 신성 불가침적인 존재로 떠받들자 모든 것이 허용된다고 생각한 베나레스*의 신성한 원숭이가 곧잘 떠오른다.

서양 여자, 특히 이른바 귀부인들은 그릇된 지위에 올라 있다. 고대인들에게 열등한 족속으로 불린 여자는 결코 우리의 존경이나 숭배의 대상일 수 없으며, 남자보다도 거만하게 행동한다든가 남자와 동등한 권리를 가질 자격이 없다. 이 그릇된 지위의 결과를 우리는 충분히 인식하고 있다. 따라서 유럽에도 인간이 사용하는 2라는 숫자가 다시 본래의 자리로 돌아가는 일은 참으로 바람직하다. 지금 모든 아시아인의 웃음거리일 뿐 아니라 그리스인과 로마인의 조롱을 받아왔을 당치 않은 여성 숭배에 종지부를 찍어야 바람직하다. 그렇게 하면 사회적으로나 시민적으로나 또 정치적으로도 많은 이익이 생길 게 자명하고, 그때는 저 살리족†의 법전 따위는 필요 없을 것이다.

참다운 유럽의 귀부인은 절대로 존재해서는 안 될 생물이다. 오히려 주부라든가 주부가 되기를 원하는, 거만하지 않고 가정생활과 복종에 적응하도록 교육받은 소녀가 존재해야 한다. 유럽의 소위 귀부인이라는 존재는 여성의 대다수인 신분이 낮은 여자들을 동양의 여자들보다 훨씬 불행하게 만든다.

바이런까지도 이렇게 말했다.

---

* 인도 힌두교의 성스러운 도시다.
† 4~5세기 무렵 유럽 서북쪽 해안에 살던 프랑크족의 한 갈래다.

고대 그리스 시대 여성의 지위를 생각해보면 상당히 훌륭했다. 기사 시대 및 봉건 시대의 야만적인 유물인 지금의 상태는 인위적이고 부자연스럽다. 여자는 집안일을 보살펴야 하기에 사회에 나와서는 안 된다. 또 충분히 잘 먹고 잘 입어야 한다. 종교 교육도 충분히 잘 받아야 한다. 그러나 시나 정치서를 읽을 필요는 없다. 다만 기도서와 요리책을 읽으면 된다. 음악, 그림, 춤, 때때로 약간의 원예와 경작 정도면 족하다. 나는 그리스의 에피루스에서 여자가 도로를 훌륭히 고치는 것을 보았다. 여성이 건초를 만들거나 소젖 짜는 일을 함께해서는 안 될 이유가 있을까?

9

일부일처제를 채택한 유럽에서 결혼은 남자의 권리가 반으로 줄고 의무는 배로 늘어난다는 의미다. 법률이 여자에게 남자와 동등한 권리를 허용했을 때 남자가 가진 이성도 여자에게 부여해야 했다. 그러나 법률이 인정한 여자의 권리와 명예가 여자의 자연적인 관계를 무시하면 무시할수록 실제로 이 특전을 누리는 여자의 수는 그만큼 줄어든다. 일부 여자에게 특전을 부여받은 만큼 자연적 권리를 다른 모든 여자에게서 빼앗는 것이다. 즉, 일부일처제를 따르는 혼인법은 여자를 남자와 동등하다고 인정하여 여자에게 자연스럽지 못한 지위를 부여했다. 총명하고 사려 깊은 남자라면 이처럼 커다란 희생을 치르면서 그러한 불공평한 계약을 맺기를 주저한다.

그러므로 일부다처제를 하는 민족 사이에서는 모든 여자가 빠짐없이 남자에게 부양받는데, 일부일처제를 하는 민족에게서는 결혼한 여자와 수가 제한되어 부양자가 없는 무수한 여자가 남는다. 이러한 여자는 상류 계급에서는 소용없는 노처녀로 무위한 생활을 보내지만, 하층 계급에서는 여자에게 적당하지 않은 괴로운 노동을 하거나 매춘부로 지내며 보람도 즐거움도 없이 파렴치하게 살아간다. 그러나 매춘부 여자들은 남자를 만족시키는 데 필요하며, 따라서 이미 남편이 있거나 혹은 앞으로 남편을 가질 희망이 있는 여자들을 남자의 유혹에서 지켜주는 특수한 목적을 가진 공인된 계급으로서 나타난다. 런던만 하더라도 매춘부가 8만 명에 달한다. 이들은 일부일처제 때문에 가장 심한 손해를 봤다. 이들이 일부일처제의 제단에 바쳐진 제물이 아니면 무엇이란 말인가.

이러한 비통하고 추악한 생활을 보내는 여자들은 자만과 존대를 뽐내는 유럽 귀부인이 있는 한 피치 못하게 존재할 것이다. 그러므로 '전체' 여자를 위해서는 차라리 일부다처제가 실제로 이익이다. 한편 아내가 만성병에 걸렸거나 불임이거나, 나이를 먹어서 성적 매력이 없어졌을 때 남편이 두 번째 아내를 맞이해서는 안 된다는 이성적 이유는 없다. 모르몬교는 자연에 역행하는 일부일처제를 폐지해 많은 개종자를 얻었다.

그리고 오늘날의 법률이 여자에게 부여한 당치 않은 권리는 동시에 당치 않은 의무도 부여하는 결과를 낳았는데, 이 의무를 배반하면 여자는 불행해진다. 신분이나 재물이라는 면에서 생각해볼 때 좋은 조건이 따르지 않는다면 남자 대다수에게 결혼은 손해다. 그래서 남자는 아내가 자식의 운명을 보증할 수 있는 조건을 걸고 아내를 선택하려고 한다. 그런데 이 조건이 아무리 정당하고 합리적이며 현실에 적합하더라도 여자가 결혼으로 얻는 불균형한 권리를 주장하지 않고 이 조건에 동의한다면, 결혼은 시민 사회의 기초이므로 여자는 어느 정도 명예를 잃고 슬픈 생애를 보낼 수밖에 없다. 다른 사람의 의견에 아주 지나치게 가치를 두는 것이 인간의 천성상 부득이하기 때문이다. 만일 여자가 이 조건에 응하지 않는다면 자기가 좋아하지 않는 남자를 남편으로 삼든지 혹은 노처녀로서 시들어버릴 위험이 있다. 혼기는 대단히 짧기 때문이다.

유럽의 일부일처제를 연구한 토마지우스*의 박식한 논문 〈축첩론〉은 한번 읽을 가치가 있다. 이 논문에 따르면 옛날부터 루터의 종교 개혁에 이르기까지 모든 문명에서는 사람들에게 축첩을 허용했다. 축첩은 어느 정도 법률로도 승인받았고 불명예도 따르지 않는 제도였다. 그런데 루터의 종교 개혁 이후 축첩은 불명예스러운 비공식적인 악습이 되었고, 오히려 성직자의 결혼을 시인하는 수단으로 인식되었다. 가톨릭교회에서도 곧 이에 따라 축첩을 부정했다.

일부다처제는 의논의 여지가 없다. 곳곳에서 시행되고 있기 때문이다. 다만 어떻게 조절하느냐가 문제다. 도대체 진정한 일부일처주의자가 있을까?

사실 우리는 모두 적어도 잠시, 그러나 대개는 일생을 일부다처의 생활을 하고 있다. 따라서 거의 모든 남자가 많은 여자를

---

* Christian Thomasius, 1655~1728. 독일의 철학자이자 진보적 교육가다.

필요로 하기에 많은 여자를 부양하는 일은 당연히 남자의 자유일 뿐 아니라 의무기도 하다. 남자가 많은 여자를 부양하면 여자도 종속된 존재로서 올바르고 정당한 위치로 되돌아가며, 유럽 문명과 기독교적, 게르만적 어리석음이 낳은 고물인 소위 귀부인이라는 족속이 남자의 존경과 숭배를 강요하는 웃지 못할 희극도 세상에서 자취를 감출 것이다. 귀부인의 자리에는 다만 여자가 있을 따름이며, 오늘날 유럽에 충만한 '불행한 여자'는 찾아볼 수 없을 것이다.

10

인도에서는 여자가 일찍이 독립한 적이 없다. 《마누법전》 5장 148절에 따라 모든 여자는 아버지나 남편이나 형제나 혹은 자식의 감독 아래 맡겨진다. 과부가 남편의 시체와 함께 자기 몸을 불태우는 일도 격분할 만하지만, 남편이 아들을 위해 전 생애 동안 끊임없는 근면으로 벌어들인 재산을 남편이 죽은 후에 아내가 정부와 함께 탕진해버리는 일 또한 분격할 만하다. 따라서 "중용을 지키는 자는 행복하다."

원시적인 모성애는 동물이나 인간이나 원래가 순전히 본능적이어서 자식이 육체적으로 독립하면 동시에 끝난다. 이때부터는 모성애 대신 습관과 이성에 입각한 사랑으로 바뀌어야 한다. 그러나 이러한 사랑은, 특히 어머니가 아버지를 사랑하지 않을 때는 나타나지 않는 경우가 많다. 자식에 대한 아버지의 사랑은 성질이 전혀 다르며 보다 영속적이다. 아버지의 사랑은 자식에게 자기 자신의 가장 내면적인 자아를 재인식하는 데 있기에 형이상학적이다.

옛날부터 오늘날에 이르는 동안에 거의 모든 나라의 민족(호텐토트*에서도 재산은 남자 자손만이 상속했으나 유럽만은 다르다)에서 남편이 오랫동안 많은 어려움을 겪으며 모은 재산이 남편이 죽은 후에 아내의 손에 들어가는 비상식 때문에 순식간에 탕진되거나 한꺼번에 낭비되는 기괴망측한 일을 가끔 볼 수 있었다. 이 문제는 반드시 여자의 상속권을 제한해 예방해야 한다.

여자는 과부에게든 딸에게든 재산을 담보로 해서 나오는 이자만을 종신 연금으로 상속받게 하고, 토지나 자본은 상속받지 못하게 하는 것이 최상의 제도라고 생각한다. 이마저도 남자 자손이 한 사람도 없을 때에 한해야 한다. 재산을 모은 자는 남자지 여자가 아니다. 그러므로 여자는 재산을 소유할 권리도 없고 재산을 관리할 능력도 없다. 여자는 상속한 실재의 재산, 즉 자본금이나 가옥이나 토지를 마음대로 처분해서는 결코 안 된다.

여자에게는 언제나 후견인이 필요하다. 따라서 어떤 경우에도 자식의 후견인이 되면 안 된다. 여자의 허영심이 아무리 남자의 허영심보다 크지 않다고 하더라도 다소 물질적인 것, 즉 자기 자신의 아름다움이나 허식, 화려함, 사치 등을 희구하게 마련이다. 또한 사교성은 그야말로 여자의 활동 원천이다. 특히 여자는 이성이 빈약해서 이러한 허영 때문에 낭비하기 쉽다. 그러므로 옛날 사람들도 "여자는 천성이 낭비자"라고 말했다.

반대로 남자의 허영심은 물질적인 우월보다 지능이나 학식

이나 용기 등을 희구한다. 아리스토텔레스는《정치학》2권 9장에서, 스파르타에서는 여자에게 유산이나 지참금, 자유 등을 너무 많이 주었고 여자에게 너무 많은 것을 허용하여 스파르타의 남자가 매우 불리해졌으며 이 문제가 스파르타의 멸망을 촉진했다는 점을 논했다. 또한 프랑스에서 루이 13세 이후 차츰 커진 여자의 영향력이 궁전과 정부가 날로 부패해진 데 책임이 없다고 할 수 있을까? 이 부패로 첫 번째 대혁명이 일어났고 그 후의 모든 혁명도 그 결과였다. 유럽의 귀부인에게서 가장 현저하게 보이듯이 아무튼 여자에게 그릇된 지위를 주는 일은 사회 상태의 근본적 결함이며, 이 결함은 모든 부분에 악영향을 끼칠 것이 틀림없다.

여자는 태어나면서부터 복종하도록 정해져 있으며 이 사실은 다음과 같은 점에서 분명히 인식할 수 있다. 어떠한 여자든 완전히 독립된 지위, 즉 여자의 천성에 역행하는 지위에 오르면 곧 자신을 지도하고 지배하는 남자를 따르게 마련이다. 여자는 지배자가 필요하기 때문이다. 그 여자가 젊다면 그 지배자는 애인이고, 나이를 먹었다면 그 지배자는 고해 신부다.

독서와 책에 대하여

Ueber Lesen und Bücher

1

무지는 부富와 결합했을 때 비로소 인간의 품위를 떨어뜨린다. 빈곤과 곤궁은 가난한 사람을 속박하고 노동이 지식을 대신하여 그의 마음을 점유한다. 이와 반대로 무지한 부자는 다만 쾌락을 좇아서만 살고 동물에 가까운 생활을 한다. 이러한 사례를 매일같이 볼 수가 있다. 그러나 부자를 향한 비난은 여기서 끝나지 않는다. 자신들에게 최대의 가치를 부여하는 생활에 부와 여가의 활용을 게을리했다는 점 또한 비난받아야 한다.

2

우리가 책을 읽고 있을 때는 다른 사람이 우리 대신 생각을 하는 것과 같다. 우리는 단지 그 사람의 마음속 과정을 반복해서 따라가는 것뿐이다. 마치 학생이 글을 배울 때 교사가 연필로 미리 그어놓은 선을 따라 쓰는 것과 같다. 따라서 독서할 때는 사고 작업의 대부분이 제외된다. 우리는 스스로 사색하지 않고 책을 읽기 때문에 마음이 한결 가벼워진다.

그러나 책을 읽고 있는 동안 우리 머리는 자신이 아니라 다른 사람의 사상이 활동하는 장소일 따름이다. 그러므로 때로는 멍하니 시간을 보내는 일이 있다 할지라도 다독으로 하루를 다 보내는 사람보다 낫다. 스스로 생각할 능력을 기를 수 있기 때문이다. 이는 마치 늘 말을 타는 사람이 나중에는 걷기를 잊어버리는 것과 같다. 이러한 일은 많은 학자 사이에서 흔히 볼 수 있다. 그들은 다독의 결과 자신을 우매하게 만든다. 끊임없는 독서, 언제나 독서에 몰두하는 생활을 계속하면 정신이 마비되기 때문이다. 끊임없는 독서는 수공업에 종사하는 것보다 더 심한 정신의 불구를 만든다. 수공업을 할 때는 그래도 자신의 사고에 잠길 수 있기 때문이다.

용수철이 다른 물체의 압력을 끊임없이 받으면 결국에는 그 탄력을 잃어버리듯이 정신 역시 다른 사람의 사상의 압력을 끊임없이 받으면 그 탄력을 잃고 만다. 또한 음식을 너무 많이 먹으면 위가 상하고 따라서 몸 전체가 해를 입듯이 정신적인 음식도 너무 많이 섭취하면 정신이 질식한다. 많이 읽으면 읽을수록 그 내용은 정신 속에 올바른 흔적을 남기지 않기 때문이다. 즉, 지우지도 않고 그 위에다 마구 글씨를 써놓은 칠판과도 같다. 그렇게 하면 읽은 내용을 숙고해서 소화할 수가 없다. 심사숙고해서 읽어야만 자기 것으로 소화할 수 있기 때문이다. 끊임없이 독서한 내용은 나중에 다시 생각해보고 고찰하지 않으면 정신 속에 퍼지지 못하고 대개는 사라진다. 그런데 정신적 영양물도 육체적 영양물과 같아서 섭취물 중 50분의 1 정도만 소화 흡수되고 나머지는 증발하거나 호흡과 기타 여러 작용 속에 사라져버린다.

이외에도 독서에는 또 하나의 어려움이 있다. 종이 위에 쓰인 사상은 모래 위에 남아 있는 지나간 사람의 발자국 이상이 아니다. 그 사람이 걸어간 길은 볼 수 있어도 길에서 무엇을 보았는지를 알려면 자기 눈으로 직접 봐야 한다.

3

저술가의 여러 가지 특질, 이를테면 설득력, 화려한 문체, 비교의 재능, 표현의 대담, 신랄, 간결, 우아, 표현의 경쾌, 기지, 놀라운 대조의 수완, 소박과 같은 특질은 작가의 저술을 통해서는 하나도 터득할 수 없다. 그러나 우리가 이러한 특성을 소질로, 잠재력으로 소유하고 있을 때는 독서를 통해 그러한 특성을 불러일으키고 분명하게 의식하여 어떻게 활용할지를 알 수 있다. 또 독서를 통해 이러한 재능을 활용하고 싶다는 생각뿐 아니라 용기도 얻을 수 있다. 혹은 재능을 실제로 활용했을 때의 효과를 구체적인 예로 판단하고 그 정당한 활용법을 습득할 수도 있다. 이렇게 해야만 비로소 우리는 재능을 정말 자기 것으로 만들 수 있다.

위와 같은 과정만이 독서를 통해 글을 쓰는 방법을 배우는 유일한 길이다. 이렇게 해야만 비로소 우리가 자신의 천부적인 재능을 활용할 수 있는 습관을 기를 수 있기 때문이다. 이때는 언제나 천부적인 재능이 전제되어야 한다. 천부적 재능이 없으면 우리는 독서를 통해 생기 없는 차가운 수법만을 배울 뿐이며, 결국에는 천박한 모방자가 될 것이다.

4

지층은 태고 시대의 생물을 질서 정연하게 분류하여 보존하고 있다. 도서관의 책꽂이도 과거의 그릇된 학설을 순서 바르게 분류하여 보존하고 있다. 이러한 학설도 옛날에는 태고 시대의 생물과 마찬가지로 그 시대에는 아주 활발하게 움직이고 또 커다란 센세이션을 일으켰지만, 지금은 화석이 되어 문헌 학자나 고생물 학자만이 눈을 돌릴 뿐이다.

5

헤로도토스에 따르면 페르시아의 대왕 크세르크세스는 헤아릴 수 없이 많은 자신의 병사들을 바라보면서 울었다고 한다. 백 년 후에는 그중 한 사람도 살아 있지 않으리라는 생각 때문이었다. 두꺼운 도서 목록을 보면서 10년 후에는 그중 한 권도 보존되지 않으리라는 생각에 울고 싶지 않을 사람이 있을까?

6

문학도 일상생활과 같아서 어디를 가도 어쩔 수 없이 천민들을 만난다. 그들은 어디에든지 살고 있고 무엇에나 달라붙어서 그게 무엇이든 더럽히는 여름철의 파리 떼와도 같다. 이처럼 악서惡書의 수도 한이 없다. 악서는 밀에서 양분을 빼앗아 말라 죽게 하는 잡초처럼 문학계에 무성하다. 악서는 단지 돈을 벌거나 지위를 얻기 위해 쓰였는데, 고귀한 목적으로 쓰인 양서로 당연히 돌려야 할 시간과 돈과 관심을 독자에게서 빼앗는다. 그러므로 악서는 무익할 뿐 아니라 오히려 적극적으로 손해를 끼친다. 우리 문학 작품 중 90퍼센트는 독자의 호주머니에서 돈을 뽑아내는 것 외에는 목적이 없다. 이 목적을 위해 저자와 발행인과 비평가는 굳게 손을 잡고 있다.

문필가, 매문賣文업자, 다작가들은 시대의 좋은 취미와 참된 교양에 역행하여 상류 사회 전체를 이끄는 데 성공했다. 즉, 시대에 뒤떨어지지 않도록, 언제나 모두가 다 새로운 책을 읽어서 모임에서 화제의 소재로 삼을 수 있도록 교묘하게 주입했다. 이런 행동은 교활하고 악질적인, 그러나 손해는 보지 않는 행동이다. 졸렬한 소설이나 그 외의 다른 인기 작가의 작품들, 즉 지난날의 스핀들러, 벌워, 유진 수 등의 작품이 이러한 목적에 부합한다.

아무튼 일반 독자의 운명은 참으로 비참하다. 오직 돈을 위해 글을 쓰는 극히 평범하고 저속한, 우리 주변에 얼마든지 있는 작가의 최신작을 읽어야 한다는 강박관념에 시달린다. 그 대신 역사에 남을 소수의 천재가 쓴 작품은 그 제목만 알면 된다고 생각한다. 특히 통속적인 일간 신문은 높은 수준의 독자가 참다운 문학 작품에 기울여야 할 시간을 교묘한 수단을 이용해 빼앗고 그 독자들을 시시한 작가의 졸작에 제물로 삼으려고 한다. 그러므로 우리는 독서의 기술을 배워야만 하는데, 쏟아져 나오는 저작물 중에서 선별해서 읽을 줄 아는 안목을 길러야 한다. 예를 들면 때마침 세간에 시끄럽게 오르내리거나 혹은 초판 이후 마지막 판까지 판을 거듭해서 찍을 정도로 화제를 모으는 정치적 또는 종교적 팸플릿과 소설, 시 등은 구입하면 안 된다. 그런 출판물은 수명이 일 년에 지나지 않는다.

이럴 때는 오히려 우매한 자를 위해 글을 쓰는 작가는 언제나 다수의 독자를 얻으려고 애쓴다는 사실을 생각하고, 언제나 독서를 위해 일정한 시간을 정해놓고 아주 뛰어난 정신을 가진 사람, 즉 모든 시대와 모든 민족이 낳은 천재의 작품만을 정독해야 한다. 그들 작품의 특징을 논할 필요는 없다. 양서는 누구에게나 통하기 때문이다. 이러한 작품만이 참으로 우리를 교양하고 계발한다.

악서는 읽지 않아도 읽지 않았다고 비난받지 않으며, 양서는 아무리 많이 읽어도 과도하게 읽었다고 비난받지 않는다. 악서는 지적인 독약으로 정신을 파괴한다. 세상 사람들은 모든 시대의 가장 훌륭한 책을 읽는 대신 언제나 새로운 책만 읽기 때문에 작가는 유행하는 사상의 좁은 범위 안에만 머물러 있고, 시대는 자기 자신의 진흙 속에 점점 더 깊이 묻히기 때문이다.

<h2 style="text-align:center">7</h2>

어느 시대나 문학에는 두 종류가 있는데 서로 상당히 소원한 관계를 유지하며 나란히 걸어간다. 이 문학의 두 종류는 각각 참된 문학과 단지 외형만을 갖춘 문학이다. 전자는 영원히 지속되는 문학으로 성장하는데, 여기에는 학문이나 시를 위해 살아가는 사람들이 관여하여 자신의 길을 조용하고 엄숙하게, 아주 서서히 걸어간다. 그리하여 1세기 동안 유럽에서 겨우 십여 편 정도의 작품만 생산되었지만 이 작품들은 영원히 이어진다. 한편 외형만을 갖춘 문학은 학문이나 시에 의지해 살아가는 사람들이 영위하며 여기에 관련된 사람들의 소요와 고함 속에서 질주하고, 해마다 수천 편의 작품을 시장에 내놓는다. 2~3년이 지나면 사람들은 그 작품과 그토록 떠들썩했던 명성이 어디로 갔느냐고 묻는다. 그러므로 우리는 후자를 흘러가는 문학, 전자를 남아 있는 문학이라

고 불러도 좋다.

8

세계사에서 반세기는 언제나 중요한 단위다. 세계사는 끊임없이 흐른다. 언제나 무언가 중대한 사건이 일어나고 있기 때문이다. 반면, 문학사에서는 50년을 전혀 계산에 넣지 않는 일이 많다. 그 동안에 어떤 특별한 일이 일어나지 않을 뿐만 아니라 또 졸렬한 작품은 중요하지 않기 때문에, 50년 전과 똑같은 자리에 그대로 머무르는 경우가 많다. 이 사실을 명확히 설명하기 위해 인류의 지식이 발전하는 과정을 행성의 궤도에 빗대어 상상해보자. 인류의 지식은 현저한 진보를 하고 나면 으레 미로에 빠진다. 이는 프톨레마이오스의 주전원周轉圓*과도 같아서, 인류는 이 주전원의 어느 궤도를 달리더라도 끝난 후에는 처음의 출발점으로 되돌아와 있다.

위대한 천재는 행성의 참다운 궤도 위에서 인류를 인도한다. 인류는 그때마다 주전원에서 미로에 빠지지만 천재들은 결코 그렇지 않다. 후세에 명성을 얻는 사람 중 대부분은 같은 시대 사람들에게 환영받지 못한 반면, 현세에 환영받는 사람 대부분은 후세에 무시당하는 것도 마찬가지 이유 때문이다.

그런데 이러한 주전원의 예로 피히테†가 시작하여 셸링이

---

* 기원전 2세기의 천문학자 프톨레마이오스가 행성의 움직임을 설명하기 위해 고안한 행성의 운동 궤도다. 지동설 등장 전까지 지대한 영향을 끼쳤다.
† Johann Gottlieb Fichte, 1762~1814. 독일의 철학자로 칸트 철학을 이어받아 이상주의적 철학을 전개했다.

이어받고 마지막으로 헤겔이 희화화‡해 완성한 철학을 들 수 있다. 최근에 철학의 정상적인 궤도를 연장한 것은 칸트다. 그리고 이러한 철학적 주전원은 다시 떨어져나갔고, 그 후에 내가 칸트에서 중단된 이 궤도를 연장하려 했다. 그러나 칸트와 나 사이에 내가 앞에서 언급한 사이비 철학자나 또 그 외의 두서너 사람이 주전원을 달려서 때마침 지금 완성했다. 그래서 그들과 함께 뛰어다니던 일반 독자는 지금 이 원운동이 시작된 그 출발점에 자신이 서 있다는 비참한 사실을 깨닫고 있다.

학문, 문학, 예술의 시대정신이 대략 30년에 한 번씩 파산 선고를 받는 것도 이상의 사실과 관계가 있다. 30년이 지나면 그 시기를 지배하던 오류가 이미 극에 달하고, 드디어는 그 불합리를 견딜 수 없어서 붕괴한다. 동시에 반대 세력도 이미 큰 세력을 형성하고 있다. 이리하여 형세가 크게 변한다. 이러한 주기적인 회기 운동을 드러내 보여준다면, 문학사에서 그야말로 교훈적인 자료가 될 것이다.

그러나 문학사에서는 여기에 별로 주목하지 않는다. 더욱이 이러한 기간이 비교적 짧아서 시대가 멀면 멀수록 그 자료를 수집하기가 어렵다. 그러므로 이 현상은 자신이 사는 시대에서 가장 쉽게 관찰할 수 있다. 이 현상의 실제를 경험 과학에서 구한다면, 베르너의 암석수성론§ 지질학을 들 수 있다. 그러나 나는 이미 위에서 말한 당면한 예를 논하고 싶다. 그 예가 우리에게서 가

---

‡   쇼펜하우어는 헤겔 등이 주축을 이룬 독일 관념론에 맞서 의지의 철학을 주장했다.
§   모든 암석이 물에서 퇴적되어 만들어졌다는 이론이다.

장 가깝기 때문이다.

칸트의 황금시대를 직접 지속시킨 것은 칸트와는 아무런 관련이 없는 시대였다. 당시의 철학자들은 사람들을 설득하는 대신 두려움을 심어주려고 애썼으며, 철저하고 명료한 사색을 버리고 미사여구와 과장된 표현을 구사했다. 그러나 그들의 사상은 아주 애매했다. 그뿐 아니라 진리 추구의 길을 벗어나서 권모술수를 일삼았다. 이 때문에 그들은 철학을 조금도 진보시키지 못했다. 결국에는 이 학파의 방법은 모두 파멸하고 말았다. 즉, 헤겔과 그 일파는 만사에 일부러 야비한 태도를 보이는 한편, 마음 내키는 대로 무의미한 내용을 쓰고 나아가서 파렴치하게도 자화자찬하기 급급했다.

그러나 결국 도가 지나쳐서 그들의 철학은 누구의 눈에도 완전한 거짓이라는 사실이 명백해졌고, 또 두서너 가지 일이 발각되어 이 거짓말 철학은 당국의 신임을 잃고 자연히 사람들 사이에서도 말이 나며 욕을 얻어먹었다. 피히테, 셸링의 철학은 철학사에서 그 유례를 볼 수 없는 사이비 철학의 선구적인 역할을 했는데, 둘 다 그 후계자 때문에 결국에는 신용 상실이라는 고배를 맛보았다.

이처럼 칸트 이후 19세기 전반의 독일 철학의 완전한 무능은 현재 공공연한 사실이다. 그런데도 독일 사람들은 다른 나라에 독일 국민의 철학적 재능을 자랑한다. 특히 영국의 저술가가 우리를 사상가로 이루어진 민족이라고 부른 후로는 이 경향이 더 심해졌다. 그러나 사실은 악의에 찬 아이러니에 불과하다.

그런데 위에서 말한 주전원이라는 일반 공식을 미술사로 예를 들면 지난 세기에, 특히 프랑스에서 크게 번성한 조각가 베르니니의 유파를 들 수 있다. 이 유파는 고대미古代美 대신 평범한 자연을, 고대의 단순함이나 우아함 대신 프랑스 미뉴에트 댄스의 단정함을 표현했는데, 빙켈만*의 가르침에 따라 고대 유파로 복귀하자는 운동이 시작되자 파산해버렸다.

다시 1800년부터 1825년까지의 미술사를 들여다보자. 이 시대의 사람들은 예술이란 중세 교회의 수단과 도구에 지나지 않는다고 생각하여 종교적 주제만을 유일한 주제로 선택했다. 오늘날에는 그러한 주제를 다루는 화가들에게서 그때 같은 참답고 진지한 신앙이 없어져버렸다. 그런데도 위에서 말한 망상에 사로잡혀 프란체스코 프란차, 피에트로 페루지노, 안젤리코 다 피에졸레 등을 본보기로 삼았다. 그뿐 아니라 이 화가들을 다음 시대가 낳은 진정한 거장들보다 높이 평가했다.

이러한 혼란이 일어나는 것을 보고 (당시 문학계에서도 이와 같은 경향이 유력했기 때문이지만) 괴테는 〈승려들의 놀이〉라는 우화적인 시를 썼다. 얼마 안 가서 이 유파도 변덕스러운 것에 지나지 않는다는 사실이 드러나서 파산해버리고, 이어서 자연으로 돌아가라는 풍조가 일어나 각종 풍속화나 생활 풍경을 제창하기에 이르렀다.

때때로 저속한 감이 없지 않았으나 문학사는 위에서 말한 인류의 진보 과정과 일치한다. 이 문학사도 대체로 불구자를 수집

---

* Johann Winckelmann, 1717~1768. 독일의 미술사가로 예술에서 신고전주의운동이 일어나는 데 중요한 역할을 했다.

해놓은 목록에 지나지 않는다. 이러한 불구자를 길이 보존하는 알코올은 제본용 돼지가죽과 같다. 그러나 정상적인 모습으로 태어난 소수를 찾으려고 일부러 여기까지 올 필요는 없다. 그러한 소수는 언제까지나 살아 있어서 세상의 어느 곳에서나 만날 수 있다. 이들은 멸하지 않고 영원히 싱싱한 청춘의 모습으로 걸어다닌다.

앞에서 말한 참다운 문학을 창조하는 것은 이 소수뿐이다. 문학사에 이러한 참다운 인물이 등장하는 경우는 극히 드물지만 우리는 젊은 시절부터 교양 있는 많은 사람의 입을 통해 그러한 역사를 직접 배워왔다. 다이제스트 덕분으로 겨우 배운 것과는 다르다.

실제로는 아무것도 모르면서도 무엇이든 아는 척하기 위해 문학사를 읽는 것이 요즘에도 크게 유행하고 있는데, 이러한 집착을 가진 자에게 아주 유익하고 읽을 만한 대목이 리히텐베르크의 구판 2권에 있다. 그러나 내 소망은 언젠가 누군가가 문학사의 비극을 쓰는 것이다.

여기에서는 대작가나 대예술가를 자랑하는 나라의 국민이 이 대가가 살아 있을 때 그들을 어떻게 취급했는지를 다뤄야 한다. 즉, 모든 시대나 모든 나라의 훌륭하고 참다운 작품들이 그 시대를 지배하는 불합리와 악에 맞서 굳건히 싸워야만 했던 끊임없는 투쟁을 우리 눈앞에 보여줘야 한다. 인류에게 참다운 빛을 던져준 사람 대다수, 또 모든 예술 분야의 대가가 거의 한 사람도 빠짐없이 겪은 수난을 기록해야 한다.

대작가와 대예술가가 소수를 제외하고 참으로 불우하고, 동정도 못 받고, 제자도 없이 가난에 허덕일 때 같은 분야에 있던 하잘것없는 자들이 명성과 명예, 부를 얻었다는 것, 즉 에서가 아버지를 위해 들짐승을 사냥하는 동안 야곱이 형의 옷을 입고 변장하여 아버지의 축복을 훔친 일과 같은 꼴을 당했다는 것을 밝혀야 한다. 그리고 그럼에도 이러한 인류의 교육자가 자기 일을 사랑하기에 낙담하지 않고 마침내 힘겨운 투쟁이 끝날 때까지 자신의 일을 어떻게 지켜왔는지, 불멸의 월계관을 쓰고 어떻게 다음과 같은 노래를 부르게 되었는지 밝혀야 한다.

무거운 갑옷도 이제는 날개 달린 옷으로 변하고
괴로움은 순간이나 기쁨은 끝이 없다.

9

책을 산다는 것은 좋은 일이다. 그러나 책을 읽을 시간도 같이 살 수 있다면 더더욱 좋은 일이다. 그러나 대개 우리는 책을 산다는 것과 그 내용을 자기 것으로 만드는 일을 혼동한다.

보건당국에서는 사람의 눈을 보호하기 위해 출판업자에게 주의를 촉구해야 한다. 활자의 크기에 최솟값을 설정하고 이를 위반한 사람은 처벌해야 한다. 나는 1818년에 베네치아에 있었는데, 당시 베네치아는 정묘한 쇠사슬이 특산물이었다. 그런 쇠사슬을 만드는 직공은 서른 살이면 실명한다고 한 세공업자가 내게 말해주었다.

한번 읽은 책을 무엇이든 잊지 않으려는 것은 한번 먹은 음식을 하나도 빠짐없이 배 안에 넣어두고 싶어 하는 것과 같다. 사람은 자신이 먹은 음식으로 육체적인 삶을 살고, 읽은 책으로 정신적인 삶을 영위한다. 그리하여 현재의 자신이 된다. 그러나 육체가 육체에 맞는 음식만 흡수하듯이 누구든 자기의 흥미를 끄는 것, 자기의 사상 체계나 혹은 목적에 맞는 것만을 정신에 남긴다.

물론 누구나 다 목적이 있다. 그러나 사상 체계라고 할 만한 목적을 가진 사람은 극히 드물다. 이들은 어떠한 것에도 객관적인 흥미를 느끼지 않는다. 따라서 한 번 읽은 것도 원래의 모습대로 그들의 정신에 남지 않는다. 한 번 읽은 것은 그 형태 그대로 남아 있지 않다.

좋은 책을 읽기 위한 조건은 나쁜 책을 읽지 않는 것이다. 인생은 짧고, 시간과 힘에도 한계가 있기 때문이다.

반복은 연구의 어머니다. 무엇이든 중요한 책은 두 번을 읽어야 한다. 두 번 읽으면 문제의 연결성을 더욱 잘 이해하고, 이미 결론을 알고 있으므로 중요한 발단의 부분도 바르게 이해할 수 있다. 또한 두 번째에는 응당 처음과는 다른 기분으로 읽고 다른 느낌을 받으며 한 대상을 다른 조명 속에서 보는 듯한 체험을 할 수 있다.

작품은 저자가 지닌 정신의 정수다. 작품은 저자가 아무리 위대한 인물일지라도 그의 생활 범위에 비하면 언제나 비교할 수 없을 만큼 내용이 풍성해야 하고 부족한 부분도 보충해줘야 한다. 그뿐이 아니다. 작품은 생활 범위를 훨씬 넘어서서 압도한다. 평범한 인간이 쓴 작품이라도 얼마든지 읽을 가치가 있으며 재미있고 유익할 때도 있다. 바로 그 작품이 저자의 정수이자 사색하고 연구한 내용의 집대성이기 때문이다.

그러나 이와 반대로 저자의 생활 범위는 우리에게 아무런 흥미도 줄 수 없다. 그러므로 그 사람의 생활 범위에는 만족할 수 없더라도 그 사람의 저서는 읽을 수가 있다. 나아가 정신적인 교양이 높아지면 저자에게는 흥미를 느끼지 않고 저서에서만 즐거움을 찾는 고도의 수준에 점차 가까워질 수도 있다.

정신의 청량제로는 그리스 로마 고전이 최고다. 그리스 로마 고전이라면 무엇이든 좋다. 반시간만이라도 읽으면 기분이 상쾌해지고 마음도 맑아지며 고양된다. 마치 바위틈에서 솟아나는 샘물로 원기를 회복하는 것과 같다. 그 이유가 완전무결한 고전어 때문인지, 혹은 수천 년의 세월 속에서도 상하지 않는 작품을 낳은 위대한 정신 때문인지는 모르겠다. 아마도 두 가지가 함께 우리의 정신에 이상한 작용을 하기 때문일 것이다.

그러나 나는 이 중요한 고전어의 학습이 폐지되는 날이 오지 않을까 하는 예감에 떨고 있다. 바로 지금 이 위험이 다가오고 있다. 만약 그리된다면 전에 없던 새로운 문학이나 야만스럽고 저속하며 무가치한 작품을 중심으로 한 새로운 문학이 나올 것이다. 실제로 독일어는 고전어의 훌륭한 장점을 조금은 가지고 있는 언어다. 그런데 현대의 무가치한 문필가의 맹렬하고 조직적인 파괴 작업 때문에 독일어가 낱낱이 무너지고 고칠 수 없는 병에 걸려 새로운 문학 성립의 가능성을 더욱 강렬하게 만들었다.

위대한 옛 작가를 논한 책이 많이 나오고 있다. 논평 대상인 작가는 때에 따라 일정하지 않다. 그런데 독자는 이러한 책은 읽지만 거론된 작가가 직접 쓴 책은 읽지 않고 최근 나온 책만을 읽으려고 한다. "끼리끼리 모인다"라는 속담처럼, 위대한 정신이

낡은 사상보다도 현대의 천박한 인종들이 지껄이는 피상적이고
도 진부한 말이 독자의 입맛에 맞기 때문이다. 그러나 나는 일찍
이 청년 시절에 슐레겔*의 아름다운 에피그램†을 읽은 것을 다행
으로 여긴다.

  부지런히 고전을 읽어라, 참다운 가치가 있는 고전을.
  현대인이 옛사람을 말하는 것은 별로 의미가 없나니.

평범한 인간들은 마치 똑같은 틀에서 주조한 듯 서로 닮았고 비
슷한 상황에서 모두 같은 생각을 한다. 다른 생각은 결코 하지 못
한다. 더구나 약속이나 한 듯이 비열하고 사적인 것을 꾀한다. 그
런데 이런 사람들이 쓴 하잘것없는 책을 읽는 독자가 있다. 최근
에 인쇄된 신간이라는 이유만으로 마구 읽어대지만 위대한 정신
이 낳은 고전은 책꽂이에 그냥 사장해둔다.

독자들의 어리석음은 믿을 수 없을 정도다. 모든 시대, 모든 나라
에는 저마다 고귀하고 희귀한 천재가 있다. 그러나 독자들은 이
천재의 책을 읽는 대신 매일 간행되는 평범한 사람들의 책, 해마
다 파리 떼처럼 무수히 늘어나는 평범한 사람들의 책만을 읽으려
고 한다. 최근에 인쇄되고 잉크가 아직 마르지 않았다는 이유에
서다. 이런 책은 모두 두서너 해가 지나면 외면당하고 욕을 먹는

---

*   August Wilhelm von Schlegel, 1767~1845. 독일의 평론가로 독일 전기 낭만파 운
        동의 중심인물이다.

†   경구 또는 2행이나 4행으로 된 풍자시다.

다. 그리하여 언제까지나 지나간 시대와 그 시대의 실없는 말을 비웃을 재료로 남을 뿐이다.

역사는 둘이다. 정치사와 문학 및 예술사다. 제일의 역사는 의지의 역사며 제이의 역사는 지성의 역사다. 그러므로 정치사는 우리에게 불안을 줄 뿐 아니라 공포심마저 준다. 정치사는 대량의 불안, 궁핍, 사기, 잔인한 살인에 가득 차 있다.

이에 반해 문예사는 고독한 지성처럼, 설령 미로를 그리더라도 상쾌하고 청명한 공기로 가득 차 있다. 문예사의 주요 부분은 철학사다. 철학사는 원래가 문예사의 기조이며 다른 부분에까지 울려 퍼진다. 다른 문예 부문의 주의 주장을 기본적으로 지도한다. 그뿐 아니라 철학사는 세계를 지배한다. 그러므로 철학은 참다운 의미에서 가장 강력한 물질적인 권력이다. 그러나 아주 서서히 작용한다. 그 시대의 철학은 그 시대사의 기조다.

삶의 지혜에 대하여

Paränesen und Maximen

1

아리스토텔레스가 《니코마코스의 윤리학》의 한 대목에서 표명한 "현자는 쾌락을 희구하지 않고 고통이 없는 상태를 희구한다"라는 명제는 모든 처세의 최고 원칙이다. 이 명제의 진리성은 모든 향락이나 행복이 소극적, 부정적인 성질인 데 반해 고통은 적극적, 긍정적이라는 데 있다. 이 기초적인 명제의 상세한 설명과 논증은 《의지와 표상으로서의 세계》 1권 52장에 있다. 여기서는 이 명제를 매일 관찰할 수 있는 하나의 사실에 따라 해명해보고자 한다.

몸은 건장하고 아무 탈이 없으나 어딘가 한 군데 상처가 생겼다든가 혹은 어떤 이유로 조금 아픈 곳이 생겼을 때, 전체 건강은 별로 의식하지 않고 자꾸 그 상처의 아픔에만 신경이 쓰여서 전체 생명감의 즐거움을 잃는다. 이와 마찬가지로 만사가 뜻대로 흘러가는데 단 하나라도 뜻대로 되지 않으면, 아무리 사소한 것일지라도 늘 머리에서 떠나지 않는다. 그래서 자꾸 그 일에만 신경이 쓰여, 그 밖의 더욱 중요하고 뜻대로 가는 일은 거의 잊어버린다.

그런데 이 두 경우에 침해받는 것은 의지다. 앞의 경우에는 신체 안에서 객관화된 의지, 뒤의 경우에는 인간의 노력 안에서 객관화된 의지다. 어느 경우를 보더라도 의지의 만족은 언제나 소극적, 부정적인 기능을 가질 뿐 직접적으로 느껴지지 않으며, 느껴진다고 하더라도 반성을 거쳐서 겨우 의식된다. 이와 반대로 의지의 저해는 적극적이고 긍정적이어서 스스로 그 사실을 알려준다. 모든 쾌락은 단지 이러한 저해를 제거하고 그 저해에서 해방되는 것을 본질로 하며, 따라서 지속 시간도 짧다.

그러므로 아리스토텔레스는 향락과 쾌락을 인생의 목표로 하지 말고 많은 재앙에서 벗어나는 것을 목표로 해야 한다고 가르친다. 그의 이러한 규범은 앞에서 설명한 내용을 기초로 한다. 만일 이 방법이 옳지 않다면 "행복은 환상에 지나지 않지만 고통은 현실이다"라는 볼테르의 말도 잘못이다.

그러나 아무래도 이 말은 진실이다. 따라서 행복론적인 견지에서 인생을 총결산할 경우, 자신이 누린 즐거움이 아니라 벗어날 재앙으로 인생을 평가해야 한다. 오히려 행복론이란 명칭 그 자체가 장식적인 표현에 불과하다. '행복하게 산다'를 '별로 불행하지 않게', '견딜 수 있을 만큼 산다'는 뜻으로 해석하는 데서 행복론의 가르침을 시작해야 한다.

확실히 인생은 즐기기 위해서가 아니라 고통을 극복하고 처리하기 위한 것이다. 라틴어로는 '그럭저럭 생활을 해나가다degere vitam', 이탈리아어로는 '어떻게든 해내고 있다si scampa cosi', 독일어로는 '어떻게든지 해내야 한다man muß suchen durchzukommen' 또는 '어떻게든지 해낼 것이다er wird schon durch die Welt kommen' 등으로 표현하며 이외의 많은 표현도 이런 의미를 담고 있다.

그뿐 아니라 일생의 노고를 치러냈다는 사실은 나이가 든 후에는 위안이 된다. 이렇게 본다면 가장 행복한 운명을 지닌 사람이란 정신적으로나 육체적으로 아주 심한 고통을 모르고 일생을 지내는 사람이지, 최대의 기쁨이나 많은 향락을 부여받은 사람이 아니다. 최대의 기쁨이나 향락으로 일생의 행복을 측정하려는 사람은 그릇된 척도를 가졌다고 할 수 있다. 향락은 전적으로 소극적이고 부정적이기 때문이다. 즉, 향락이 사람을 행복하게 한다는 생각은 질투심이 품은 하나의 망상이며, 이 망상은 질투심이 받게 될 당연한 벌이다.

반면 고통은 적극적이고 긍정적으로 느껴진다. 고통도 없고 권태롭지도 않다면 어느 정도는 지상의 행복을 달성했다고 봐도 좋다. 그 외에는 모두 다 환영이다. 따라서 고통으로 향락을 추구하거나 고통을 당할지도 모르는 위험을 무릅쓰고 향락을 추구하는 것은 소극적이고 부정적인, 즉 가공적인 것을 얻으려고 적극적이고 긍정적인 현실을 대가로 지불한다는 의미다. 그러므로 결코 그렇게 해서는 안 된다. 반면 고통에서 벗어나기 위해 향락을 희생하는 것은 이익을 얻는 길이다.

이 두 경우에서 고통이 먼저 오는지, 향략이 먼저 오는지는 중요하지 않다. 비탄의 무대를 환락의 무대로 바꿀 생각으로 향락과 기쁨을 추구하는 것은 말할 수 없는 잘못이며, 이런 잘못을 저지르는 사람이 많다. 오히려 아주 염세적인 눈으로 이 세상을 지옥으로 여기고 지옥의 불길을 견딜 방 한 칸을 세상 속에 짓는 데 몰두하는 사람이 훨씬 더 과오가 적다.

우매한 자는 인생의 향락을 좇다가 기만당하지만 현자는 재앙을 피한다. 현자가 불행하게도 재앙을 피하지 못한다면 운명 때문이지 우매해서가 아니다. 다행히 재앙을 피한다면 그는 속지 않았다는 의미다. 그 재앙은 지극히 현실적인 것이기 때문이다. 설령 재앙을 너무 지나치게 피해 불필요할 정도로 향락을 희생했더라도, 결과적으로 손해는 아니다. 향락은 모두 환영과 같으며, 놓쳤다고 한탄할 필요가 없을 정도로 대수롭지 않은, 가소로운 것이기 때문이다.

모든 불행의 근원은 낙천주의에 붙들려 이 진리를 잘못 보는 데 있다. 괴로움이 없을 때는 불안한 욕심이 존재하지도 않는 행복이라는 환영을 마치 있는 듯이 눈앞에 그려 보이며, 그럴듯하게 우리를 유혹해 그 환영을 좇게 만든다. 그래서 우리는 부인도 못 한 채 현실적인 고통을 자초한다. 그리하여 경솔하게 잃어버린 낙원처럼 이제는 과거가 되어버린 고통 없는 상태를 잃어버렸다는 사실에 슬퍼하고, 고통 없는 상태를 되찾으려 하지만 어쩔 수 없는 헛된 일이라는 사실을 깨닫는다. 그래서 다시없는 현실의 행복, 즉 고통이 없는 상태에서 언제나 욕심이라는 환영으로 우리를 유인해내는 악마가 있는 게 아닌가라는 생각이 든다.

젊은 사람들은 깊이 검토하지도 않고 세계가 향락을 위해 존재하며 적극적이고 긍정적인 행복이 깃든 곳이라고 본다. 요컨대 이 행복을 놓치는 것은 이 행복을 누릴 능력이 없어서라고 생각한다. 시나 소설은 젊은이들의 이런 생각을 고양시키며, 잠시 후 설명하겠지만 위선도 그렇다.

세상 어디에서나 겉으로 보이는 모습으로 눈속임하여 위선을 추구한다. 그러고 나면 다소나마 사려 깊이 생각하는 생활을 하지만, (당연히 그 자체로 적극적인 향락으로 이뤄졌다고 여기는) 적극적인 행복을 목표로 삼아 생활한다. 이때 몸은 위험에 노출되겠지만 이 위험을 무릅쓰지 않을 수 없다. 이처럼 가상의 세계를 추구하는 태도는 아주 현실적이고 적극적인 불행을 초래하기가 쉽다. 이러한 불행은 고통, 고뇌, 질병, 손실, 근심, 빈곤, 치욕 등 무수한 곤란함으로 나타나는데 그러한 생활에 환멸을 느낄 때는 이미 늦다.

하지만 이와 달리 여기에서 고찰한 원칙을 지키고 일생의 계획을 세우며, 나아가 고뇌의 회피, 즉 결핍, 질병, 그 밖의 갖가지 곤란을 제거하는 일이야말로 현실적인 목표이며 그 바람도 이뤄질 수 있다. 적극적인 행복이라는 환영을 좇으려는 노력 때문에 이 계획이 방해받지 않는다면 성과를 거둘 것이다. 괴테의《친화력》에서 언제나 남의 행복을 위해 애쓰는 미틀러가 한 다음의 말과도 일치한다. "재앙을 면하려는 자는 자신이 원하는 것을 자각한 인간이다. 그러나 지금 가지고 있는 것보다 더 나은 것을 바라는 자는 완전한 장님이다." 이 말은 "보다 좋은 것이 좋은 것의 적이다"라는 프랑스의 아름다운 격언을 생각나게 한다.

그뿐 아니라《의지와 표상으로서의 세계》2권 16장에서 말한 키니크학파*의 근본 사상도 여기에서 나온다. 키니크학파가 모든 향락을 멀리한 동기는 (향락과 고통을 긴밀하게 결부한 것에 다소 차이가 있기는 하지만) 향락에는 고통이 따른다고 생각했기

---

* 소크라테스의 제자 안티스테네스가 창설한 그리스 철학의 한 분파로, 견유학파 또는 키니코스학파라고도 한다.

때문이다. 이들은 향락의 소극성과 부정성, 고통의 적극성과 긍정성을 마음속 깊이 깨닫고 있었기 때문에 재앙을 피하는 데 전력을 다했다. 그러기 위해서는 우리를 고통에 빠뜨리는 함정이라고밖에 생각할 수 없는 향락을 의식적으로 멀리해야 한다고 여겼다.

실러가 말했듯이 우리는 모두 저 목가적인 아르카디아†에서 태어났다. 즉, 우리는 이 세상에 태어날 때 많은 행복과 향락을 바라며, 이 바람을 관철하려는 어리석은 희망을 품고 있다. 그러나 대개는 곧 운명이 다가와 우리를 난폭하게 휘어잡으며, 우리 것은 아무것도 없고 우리의 모든 재산과 이득, 처자식, 손발이나 귀, 눈뿐만 아니라 얼굴 한가운데 있는 코마저도 운명이 마음대로 할 권리를 갖고 있다는 사실을 가르쳐준다.

아무튼 얼마간의 세월이 흐르면 경험이 생겨서 행복과 향락이 멀리에서는 보이지만 가까이 가면 사라져버리는 신기루와 같다는 사실을 깨닫는다. 반면에 고뇌와 고통은 현실성을 띤 실재적인 것으로, 특별히 착각하거나 예상하던 곳에서만 나타나는 게 아니라는 사실을 깨닫는다.

이러한 교훈을 깨달으면 행복과 향락의 추구를 그만두고 오히려 고통과 고뇌가 다가오는 일을 막으려고 노력한다. 이렇게 하면 이 세상에서 얻을 수 있는 최고의 선물은 고통이 없고 잔잔한, 최소한 견딜 수 있을 만큼의 생활이라는 점을 알게 된다. 그리고 우리의 요구를 이러한 생활에만 국한하고 이러한 생활을 더욱 확실하게 실행하려고 한다. 너무 불행해지지 않으려면 특별히 행

---

† 그리스의 한 지역으로 시에서는 목가적 행복의 이상향을 의미하는 말로 쓰인다.

복해지기를 바라지 않는 것이 가장 확실한 길이기 때문이다.

괴테의 젊었을 적 친구인 메르크*는 "행복, 그것도 우리가 꿈꾸는 만큼의 행복을 희구하는 욕심이 이 세상의 모든 것을 해친다. 이 욕심을 버리고 눈앞에 있는 것 외에는 아무것도 바라지 않으면 어떻게든 해나갈 수 있다"(《메르크와의 왕복 서간집》)라고 말했다. 메르크도 이 사실을 깨달은 것이다. 행복이나 영화榮華, 향락을 얻으려는 노력과 투쟁이 커다란 불행을 초래하므로 향락이나 재산, 지위나 명예 등에 대한 요구를 아주 최소한으로 줄여야 현명하다.

마찬가지로 심한 불행에 빠지기는 아주 쉽지만 커다란 행복을 얻기는 어려울 뿐 아니라 전혀 불가능하다는 점만 생각해보더라도 앞에서 말한 교훈을 따라야 현명하고 이롭다. 그러므로 처세의 시인 호라티우스가 부른 다음의 노래는 지극히 타당하다.

중용의 미덕을 사랑하는 자에게는
가난의 더러운 물이 스미지 않고
남들이 부러워하는 저택의 화려함을 탐내지 않는다.
소나무가 높으면 더 세차게 바람을 받고
산이 높으면 우레를 먼저 맞으며
탑이 높으면 무너지는 참상도 더 심하다.
/ 호라티우스, 《송가》

---

* Johann Heinrich Merck, 1741~1791. 독일의 비평가이자 작가다. 문학과 예술, 미술에 대한 다수의 소논문을 발표했다.

그러나 내 철학의 가르침을 완전히 받아들여서 우리 인간 모든 존재가 차라리 없는 것만 못하고, 이 존재를 부정하고 거부하는 지혜가 제일 좋은 지혜라는 사실을 알게 되면, 그 무엇에도 크게 기대를 거는 일이 없을 것이다. 그리고 이 세상에 있는 그 무엇도 강렬하게 추구하지 않을 것이며 뭔가가 잘못되었다고 심히 한탄하는 일도 없을 것이다. 이는 플라톤의 "인간 세상의 사물은 무엇이건 열렬히 추구할 만한 가치가 없다"라는 말과 일치하고, 또 다음의 정신과도 일치한다.

> 소유하던 세계가 사라지더라도
> 한탄하지 말라, 원래 세계는 무無이니.
> 세계를 소유하더라도
> 기뻐하지 말라, 원래 세계는 무이니.
> 괴로움도 기쁨도 흘러가는 것.
> 그렇게 세계에 구애받지 말라, 원래 세계는 무다.
> /안와리 소헤이리

마음의 양식인 이러한 통찰을 얻기가 특히 어려운 이유는 앞에서도 말한 세상을 장식한 위선 때문이다. 그러므로 젊은이들에게는 빨리 이 위선으로 장식한 가면을 벗겨 보여야 한다. 화려한 행사의 대부분이 무대 장치이듯 다만 겉치레에 지나지 않으면 본질은 없다.

이를테면 깃발과 꽃으로 장식한 배라든가 축포, 조명, 풍악, 환호나 갈채 따위는 모두 다 기쁨을 나타내는 간판이며, 상징이며, 상형 문자다. 그러나 대개 기쁨은 그 자리에 모습을 나타내지 않는다. 기쁨만은 축제의 참석을 거부한다. 실제로 기쁨이 모습을 나타낼 때는 보통 초청도 받지 않고, 예고도 없고, 뽐내지도 않으며, 오히려 살며시 나온다. 일상의 순간에 아주 대수롭지도 않은 듯이 전혀 굉장하지도 명예롭지도 않은 기회에 곧잘 나타난다. 기쁨은 오스트레일리아의 금광처럼 우연의 변덕에 따라 규칙도 법칙도 없이, 대개는 아주 작은 덩어리로 여기저기에 흩어져 있다. 커다랗게 덩어리로 뭉쳐 있는 일은 거의 없다.

그러나 위에서 말한 여러 행사는 그곳에 기쁨이 있다고 사람들을 믿게 하는 것이 목적이다. 다른 사람의 머리에 이 가상을 심는 게 목적이다. 슬픔도 기쁨과 유사하다. 저 길고도 느린 장례식의 행렬은 얼마나 우울한가! 이어지는 마차의 행렬은 언제 끝날지 모를 정도다. 그러나 마차 속을 한번 들여다보라. 모두 비어 있다. 마치 죽은 사람을 묘지까지 마부들이 배웅하는 듯한 느낌을 줄 뿐이다. 이야말로 세상의 우정과 경의의 단적인 표현이다. 그러므로 이것이 바로 인간 행위의 거짓과 공허와 위선이다.

축하연에 나들이옷을 입고 모여든 많은 손님도 한 예다. 이들은 고상한 상류 계급 사교계를 보여주는 간판이다. 그러나 모두 가슴에 반짝이는 장식물을 달고는 있지만 대부분 의리와 고통, 권태가 그들 대신 참석한 것뿐이다. 틀림없이 갖가지 모임이 있을 테니 많은 손님이 모이는 곳에서는 그럴 수밖에 없다. 진실한 교제는 어디서나 필연적으로 그 범위가 아주 좁다. 화려하고 소란스러운 축제나 향연에는 항상 공허함이, 아니 조화롭지 못함이 내면에 담겨 있다. 그 이유는 인간 생존의 비참함이나 빈곤과 완전히 모순되기 때문이며 이러한 대조가 오히려 이 결론의 진실성을 드높인다.

　그러나 외면적으로 보면 이러한 행사는 여러 가지 효과가 있는데 바로 그 점이 이런 행사의 목적이다. 그러므로 샹포르는 "사교계라든가 클럽이라든가 살롱이라든가 하는 요컨대 상류 사회는 빈약한 각본 같아서 기계와 의상과 장식 때문에 약간 볼 만하기는 하지만 전혀 재미없는 서투른 오페라와 같다"라고 아주 멋지게 말했다. 아카데미나 철학 강좌도 지혜의 간판, 즉 지혜의 겉모습일 뿐이다. 그러므로 지혜도 대개 이러한 곳에 나타나기를 사양한다.

　수많은 불경한 몸짓, 기괴한 행동은 마음의 간판인 믿음을 가장한다. 그러므로 세상 거의 모든 것이 속 빈 호두와 같을 뿐 알맹이는 드물다. 알맹이를 찾으려면 어딘가 다른 곳을 찾아봐야 하며, 찾는다고 하더라도 대개는 우연히 찾아낼 뿐이다.

2

어떤 사람이 얼마만큼 행복한지를 알려면 그 사람이 어떤 일에 즐거워하는지보다는 어떤 일에 슬퍼하는지를 물어야 한다. 사소한 일에 민감하다는 것은 모든 일이 잘 풀리고 있다는 의미다. 불행한 상황이라면 사소한 일은 아예 느끼지 못할 테니까 말이다. 그러니 사소한 일에 슬퍼할수록 그 사람은 그만큼 더 행복하다는 의미다.

3

우리는 삶에서 여러 가지를 요구하면서 자기 인생의 행복을 광범위한 기초 위에 세우지 않도록 주의해야 한다. 광범위한 기초 위에 세우면 오히려 많은 재앙이 초래된다. 재앙은 필연적으로 일어날 수밖에 없어서 인생의 행복은 쉽게 무너질 수밖에 없다. 다른 건물은 모두 토대가 넓으면 넓을수록 안전하지만 인간의 행복이라는 건물은 그 반대다. 그러므로 자신이 가진 모든 수단과의 연관성에 비추어 가능한 한 요구를 줄여야 큰 불행을 가장 확실하게 피할 수 있다.

대체로 사람들은 자신의 일생에 대한 만반의 준비를 하는데 이는 가장 흔하고도 어리석은 짓 중 하나다. 이러한 준비를 하려면 무엇보다도 우선 한 사람의 긴 일생이 완전하게 예정되어 있어야 하는데, 그렇게 길게 예정된 인생을 살아가는 사람은 극히 드물다. 설령 오래 산다고 하더라도 세워놓은 계획에는 미치지 못한다. 보통 계획을 실행하는 데는 생각보다 훨씬 많은 시간이 걸린다.

또한 인간의 모든 일이 그러하듯이, 계획에는 실패의 위험이나 장애가 많기 때문에 목표를 달성하는 경우가 거의 없다. 결국 모든 것이 이뤄진다고 해도 시간이 우리에게 가하는 변화를 도외시하여 계산 밖에 놓게 된다. 이뤄낸 성과를 훌륭히 유지하거나 향유하고자 하더라도 우리의 능력이 생애 내내 변함없이 유지되지 않는다는 점을 충분히 고려하지 않았기 때문이다.

목표를 겨우 달성했는데 그 목표가 이미 우리에게 적합하지 않은 경우도 종종 있다. 또 어떤 일을 하려고 준비하느라 세월을 보내는 동안 어느덧 그 일을 완성할 힘이 없어져버리는 일도 있다. 그러므로 오랜 세월 동안 많은 노력과 위험을 무릅쓰고 얻은 재산을 향유하지 못하고 결국은 남 좋은 일만 한 꼴이 되기도 한다. 또 다년간의 노력 끝에 얻은 지위를 훌륭히 지킬 수 없는 경우가 종종 있는데, 너무 늦게 소원을 이뤘기 때문이다. 반대로 소원을 성취한 사람이 뒤처져서일 수도 있다. 즉, 업적이라든가 제작물처럼 취향이 변했다든가, 새로운 세대가 그 소원에 흥미가 없다든가, 다른 사람이 이미 그 길을 앞서갔다든가 하는 경우가 그렇다.

"어찌하여 애쓰는가. 그대의 마음은 유구한 계획을 견딜 수 없는 것을……"이라는 호라티우스의 말도 앞에서 말한 내용을 염두에 둔 말이다. 흔히 볼 수 있는 이러한 잘못은 우리 정신의 눈이 피할 수 없는 시각적 착오 때문이다. 이 착오는 출발점에서 보는 인생은 끝없이 길게 보이지만, 모든 과정의 종점에서 뒤돌아보면 아주 짧게 보인다는 착각이다. 그러나 이 착각이 없다면 위대한 사업은 도저히 성취할 수 없으므로 착각에는 나름대로 좋은 효능도 있는 것은 분명하다.

걸어가는 나그네의 눈에는 갖가지 풍물이 멀리에서 봤을 때와 가까이에서 볼 때가 다르다. 인생도 비슷하다. 특히 우리 인간의 소망이 그렇다. 때로 처음에 희구하던 것과는 전혀 다른 것, 아니 그것보다도 더 좋은 것을 찾아내기도 한다. 또는 희구하던 대상을 처음에 지나간 길에서는 찾지 못했지만 전혀 다른 길에서 찾는 경우도 흔하다. 특히 향락과 행복과 기쁨을 찾다가 그 대신에 교훈과 통찰과 인식을, 덧없는 재물 대신에 변함없는 진실한 재물을 얻는 경우도 많다.

《빌헬름 마이스터의 수업 시대》의 저변에 일관되게 흐르는 사상도 바로 이것이다. 이 책은 지적인 소설이며 다른 어떤 소설보다도 가치가 있다. 모든 것이 윤리적이고 인간 본성을 의지 면에서만 해석하는 월터 스콧*의 소설보다도 훨씬 더 가치 있다.

또 그로테스크하지만 중요하고 다의적인 상형 문자인 〈마술피리〉†에도 이러한 근본 사상이 마치 무대 장식처럼 커다란 윤곽을 그리면서 상징적으로 나타난다. 하지만 왕자 타미노가 파미나를 손에 넣으려는 욕망을 버리고 파미나를 얻는 대신 지혜의 전당에서 온전히 영감만을 희구하여 그 소망을 이루었다면, 또한 타미노와 필연적으로 대조되는 인물인 파파게노가 소망대로 파파게나를 얻는다는 식으로 줄거리를 바꾸었더라면 근본 사상이 한층 더 상징적이었을 것이다.

인격이 고결하고 훌륭한 사람이라면 곧 이 운명에 따른 교화를 깨닫고 감사한 마음으로 따를 것이다. 즉, 이 세상에서 교훈은 얻을 수 있지만 행복은 얻을 수 없다는 사실을 깨닫고, 그 소망을 버리고 그 대신 통찰을 얻는 습관을 들이는 데 만족할 것이다. 결국에는 페트라르카처럼 "배움 이외에는 아무런 행복을 느끼지 않는다"라고 말할 것이다. 이러한 사람은 자기 소망이나 열망을 추구하더라도(비록 외양상의 추구지만) 사실 그 진의는 늘 교화를 기대하는 경지까지 이를 수 있다. 그리하면 깊이 생각하고 명상하여 천재적인 고귀한 품격이 갖추어진다. 이러한 의미에서 언제나 황금을 희구하여 화약, 도자기, 의약을 발견하고 나아가서

---

*   Walte Scott, 1771~1832. 영국의 낭만파 시인, 소설가다.
†   모차르트가 사망 두 달 전에 완성한 오페라로, 모차르트 최후의 역작이다.

자연법칙까지도 발견한 연금술사의 운명이 바로 우리의 운명이라고 말할 수도 있다.

4

건축 현장에서 보조적인 노동을 하는 건설 노동자는 건물의 전체설계를 모를 뿐만 아니라 설령 알더라도 전체 설계를 항상 의식하지는 않는다. 생애의 하루하루를 한 시간 한 시간 전개해나가는 사람도 자기 생애와 삶의 성격, 흘러갈 양상의 전모에 대한 관계가 이와 같다. 그 생애가 당당하고 무게가 있으며 계획적이고 개성이 강할수록 축소한 그림, 즉 설계도를 눈앞에 뚜렷이 떠올려보는 일은 필요하면서도 유익하다.

물론 그러려면 "너 자신을 알라"라는 말을 조금이라도 음미해봐야 한다. 먼저 무엇보다도 바라는 게 무엇인지, 자기 행복에서 가장 본질적인 게 무엇인지, 그다음으로 두 번째와 세 번째로 중요한 게 무엇인지를 생각해봐야 한다. 또 자신의 직무, 역할, 대외적인 입장이 전체적으로 볼 때 어떠한지도 인식해야 한다. 그런데 이 직무와 역할, 대외적인 입장이 매우 위대하다면 생애의 설계를 축소판으로 바라보는 일은 무엇보다도 우리를 강하게 만들고, 격려하고 분발하게 하며, 활동력을 줘서 바르지 못한 길에 떨어지지 않도록 지켜줄 것이다.

나그네가 언덕 위에 도착하여 비로소 지금까지 걸어온 꼬부랑 길을 모두 전망하고 그 길을 인식하듯이, 우리 생애의 어느 시기의 끝에 가서는 (더구나 생애의 마지막이라면) 자신이 남긴 행동, 업적, 작품의 종합적인 참다운 관계, 그 세부적인 일관성과 연관성, 아니 그 가치마저도 인식해야 한다.

어떤 일에 종사하는 동안에는 언제나 자기 성격의 고정불변한 특성에 따라서 동기가 움직이는 대로, 능력의 정도에 따라 알맞게 행동할 뿐이다. 이는 결국 전면적인 필연성에 따라 행동하는 데 지나지 않는다. 즉, 순간순간마다 그때 타당하고 적당한 생각을 실행할 뿐이다. 결과를 보고 나서야 일이 어떻게 되었는지를 알고, 전체의 관련을 뒤돌아보고 나서야 비로소 일이 어떻게 행해지고 무엇으로 행해졌는지가 분명해진다. 또 그럼으로써 우리는 아무리 훌륭한 행위나 불멸의 작품이라도 행위를 수행하고 작품을 제작하는 동안에는 훌륭한 행위, 불멸의 작품이라고 의식하지 않는다. 다만 현재의 목적에 맞는 것, 지금의 의도와 합치하는 것, 따라서 현재에 타당한 것이라고 의식할 뿐이다.

전체의 종합적인 관련성을 봐야만 비로소 자신의 성격과 능력을 명확하게 알 수 있다. 그러고 나서 개별적인 면을 살펴보면 수없는 옳지 않은 길에서 마치 유령에게 이끌린 듯이 자기 자신의 본질에 인도되어, 유일한 바른길을 밟아왔다는 사실을 알게 된다. 이 모든 것은 이론적인 것뿐만 아니라 실천적인 것에도 적용되며, 반대 의미에서 나쁜 것과 잘못된 것에도 적용된다.

5

우리가 주의를 기울일 때 일부는 현재에, 다른 일부는 미래에 쏠려 있다. 그런데 어느 한쪽이 다른 한쪽을 해치는 일이 없도록 적절하게 균형을 잡는 일도 처세에서 중요하다. 현재에만 치우쳐서 사는 사람이 많은데 그들은 경솔한 사람이고, 미래에만 치우쳐서 사는 사람은 소심하고 근심이 많은 사람이다. 아마도 엄정하고 타당하게 균형을 지켜나가는 사람은 거의 없을 것이다.

노력과 희망을 믿고 미래에 살고 언제나 앞만 바라보며 미래의 일만이 참다운 행복을 가져온다고 여겨, 성급하게 이런 생각을 받아들이는 사람들이 있다. 현재를 되돌아보거나 맛보려고도 하지 않고 지나쳐버리는 사람들이다. 이런 사람들은 나이에 어울리지 않는 영리한 얼굴을 하고 있더라도 이탈리아의 나귀에 비유할 수 있다. 이탈리아에서는 나귀의 머리에 건초 다발을 막대기에 묶어 매달아놓는데, 나귀는 눈앞에서 왔다 갔다 하는 건초 다발을 당장에라도 먹을 수 있을 것 같은 생각에 더욱 걸음을 빨리한다고 한다. 이런 사람들은 결국 죽을 때까지 하루살이와 같은 생활을 하며 자신을 속이고 일생을 잃어버린다.

그러므로 언제나 미래 계획과 배려에만 몰두한다든가 과거만 그리워하지 말고 현재야말로 유한하고 실제적이고도 확실하다는 것, 이에 반해 미래는 틀림없이 우리 상상과는 달라진다는 것, 그뿐 아니라 과거도 우리 상상과는 달랐다는 것, 더구나 미래도 과거도 전체로서 보면 생각한 만큼 대수롭지 않다는 것을 꿈에서도 잊지 말아야 한다.

먼 거리에 있는 대상은 육안으로는 조그마하게 보일지라도, 정신적인 눈에는 커다랗게 보이는 법이다. 현재만이 진실하고 현실적이다. 현재야말로 현실적으로 충실한 시기며, 우리의 현실 생활은 순전히 현재 속에 있다. 그러므로 언제나 현재를 흔쾌히 받아들여야 한다.

따라서 직접적인 불쾌와 고통이 따르지 않고서 견딜 만한 정도의 한때가 주어진다면 의식적으로 향락하는 것이 좋다. 다시 말하자면 지난날의 좌절이나 미래에 대한 우려 때문에 얼굴을 찌푸리고 이 한때를 흐리게 해서는 안 된다. 지나간 일에 화를 낸다든가 미래의 일을 걱정한다든가 하여 모처럼 만난 현재의 좋은 한때를 물리치거나 혹은 경솔하게도 이 시간을 망치는 것은 그야말로 어리석은 일이다.

걱정은 물론, 후회에 잠기는 데 일정한 시간을 할애하는 것도 좋다. 그러나 이미 일어나버린 일은 '아무리 마음 아프더라도 지금은 지나간 일로 해두자. 아무리 괴롭더라도 울렁이는 가슴을 가라앉히자'라고 생각하고, 미래의 일은 '하나님의 품속에 있다'라고 생각하라. 이와 반대로 세네카가 "그날그날을 일생으로 알라"라고 말한 뜻을 깨닫고, 일회적이고 현실적인 시간을 가능한한 즐겁게 만들어야 한다.

우리가 정말로 불안을 느끼는 미래의 재앙은 올 것이 확실하고, 더구나 닥쳐올 시간까지 확실한 재앙에 국한된다. 그러나 이러한 재앙은 극히 적다. 재앙은 다만 일어날는지도 모르는, 겨우 일어날 수 있는 정도든가, 그렇지 않으면 일어나는 것은 확실하지만 그 시기가 전혀 불확실하다는 정도기 때문이다.

그래서 이 두 종류의 재앙을 일일이 상대하다가는 잠시라도 마음 편안할 때가 없을 것이다. 그러므로 불확실한 재앙이나 시기가 확실치 않은 재앙 때문에 생활의 평화를 잃지 않으려면, 불확실한 재앙은 절대로 오지 않는다고 믿는 한편, 시기가 불확실한 재앙은 절대로 그렇게 빨리 오지는 않는다고 생각하는 습관을 길러야 한다.

그런데 두려운 생각이 사라지고 마음이 가라앉기 시작하면, 그럴수록 소망이나 욕망이나 요구가 마음을 뒤흔든다. "나의 일을 아무것에도 맡기지 않았다"라는 괴테의 노래가 말하고자 하는 바는, 인간은 모든 욕구에서 벗어나서 허식이 없는 알몸으로 되돌아와서야 비로소 행복의 바탕이 되는 마음의 안정을 조금이나마 얻을 수 있다는 것이다. 그리고 현재를, 나아가서 전 생애를 즐길 수 있는 경지에 도달하려면 안정이 필요하다는 뜻이다. 이 목적을 이루기 위해서는 오늘이라는 날이 단 한 번뿐이지 두 번 다시는 오지 않는다는 사실을 언제나 명심하는 것이 좋다.

그런데 우리는 오늘이 내일 또 온다고 생각한다. 내일은 또 내일로 한 번밖에 오지 않는 다른 하루다. 그렇지만 우리는 하루하루가 인생의 더할 수 없이 중요한 부분이라는 사실을 잊고서, 오히려 개체가 총체 개념에 포함되듯이 하루하루가 일생에 포함된다고 생각한다.

병에 걸린다든가 슬플 때는 고통도 없고 불편함도 없던 때의 기억이 추억으로 떠올라 모두 한없이 부럽기만 하고 잃어버린 낙원만 같으며 참다운 친구를 제대로 알아보지 못했다고 후회한다. 하지만 아무 문제 없는 때도 언제나 이렇게 생각한다면 현재를 더욱 제대로 보고 즐길 수 있다.

그러나 즐거울 때는 이를 모르고 지나고, 좋지 못한 때에 이르러서야 비로소 옛날로 되돌아갔으면 하고 원한다. 마음 편안하고 명랑한 때가 얼마든지 있었지만 옳게 맛보고 즐기지도 않고서 얼굴을 찌푸리고 지나쳐버리고는, 후에 서러운 때가 오고 나서야 이때를 그리며 부질없이 장탄식할 뿐이다.

그보다는 오히려 지금 대수롭지 않게 지내고 있는 현재가, 한시라도 빨리 지나가버렸으면 좋겠다면서 밀어서라도 쫓아버리고 싶은 현재가 견딜 만하다면, 현재에 경의를 표하는 것이 좋다. 설령 일상적이고 평범한 현재일지라도 바야흐로 저 성스러운 과거 속으로 스며들어간 후에는 언제나 불멸의 광명에 싸여서 오랫동안 기억에 남고, 훗날, 특히 고난당할 때 기억이 그 장막을 걷어 올리면 절실한 그리움의 대상으로 나타난다는 사실을 항상 명심해야 한다.

6

모든 것을 억제하면 행복해진다. 우리의 시야, 활동 범위, 접촉 범위가 좁으면 좁을수록 그만큼 더 행복해지며, 넓으면 넓을수록 그만큼 더 괴롭고 불안한 마음이 생긴다. 그 범위가 점점 커지면 더불어 걱정이나 소망이나 공포도 증가하고 넓어지기 때문이다.

그러므로 장님도 아주 불행하리라는 우리의 상상만큼 불행하지는 않다. 얼굴에 나타나 있는 부드러움, 무엇보다도 명랑한 듯한 평온함이 그 증거다. 또 생애 전반부보다 후반부가 비애로 끝나는 이유도 일부 이 원칙에 기인한다. 나이를 먹어가면서 우리가 품는 목적이라든가 사람들과 맺는 교섭의 범위가 차츰 넓어지기 때문이다.

유년 시절에는 아주 가까운 환경과 극히 좁은 관계에 제한을 받는다. 청년 시기가 되면 그 범위가 훨씬 넓어지고, 장년 시기에는 전 생애를 그 범위로 할 뿐 아니라 세계나 민족이라는 가장 먼 관계로까지 넓어지는 경우가 적지 않다. 그리고 노년 시기에는 그 범위가 후세의 자손들에 관한 것까지 포함한다. 그러나 사물을 제한하는 편은 설령 정신적인 것의 제한일지라도 우리의 행복을 위한 것이다.

의지를 자극하는 일이 적으면 적을수록 그만큼 괴로움도 적다. 이미 알고 있듯이 괴로움은 적극적인 것이지만 행복은 소극적인 것이기 때문이다. 활동 범위를 한정하면 의지를 자극하는 외부적인 동기가 의지에서 제거되고, 정신을 제한하면 그 내부적인 동기가 제거된다.

단, 정신의 제한은 권태를 초래한다는 결점이 있다. 권태에서 벗어나기 위해 모든 것에 손을 내민다. 오락이든 사교든 놀이든 술이든 그 외의 무엇이라도 여러 가지 일을 시도하는데, 이는 손실과 파멸과 갖가지 불행을 초래할 뿐이므로 권태는 수없이 많은 괴로움의 간접적인 원천이다. 한가하게 쉬기는 어렵다.*

이와 반대로 외부적인 제한은 인간의 행복에 유익할 뿐 아니라 오히려 필요하다. 가능한 한 행복한 사람들을 묘사하려고 시도하는 유일한 장르인 목가적 문학이 항상 그리고 본질적으로 인간을 극히 제한된 상황과 환경에서 묘사한다는 데서 이 사실을 알 수 있다.

이른바 풍속화를 보고 만족스러운 쾌감을 느끼는 것도 이러한 상황이 빚어내는 감정 때문이다. 따라서 권태로움을 유발하지 않는 한에서 관계를 최대한 단순화하고, 아니 생활 양식을 단조롭게만 해도 행복해진다. 이렇게 해야 삶 자체와 나아가서는 삶에

---

* Difficilis in otio quies. 라틴어 격언이다.

본질적으로 따르는 부담을 가장 적게 느끼게 하기 때문이다. 이러한 생활은 물결도 소용돌이도 없는 실개천처럼 조용히 흘러간다.

7

우리의 행복과 불행은 결국 의식이 무엇을 대상으로 하는지에 달렸다. 그런데 이 점에서 순수하게 지적인 일은 성공과 실패의 변화무쌍한 현실 생활과 그에 따른 충격과 고뇌보다 그러한 능력을 가진 사람에게 전반적으로 기여하는 바가 훨씬 크다. 물론 그러기 위해서는 압도적인 정신적 소질이 필요하다는 점은 말할 필요도 없다.

다음으로 주의할 점은 외부를 향해 적극적으로 활동하는 생활이 연구를 방해하고 주의를 다른 곳으로 이끌어 연구에 필요한 평정과 안정을 정신에서 빼앗아버리는 점과 지속적인 노동이 많든 적든 현실 생활의 분주한 움직임에 처하는 능력을 감쇄시킨다는 점이다.

그러므로 어떠한 형태로든 정력적인 실제 활동이 필요한 상황에서는 정신노동을 한동안 완전히 중지하는 것이 좋다.

8

아주 신중한 생활을 하고 자기 경험에 포함된 모든 교훈을 끌어내려고 한다면 몇 번이고 반성을 거듭해야 하며, 자신의 체험이나 행동 경험 및 여기서 느낀 것을 총괄적으로 재검토해야 한다. 또한 자신의 판단 이전의 통념적인 판단을 현재 자신의 판단과 비교하여 자신의 계획과 노력을 노력의 결과와 그 결과로 얻은 만족과 비교해볼 필요가 있다.

　말하자면 이 경험은 누구에게나 들려주는 개인 지도적인 특별 강의의 복습과 같다. 또 자기 경험을 본문의 글로, 사색과 지식을 본문에 대한 주석으로 볼 수도 있다. 경험이 적고 사색과 지식이 많으면 페이지마다 본문이 두 줄이고 주석은 마흔 줄이나 되는 책이 나오고, 사색과 지식이 적고 경험이 많으면 주석이 없어서 이해할 수 없는 곳이 많은 비폰티움* 판본과 같다.

　"밤에 잠들기 전에 하루 동안 한 일을 복습하듯 검토해봐야 한다"라고 말한 피타고라스가 세운 규칙도 여기에서 말한 충고를 목표로 한다. 잡무나 유흥에 휩쓸려 자신의 과거를 재검토하지 않고 지나쳐버리는, 즉 분주한 생활을 하는 사람은 신중성을 잃고 있다고 할 수 있다. 그런 사람의 마음은 혼란스럽고 사랑조차 혼란해져서 말에 연관성이 없어지고 단편적이고 자잘한 조각처럼 된다. 외부적인 분주함, 즉 외부에서 주어지는 인상이 많아지고 정신의 내적 활동이 적다면 혼란은 그만큼 심해질 것이다.

　오랜 시간이 지나서 우리에게 작용하던 관계와 환경이 과거가 되었을 때는, 그때의 관계나 환경이 빚어내던 기분이나 감정을 다시 되부르거나 소생시킬 수가 없다는 사실을 환기할 필요가 있다. 그렇지만 그 관계나 환경에서 우리가 한 말들은 기억할 수 있는데, 그 말들은 당시의 감정이나 기분의 척도다. 그러므로 기념할 만한 당시의 상황들은 기록해두는 것이 바람직하다. 그러기 위해서는 일기를 쓰는 방법이 가장 좋다.

---

*　고대 그리스와 로마의 고전을 출판한 곳의 이름이다.

자신에게 만족하고, 자신이 가진 모든 것을 "나의 것은 모두 내 몸에 지니고 있다"라고 말할 수 있다면, 이야말로 행복을 위한 가장 좋은 성질이다. "그러므로 행복은 자신에게 만족하는 사람의 것"이라는 아리스토텔레스의 말은 명심할 만하다.

모든 사교계는 무엇보다도 먼저 인간이 서로 순응하고 서로 억제하기를 필연적으로 요구한다. 그러므로 사교계는 그 범위가 넓으면 넓을수록 덧없다. 완전히 자기 자신의 생존 방법으로 살아도 무방한 때는 혼자 있는 동안만이다. 그러므로 고독을 사랑하지 않는 사람은 자유도 사랑하지 않는 사람이다. 사람은 혼자 있는 동안에만 자유롭기 때문이다.

강제는 사교와 끊으려야 끊을 수 없는 부속물이다. 사교는 희생을 요구하기 때문에 자신의 개성이 강하면 그만큼 희생도 크다. 그러므로 인간 각자는 자신이 갖춘 가치와 정확성에 비례하여 고독에서 벗어나든지 고독을 견디든지 고독을 사랑하든지 한다. 고독할 때는 비열한 사람은 그 비열함을, 위대한 사람은 그 위대함을, 말하자면 각자가 있는 그대로의 자기 모습을 있는 그대로 느끼기 때문이다.

또 인간은 자연 상태인 선천적인 지위에서 우위에 서면 설수록 그만큼 더 고독하다. 더욱이 이 고독은 본질적으로 불가피하다. 이때 정신적인 고독과 신체적인 고독이 병행한다면 더할 나위 없다.

대체로 인간이 완전한 융화를 바랄 수 있는 대상은 오직 자기 자신뿐이다. 친구와도 애인과도 완전하게 융화하지는 않는다.

개성이나 기분이 다르기 때문에 언제나 조금씩은 부조화가 생기기 마련이다. 그러므로 마음의 참다운 평화와 평정된 감정, 즉 건강 다음으로 가장 귀중한 이 지상의 재보는 고독과 철저한 은둔 속에서만 구할 수 있다.

이때 그 인간의 자아가 훌륭하고 풍성하다면 아마도 가난한 지상에서 구할 수 있는 가장 행복한 상태를 향유하는 중이라고 말할 수 있다. 분명히 말하면 우정, 사랑, 부부 관계 등이 사람과 사람을 그야말로 밀접하게 연결하고는 있지만, 누구나가 궁극에까지 정직하게 대하는 상대는 결국 자기 자신뿐이며, 그 외에는 겨우 아들 정도일 뿐이다.

객관적 혹은 주관적인 조건 때문에 사람과 접촉할 필요가 적으면 적을수록 더 좋다. 고독과 적막 속에 있는 사람은 그 안의 모든 재앙을 느끼지는 못하더라도 최소한 한쪽 눈으로 바라볼 수는 있다. 그러나 사교계는 의뭉하다. 사교계는 위안, 담화, 사교적인 향락 등을 앞에 내걸고서 무서운 재앙, 대개는 구원의 길이 없는 재앙을 뒤에 감추고 있다. 고독은 행복과 평온한 기분의 원천이므로 고독을 견디는 수업을 젊은 날의 주요한 과제 중 하나로 삼아야 한다.

인간이 사교적으로 흐르는 것은 고독을, 고독 속에 있는 자신을 견딜 수가 없어서다. 사람들과 사귀고, 다른 곳으로 이동하거나 여행하는 것도 내면의 공허와 권태에 몰려서다. 그러한 사람의 정신에는 독자적으로 움직일 원동력이 부족하다.

그래서 술을 마셔서 그 원동력을 높이려고 한다. 이런 방법으로 결국에는 정말 술주정뱅이가 되는 사람이 많다. 이렇게 되면 오히려 그 때문에 외부의 끊임없는 자극이 필요해진다. 그것도 가장 강렬한 자극, 즉 자기와 같은 술주정뱅이가 주는 자극이 필요해진다. 이러한 자극이 없으면 정신은 자신의 무게를 감당할 수 없어서 내려앉아버리고, 밀어닥치는 듯한 혼수상태에 빠진다.

지적 수준이 높은 사람은 고독으로 두 가지 이익을 얻는다. 하나는 자기 자신과 함께하는 이익이며, 다른 하나는 다른 사람과 함께하지 않는다는 이익이다. 교제에 많은 강제와 불화 또는 위험이 내포되어 있다는 사실을 잘 생각해보면 후자의 이익이 높이 평가될 것이다.

라브뤼예르*는 "우리의 불쾌감은 모두 혼자 있을 수 없다는 데서 일어난다"라고 말했다. 사교 모임에서 우리가 접촉하는 대다수 인간은 도덕적으로는 악인이며 지적으로는 우둔하든가 멍청하므로 사교는 위험하고 해롭다. 비사교적인 인간이란 사교가 필요하지 않은 사람이다. 우리의 고뇌가 대부분 사교에서 생기며, 건강 다음으로 가장 본질적인 행복의 요소를 이루는 정신의 안정이 사소한 사교 때문에 위험해진다.

그런데 정신의 안정이란 상당한 정도의 고독이 없으면 지속할 수 없다. 따라서 사교계 없이 정신을 안정시킬 수 있는 고독을 몸에 지니는 것은 커다란 행복이다. 정신의 평정이라는 행복을 얻기 위해 퀴닉스학파의 사람들은 모든 재산을 단념했다. 이러한 의도에서 사교계를 단념하는 사람이 있다면 가장 현명한 방법을

---

* Jean de La Bruyère, 1645~1696. 프랑스의 작가이자 풍자적 모럴리스트다.

취했다고 할 수 있다.

베르나르댕 드 생피에르†의 "음식의 절제는 우리에게 육체의 건강을 주고, 우호의 절제는 정신의 평정을 준다"라는 말은 적절한 명언이다. 그러므로 일찍부터 고독에 길들고, 더구나 고독을 사랑하는 경지에 이른 사람은 금광을 얻은 것과 같다.

그러나 이는 결코 누구나 할 수 있는 일이 아니다. 처음에 필요 때문에 모인 사람들은 필요가 없어진 후에는 권태를 없애기 위해 다시 모이기 때문이다. 인간은 자신을 볼 때 자신만이 중요하고 비할 수 없는 그 무엇을 가지고 있다고 여기지만, 세상의 혼잡 속에서는 이 중요성이, 이 비할 수 없는 그 무엇이 어떤 행동을 할 때마다 무참히 부인당하고 흔적도 없어질 만큼 작아진다. 그래서 세속에서 자신의 고유성을 지키고 보존하는 길은 고독을 가까이하는 것밖에 없다. 고독할 때 우리는 고유한 개체가 된다. 이 의미에서 고독은 인간 각자의 자연 상태며, 고독을 통해 인간은 원시인 아담으로서 자신의 본성과 합치하는 원시적인 행복으로 되돌아간다.

그러나 아담에게는 아버지도 어머니도 없었지만 우리 인간은 처음부터 혼자가 아니고 양친과 형제라는 공동체 속에 있었다. 이런 의미에서 보면 인간에게 고독은 자연스럽지 않다. 그렇다면 고독을 사랑하는 마음은 본원적인 경향으로 존재하지 않고 경험과 숙려의 과정을 거쳐서 나중에 생긴다고 할 수 있다.

---

† Jacques-Henri Bernardin de Saint-Pierre, 1737~1814. 프랑스의 소설가, 박물학자다.

더구나 고독은 자신의 정신적인 능력의 발달에 따라서 생기지만, 나이를 먹으면서 생기기도 한다. 전체적으로 본다면 인간 각자의 사교 본능은 아마도 그 나이와 반비례할 것이다.

어린아이는 단지 몇 분만이라도 혼자 내버려 두면 벌써 무섭고 서러워서 소리를 지른다. 소년에게는 혼자 있는 것이 커다란 벌이다. 청년은 아무튼 종종 서로 모이는데, 그중에서도 우수하고 식견이 높은 청년은 일찍부터 고독을 찾아가기도 한다. 그렇지만 이들에게도 하루 내내 혼자 지내는 것은 괴로운 일이다.

이들과는 반대로 장년에 이른 자는 쉽사리 혼자 있을 수 있다. 나이가 들면 들수록 쉽게 그렇게 할 수 있다. 이제는 단절된 세대로서 혼자만 살아남아서 새삼 인생의 향락을 구할 수도 없고 또 그러한 향락과는 인연도 끊어진 백발 노인에게는 고독이야말로 희구하는 세계다.

각자의 마음속에 있는 고독의 경향은 그 사람의 지성의 깊이에 비례해서 깊어지는 듯하다. 이 경향은 앞에서도 말했듯이 인간의 갖가지 욕망에 따라 직접 생겨난 순수하고 자연스러운 경향이 아니고 오히려 자신이 겪어온 경험과 그러한 경험에 대한 반성에서 생긴 결과고, 특히 인간은 도덕적으로나 지적으로나 비참하다는 통찰을 얻은 결과기 때문이다.

특히 개개인의 마음속에서 도덕적인 불완전과 지적인 불완전이 무리를 지어 상호 작용하기 때문에 보통 사람들끼리의 교제를 즐겁지 못한 것, 오히려 견딜 수 없는 것으로 만들어버리는 극도로 불쾌한 갖가지의 현상으로 나타난다. 이는 인간의 비참함 중에서 가장 곤란하고 나쁜 점이다.

사실 이 세상에는 여기에서 연유하는 엉터리 같은 나쁜 것이 다소 있지만 가장 나쁜 것은 사교계다. 그러므로 볼테르는 사교를 좋아한다는 프랑스 사람이지만 "이 세상에는 말을 건넬 만한 가치도 없는 사람이 굉장히 많다"라고 말할 수밖에 없었다. 평생 끔찍이도 변함없이 고독을 사랑했던 온후한 페트라르카도 자신의 이러한 경향을 다음과 같이 설명했다.

나는 언제나 고독한 삶을 희구해왔습니다.
들이나 숲이나 실개천에 물어보십시오.
머리가 둔한 사람들을 피하고 싶어서입니다.
광명의 길을 걷기에는 믿을 수 없는 사람들을.

페트라르카는 이 문제를 그의 명저 《고독한 생활》에서 같은 취지로 상세히 설명했다. 이 책은 또한 요한 치머만*이 고독에 관한 유명한 자신의 책을 쓸 때 모범으로 삼은 듯도 하다. 이처럼 비사교성의 기원이 부차적, 간접적인 것에 지나지 않는다는 점을 샹포르는 "혼자 생활하는 사람을 보면 저 사람은 사교계를 좋아하지 않는다고들 한다. 이는 어떤 사람이 봉디 숲을 밤에 거닐기 좋아하지 않는다고 해서 그 사람이 산책을 싫어한다고 단정하는 것과 같다"라고 풍자적으로 표현했다.

고독은 뛰어난 정신을 가진 사람들의 숙명이다. 이러한 고독에

---

* Johann Georg Zimmermann, 1728~1795. 스위스의 의사이자 철학자다.

그들은 장탄식하지만 그래도 두 가지 재앙 중에서 가벼운 것으로 틀림없이 고독을 택할 것이다. 그리고 나이가 들면서 고독에 대처하는 방법이 현명해지고 차츰 자연스러워져 60대가 되면 아주 자연스러운 충동으로 고독을 희구하는데 이는 오히려 본능적이다. 모든 상황이 합쳐지면서 이 충동을 촉진하기 때문이다.

그리고 이 시기에는 가장 강렬한 사고 충동인 호색과 성 본능이 활동을 멈출 뿐 아니라 나이가 들어 성적으로 초월하면 자족감이 생겨, 어느덧 사교 본능을 완전히 흡수해버린다. 수없는 잘못과 어리석음에서 해방되고 생활은 이제 거의 능동적이며 아무것도 기대할 것이 없어진다. 또한 계획도 의도도 없고 자신이 속했던 세대의 사람들은 이제 살아 있지 않다. 다른 세대의 사람들에게 둘러싸인 자신은 이제 객관적으로나 본질적으로도 혼자다.

더구나 시간은 빨리 흐른다. 정신적으로는 아직도 시간을 활용하고 싶어 한다. 두뇌가 그 활동력을 잃지만 않았다면 지금이야말로 여태까지보다 훨씬 재미있고 쉽게 활동할 수 있으며 이전에는 모호하던 무수한 사물도 이제는 뚜렷이 볼 수가 있다.

여러 가지 결론을 도출할 수 있을 듯하고, 아무튼 자신의 우월함을 충분히 느낄 수 있다. 서로 안다는 점만으로 매력을 느낄 수 있는 부류의 사람들에게는 거의 속하지 않으므로 오랜 경험 덕택에 그들에게 많은 것을 기대하는 일도 없다. 오히려 아주 운이 좋은 경우를 제외하고는 만나지 않는 게 더 나은, 인간 본성의 결함을 그대로 드러내는 사람밖에 만날 수 없다는 점도 알고 있다.

그러므로 이제는 예사로운 착각 따위에 빠질 염려도 없다.

누구를 봐도 어떠한 인물인지를 금방 알 수 있으므로 친교를 맺고 싶다는 생각도 좀처럼 일어나지 않는다. 더구나 젊었을 때부터 고독에 익숙했다면, 자기 자신을 벗으로 삼는 습관이 생겨 고독이 거의 완전히 제2의 천성이 된다. 이전에는 사교 본능과 싸워서 겨우 얻었던 고독을 이제는 아주 자연스럽고 담담하게 사랑할 수 있다.

고독은 물고기가 물속에 있는 것과 같다. 그러므로 적어도 다른 사람과는 완전히 다른 뛰어난 개성, 그러한 의미로 독립적인 개성을 가진 사람은 젊었을 때는 본질적인 고립 때문에 압박감을 느끼지만, 노년에는 오히려 홀가분함을 느낀다.

이처럼 노년의 현실적인 이점을, 결국은 누구나 다 그 지적 능력에 따라 얻는다. 훨씬 뛰어난 머리를 가진 사람이 누구보다도 더 많은 이점을 얻는다는 사실은 말할 필요도 없다. 그러나 누구든지 조금씩은 고독을 얻는다. 나이가 들어서도 여전히 옛날 그대로의 사교성을 잃지 않는 사람은 천성이 매우 빈약한 열등 인간뿐이다. 그러한 사람은 이전에는 사교계에서 초청받았겠지만 이제는 성가신 존재일 뿐이며, 많이 양보해서 너그럽게 봐주는 정도다.

나이와 사교성은 서로 반비례한다는 위의 관계에서 우리는 목적론적인 면도 찾아볼 수 있다. 인간은 젊으면 젊을수록 그만큼 다양한 공부가 필요하다. 그런데 인간은 자연의 지시에 따라서 상호 교육을 받을 수 있다. 이 상호 교육은 자신과 동류의 사람들과 교제하는 과정에서 누구나가 받는 교육으로 자연이 세운 계획과는 동떨어진 책이나 학교가 인위적인 시설인 데 반해, 사교계는 상호 교육이라는 점에서 본다면 벨-랭커스터식 교육 기관*이라고 할 수 있다. 그러므로 젊은 사람일수록 더 부지런히 이 자연의 교육 기관으로 찾아든다는 사실은 상당히 의미 있는 일이다.

호라티우스는 "완전한 행복은 없다"라고 말했고, 인도의 속담에도 "줄기 없는 연꽃은 없다"라는 말이 있다. 사실 고독에도 여러 가지 장점이 있는 반면에 사소하기는 하지만 결점과 괴로움도 있다. 그러나 이 결점과 괴로움은 사교계의 결점과 괴로움에 비하면 아무것도 아니다. 그러므로 재질이 상당히 풍부한 사람이라면 사람을 상대하는 삶보다 오히려 상대하지 않는 삶이 편안할 것이다.

이 결점 중에서 자칫 다른 결점만큼 의식하기 쉽지 않은 결점이 하나 있다. 줄곧 집에만 들어앉아 있으면 신체가 외부의 영향에 민감해져서 조금만 찬바람을 쏘여도 바로 몸에 반응이 오듯이, 오랫동안 은둔하다 보면 고독 때문에 감정이 민감해져서 아무것도 아닌 일이나 말에도, 심할 때는 상대방의 표정에서조차도 불안감이나 모욕감을 느끼고 명예를 침해당했다고 느낀다. 이런 결점과 달리 언제나 세상의 분주한 움직임 속에 있는 사람은 여기에 조금도 개의치 않는다.

그런데 인간에게 불만을 느끼고 때때로 고독한 세계로 물러앉는 경우, 무엇보다도 나이가 젊다는 이유로 장기간에 걸쳐서 고독한 세계의 적적함을 견디지 못하는 사람이 있는데, 그러한 사람에게는 사교계에 들어가더라도 자신의 고독을 어느 정도 지

---

*   19세기 초에 정착된 교육 방법으로 앤드루 벨과 조지프 랭커스터가 개발했다.

속하는 습관을 붙이라고 권하고 싶다.

즉, 자기 생각을 바로 다른 사람에게 이야기한다든가 또 다른 사람이 말하는 내용을 그대로 받아들이지 말고, 오히려 도덕적으로나 지적으로 다른 사람의 말에 별로 기대하지 말며, 다른 사람의 의견에는 언제나 떳떳한 관용을 가장 확실히 발휘할 수 있는 무관심한 태도를 단단히 몸에 지니는 것이 좋다. 그러면 몸은 다른 사람들 속에 있으면서도 완전히 사교 모임에 빠져버리는 일도 없고, 오히려 다른 사람을 아주 객관적인 태도로 바라볼 수 있다. 이렇게 하면 사교계와 과히 긴밀한 접촉을 하지 않아도 좋고 또 그 덕분으로 조금이라도 더럽혀진다든가 상처를 입는다든가 하는 일도 없을 것이다.

이처럼 사교성을 억제한다든가 혹은 사교성에서 자신을 지키기 위해 보루를 쌓는다든가 하는 일을 극적으로 묘사한 모라틴†의 《신작 희극》이 있는데, 특히 1막 2장, 3장에 나오는 페드로의 성격 부분이 읽을 만하다. 이런 점에서는 사교계를 불에 비유할 수도 있다. 영리한 자는 적당한 거리를 두고 불을 쬐지 바보처럼 불 속에다 손을 집어넣지는 않는다. 그러나 어리석은 대다수 인간은 불 속에 손을 집어넣어 화상을 입은 후에야 비로소 차가운 고독으로 달아나 불이 타고 있어 곤란하다고 탄식한다.

10

질투는 자연스러운 인간의 속성이다. 그렇지만 질투는 죄악인 동

---

†   Leandro Fernández de Moratín, 1760~1828. 스페인의 극작가다.

시에 불행이기도 하다.* 그러므로 질투를 우리 행복의 적이나 악마로 보고 없애도록 노력해야 한다.

세네카는 "자신의 것을 다른 것과 비교하지 말고 기뻐하자. 자기 이상의 행복을 보고 괴로워하는 자는 결코 행복해지지 않는다", "참으로 많은 자가 너보다도 앞서 있는 것을 본다면, 참으로 많은 자가 너보다도 뒤처져 있다는 것을 생각하라"는 말로 질투를 없애라고 조언했다. 그러므로 자신보다 좋아 보이는 사람보다도 나빠 보이는 사람을 많이 보도록 해야 한다. 그뿐 아니라 재앙이 생겼을 때 가장 좋은 위안(물론 이 위안은 질투와 같은 원천에서 흘러나온다)은 자신의 고뇌보다도 더 커다란 고뇌를 바라보는 것이다. 그다음으로는 자신과 같이 궁지에 몰린 사람, 즉 같은 재앙을 만난 사람과 사귀는 것이다.

질투의 능동적인 면은 이쯤 해두자. 질투의 수동적인 면을 말하자면 질투는 어떠한 미움보다도 융화시키기가 어렵다는 점이다. 그러므로 종종 질투를 유발하는 일은 삼가야 한다. 남에게 질투받는다는 것은 다른 많은 향락과 마찬가지로 위험한 결과를 수반하니, 이러한 향락은 거절하는 것이 좋다.

이 세상에는 세 종류의 귀족이 있는데 첫째는 출생 계급에 따른 귀족, 둘째는 돈에 따른 귀족, 셋째는 정신적인 귀족이다. 정신적인 귀족이 본래의 귀족으로 지속적인 노력만 하면 최고의 귀족으로 인정받는다. 일찍이 프리드리히 대왕†은 "탁월한 정신은

---

* 질투는 그 사람이 자신을 얼마나 불행하게 여기는지를 표시한다. 다른 사람의 언동을 늘 주의하고 있다는 것은 그 사람이 얼마나 권태로운지를 나타낸다. (원주)
† 프로이센의 왕 프리드리히 2세를 가리킨다.

군주와 동렬이다"라고 말했다. 대신과 장군들이 신하들의 식탁에서 식사할 때, 군주와 왕자만 앉는 자리에 볼테르를 앉도록 권한 일을 언짢게 여긴 궁내 대신에게 한 말이다.

이 세 종류의 귀족은 모두가 다 질투하는 사람들의 무리에 둘러싸여 있다. 사람들은 이 귀족에 속하는 자 누구에게나 은근히 미움을 품고 있고, 일단 대단치 않은 상대로 보이면 '너는 우리보다 조금이라도 낫지 않다'라는 점을 상대방에게 알리려고 온갖 수단을 동원한다. 그러나 이러한 술책은 오히려 그들이 상대의 우월을 확신한다는 점을 스스로 인정하는 꼴이다.

이렇게 질투받는 사람이 취해야 할 대책은 이러한 무리에 속하는 사람을 한 사람도 가까이하지 않도록 하고, 그들과의 접촉을 가능한 한 피해 넓은 고랑으로 그들과 자신 사이에 간격을 만들어두는 일이다. 어렵다면 그들의 술책을 아주 태연하게 인내하면 된다. 그들이 아무리 술책을 부려도 아무 효과가 없다는 것을 알 수 있도록 말이다. 사실 이러한 술책에 대한 위와 같은 대책은 일반적으로 쓰이는 방법이다.

이에 반해 세 종류 중 어느 하나에 속하는 자는 다른 두 종류에 속하는 사람과 대개 서로 질투하는 일 없이 잘 협조한다. 각자가 자신의 우월성을 상대의 우월성에 대항시키기 때문이다.

11

계획은 실천에 옮기기 전에 충분히 재고하는 것이 좋다. 인간의 인식은 불충분해서 모든 점을 철저히 다 생각한 후에라도 규명이나 예견할 수 없는 상태, 더구나 전체의 계산을 그릇되게 만드는 상태가 여전히 남아 있을지도 모르기 때문이다. 이 상태에서는 대개 소극적인 면에 중점을 두어서, 필요하지 않는 한 중요한 문제에는 전혀 손을 대지 않는 것이 좋다고 생각한다. 소위 평지에 풍파가 일지 않기를 바라는 것이다.

그러나 한번 결심이 서서 일에 착수한 이상 결과를 기다릴 수밖에 없으므로 이미 실천에 옮긴 일을 자꾸만 다시 생각한다든가 일어날지도 모르는 위험을 미리 염려하며 근심하지 않는 것이 좋다. 일을 어느 정도 진행한 상태라면 모든 점을 사전에 충분히 다 생각했다는 확신을 가지고 머릿속의 생각을 그대로 지켜나가는 편이 좋다. "안장을 단단히 매고 달려라"라는 이탈리아 속담에도 이러한 조언이 들어 있다. 괴테는 이 속담을 "안장을 잘 놓고 말을 부려라"라고 번역했다(《속담 형식》이라는 제목이 붙은 괴테의 잠언 대부분은 거의 이탈리아 속담을 번역한 것이다). 이렇게 하는데도 불가피한 결과가 생긴다면 인간계의 일이 모두 우연과 오류에 지배받기 때문이다.

세계에서 가장 현명한 사람으로 꼽히는 소크라테스는 다만 일신상의 일을 올바르게 처리하기 위해서, 아니 적어도 실수를 피하기 위해서라도 다이모니온*의 경고가 필요했다. 이 사실은 인간의 지성이 이러한 목적을 완벽하게 이룰 수 없다는 점을 증명한다.

그러므로 역대 교황 중에 누군가가 "우리가 부딪히는 모든

---

* '불가사의한 신령스러운 것'이라는 뜻이다. 소크라테스가 마음속으로 자주 들었다고 하며 주로 금지의 소리로 나타났다고 한다.

불행은 적어도 어떤 점에서는 우리 자신의 책임이다"라고 한 말은 모든 경우에 무조건 적합한 진리라고는 할 수 없다. 물론 대부분의 경우에는 진리이지만……. 또한 세상 사람들이 자신의 불행은 되도록 감춰두고 행복한 듯한 표정을 짓는 것도 앞에서 말한 책임 의식이 크게 작용하기 때문이다. 즉, 괴로운 듯한 표정을 하고 있으면 세상 사람들이 자신에게 그 책임이 있다고 할까 봐 염려한다.

12

이미 불행한 사건이 일어나버려서 도무지 어떻게 할 수 없을 때 '이렇게 했더라면 괜찮았을 텐데'라든가 '어떻게 했다면 미리 방지할 수 있었을까'라는 생각은 하지 않는 것이 좋다. 그런 생각을 하면 오히려 괴로움만 더해져 견딜 수 없다. 그보다는 차라리 다윗 왕의 방법을 배우는 것이 좋다.

다윗 왕은 아들이 병약해 누워 있는 동안에는 쉬지 않고 여호와에게 애원했으나 아들이 죽고 나자 한마디 말로 여호와를 조롱했을 뿐 다시는 여호와를 생각하지 않았다. 그러나 이처럼 마음이 홀가분해지지 않는 사람은 모든 일이 필연적으로 일어나고 따라서 어쩔 수 없다는 거대한 이치를 깨달으며 숙명론의 입장을 취한다.

그렇기는 하지만 이 원칙은 일면적이다. 불행을 당했을 때 우리 마음을 가볍게 하고 진정시키기에는 이 원칙이 알맞을지 모른다. 그러나 적어도 우리 불행에 대한 책임의 반이 자신의 부주의나 무모함에 있다고 한다면, 분하더라도 '어떻게 했다면 이 불행을 예방할 수 있었을까'를 거듭 생각하는 것이 자숙하여 스스로 경계하는 뜻에서뿐 아니라 장래를 위해서도 자신에게 유익한 응징일 수 있다.

더구나 자신이 잘못을 저질렀을 때 대개는 불행하게도 구차한 변명을 한다든가 대단한 잘못이 아니라는 듯이 여기려 하지만, 그러한 태도를 취하느니 차라리 깨끗이 그 잘못을 인정하고 차후에는 그러한 잘못을 되풀이하지 않아야겠다는 결심을 해야 한다. 물론 이는 자기 자신에게 정이 떨어지는 매우 괴로운 일이겠지만 자책을 모르는 사람은 교육이 없는 사람이다.

13

적어도 행복이나 불행에 관한 모든 일에서 상상력을 억제해야 한다. 무엇보다도 사상누각을 세우지 말아야 한다. 사상누각은 세우는 그 순간부터 한숨과 함께 무너뜨려야 할 성질을 가지고 있어서 희생이 너무나도 크다. 그러나 사상누각 못지않게 언제 일어날지 모를 재앙을 이럴 것인가 저럴 것인가 상상하여 마음을 불안하게 하는 일이 없도록 주의해야 한다.

가령 이 재앙이 완전히 뜬금없는 일이거나 혹은 억지스러운 일이었다면, 그러한 꿈에서 깨어난 후에는 모든 것이 거짓이었다는 사실이 바로 판명이 나고 그만큼 현실이 더 낫다고 기뻐할 것이다. 여기서 뭔가를 얻는 바가 있다고 하더라도, 이는 생길지도 모르지만 아직은 아닌, 먼 곳에 있는 재앙에 주의하라는 훈계 정도일 터다.

그러나 우리가 상상하는 것은 이러한 종류의 재앙이 아니다.

한가한 틈을 타서 상상력이 그려내는 것은 고작해야 즐거운 사상 누각 정도다. 다소간 현실에 위험을 주는 재앙이 상상의 재료다. 이러한 재앙을 상상력을 넓혀서 그 가능성을 실제 이상으로 여기고 터무니없이 두렵게 그려내는 것이다.

이러한 꿈은 즐거운 꿈과는 달라서 눈을 뜬 후라도 이내 털어버릴 수 없다. 즐거운 꿈은 현실에 곧 깨지고 고작 가능성의 품속에 엷은 희망을 남기지만, 음침한 공상에 사로잡히면 쉽사리 달아날 수 없다. 이런 경우 일반적으로 일이 일어날 가능성이 틀림없이 있는데도 이 가능성의 정도를 측정할 방도가 전혀 없기 때문이다. 그러면 가능성이 개연성, 즉 확정적인 것으로 변하여 우리는 불안에 사로잡히고 만다.

그러므로 행복과 불행은 이성과 판단력의 눈으로 보는 데 그치고 감정을 냉각시켜 썩지 않는 순수한 개념을 창출해 추상적으로 보고 대처해야 한다. 이때는 상상력을 펼치지 않는 것이 좋다. 상상력에서는 판단을 바랄 수 없다. 상상력은 단지 사물의 모습을 눈앞에 펼칠 뿐인데 사람의 마음은 사물의 모습에서 충격을 받는다든가 심한 괴로움을 느낀다.

상상력을 펼쳐서는 안 된다는 원칙은 특히 밤에 잘 새겨야 한다. 밤에는 마음이 풀리기 때문에 어둠 속에 있으면 두려워지고 사방에 괴물이 보이는 듯하다. 관념의 모호함도 어둠과 같다. 이런 작용은 모든 불확실성이 불안을 낳기 때문에 일어난다.

밤에 분별력과 판단력이 주관적인 어둠에 싸이면 지성이 지쳐서 안정을 잃고, 사물의 궁극에까지 생각할 만한 힘이 없어진다. 그러면 우리의 명상 대상은, 특히 그 대상이 우리 신변에 대한 거라면 어딘가 위험해 보이고 괴물처럼 보인다. 밤에 잠자리에 든 후로는 마음이 완전히 풀리고, 그 때문에 판단력도 전혀 움직이지 않는다. 오히려 상상력이 활발하게 활약하므로 이러한 경향이 아주 심해진다.

이때는 무엇이든 모두가 어둠같이 검은빛을 띤다. 그러므로 잠들기 전이라든가 밤중에 잠이 깼을 때의 관념은 대개 꿈과 사물을 심히 왜곡하거나 전도시킨다. 게다가 그 관념이 신변에 관한 거라면 칠흙같이 어두운 관념이며, 오히려 보통은 설득당한 관념이다. 아침이면 이러한 괴물들은 꿈과 함께 모두 사라져버린다. "밤에는 빛깔이 물들어 있고, 낮은 하얗다"라는 스페인 속담은 바로 이런 의미다.

육안이 그렇듯이, 아직 초저녁 무렵이긴 하지만 판별력은 낮보다 못하다. 그러므로 이 시간은 중대 문제, 특히 불쾌한 문제를 생각하기에는 적합하지 않다. 그런 문제는 아침에 생각하는 것이 좋다. 일반적으로 아침은 정신적인 일이든 육체적인 일이든 어떠한 일에도 적합한 시간이다. 아침은 인생의 청춘 시대와 같아서 힘찬 마음으로 모든 능력을 뜻대로 구사할 수 있다. 늦잠을 자서 단축한다든가 적당치 않은 일이나 잡담으로 허비하지 말고 아침 시간을 인생의 정수로 여기고 신성시해야 한다. 이와 반대로 밤은 인생의 만년과 같다. 밤이면 무기력하고 수다스러워져서 경솔해진다. 하루하루가 작은 일생이다. 매일매일의 기상이 작은 출생, 매일 아침의 신선한 시간이 작은 청춘, 매일 밤 잠자리에 드는 것이 작은 죽음이다.

그러나 일반적으로 건강 상태, 수면, 음식, 기온, 날씨, 환경,

그 밖의 여러 가지 외부 조건이 우리 기분에 커다란 영향을 주며, 또 그 기분은 우리의 사상에 커다란 영향을 준다. 그러므로 어떤 문제에 대한 견해뿐 아니라 어떤 일을 하는 능력 역시 시간에 따라서 크게 좌우될 뿐 아니라 장소에도 지배받는다.

상쾌한 기분을 주의하여 포착하라.
그러기 매우 드물 수밖에 없으니
/ 괴테

14

무엇이든지 자신에게 없는 것을 보면 "이것이 내 것이라면 얼마나 좋을까"라고 곧잘 생각하기 마련인데, 여기에서 부족감이 생긴다. 그보다는 차라리 자신이 가지고 있는 것을 "이것이 내 것이 아니라면 어떨까"라고 자신에게 물어보라. 재산이든, 건강이든, 친구나 애인이나 처자식이든, 말이나 개든, 무엇이든 자신이 가지고 있던 것을 잃어버렸다면, 잃어버린 것이 자신에게 이러이러하게 여겨지리라는 각도에서 바라보려 노력해야 한다. 대개 잃어버린 후에야 비로소 그 가치를 알기 때문이다.

여기에서 권하는 방법으로 사물을 보면 첫째, 사물을 소유한다는 그 자체에서 지금까지보다 더 행복해질 것이고, 둘째로는 어떻게든지 잃어버리지 않으려고 노력할 것이다. 즉, 재산을 위험에 내맡기지 않고 친구를 골탕 먹이지도 않으며, 아내의 정조를 시험하러 유혹 속에 던지지도 않고, 아이들의 건강을 감독하는 데도 게을리하지 않을 것이다.

투기적으로 유리한 가능성만을 믿고 현재의 우울한 면을 밝게 하려고 여러 가지 가공의 희망을 생각해내는 수가 많은데, 이러한 가공의 희망은 모두 환멸을 품고 있어서 그 희망이 준엄한 현실에 부딪혀서 깨지면 환멸을 면할 수 없다. 불리한 가망성은 얼마든지 있으므로 이를 기대하는 것은 오히려 방지하는 조치일 뿐 아니라, 그러한 불리한 가망이 실현되지 않고 지나간다면 뜻밖의 기쁨이므로 그편이 훨씬 낫다. 얼마간의 불안을 견뎌낸 후에는 틀림없이 눈에 띄게 명랑해지기 때문이다.

어쩌면 당황할는지도 모를 커다란 재앙을 때때로 상상해보는 것도 좋은 일이라고 할 수 있다. 그러면 후에 실제로 일어난 훨씬 작은 재앙을 더욱 쉽게 견뎌낼 수 있고, 상상한 만큼의 큰 재앙이 일어나지 않았다는 데서 마음의 위안을 얻을 수 있기 때문이다. 그렇다고 앞에서 말한 원칙을 소홀히 해서는 안 된다.

15

우리와 관계있는 문제나 사건은 무질서하게 상호 관계도 없이 현저한 대조를 보이기 때문에 이들은 모두 우리의 문제라는 점 이외에는 하등의 공통점도 없이 나타난다. 그리고 복잡하게 얽혀있기 때문에 우리의 사고를 거기에 적용하려고 하면 사고 역시 마찬가지로 얽힐 수밖에 없다. 그러므로 다른 일에는 전혀 개의치 않고서 일을 하나하나 그 자리에서 처리하고, 향유하고, 견뎌나가려면 한 가지의 일을 다룰 때는 다른 모든 것은 안중에 두지 말고 초연해야만 한다. 말하자면 생각을 분류하는 서랍장을 설치해 한 서랍을 열 때는 다른 서랍은 모두 닫아두어야 한다. 그렇게

만 하면 무겁게 밀려드는 걱정거리 때문에 현재의 흐뭇한 향락마저도 침해받아 마음의 안정을 모두 빼앗긴다든가, 하나의 생각이 다른 생각을 밀어낸다든가, 또는 어떤 중대 문제에 대한 염려 때문에 작은 문제들을 소홀히 다룬다든가 하는 일이 없어진다.

특히 고상하고 훌륭하게 바라볼 줄 아는 능력을 갖춘 사람이라면 신변 문제나 저속한 걱정에 마음을 완전히 빼앗겨 고상하고 훌륭하게 바라볼 수 있는 여지를 잃어버릴 정도가 되어서는 안 된다. 이야말로 순전히 '생활 때문에 유일한 삶의 보람을 잃는' 일이다. 이처럼 우리가 자신을 어느 방향으로 혹은 한 방향에서 다른 방향으로 유도하려면 다른 많은 경우처럼 자제가 필요하다는 점은 두말할 나위도 없다.

그러나 사람은 모두 생활에 없어서는 안 될 외부의 커다란 강제를 참지 않으면 안 된다. 이를테면 원을 중심의 가장 가까이에서 조그맣게 잘라내도 그 작은 원이 백 배나 큰 다른 원과 닮은 꼴이듯이, 약간의 자제라도 적절하기만 하다면 후에 외부의 강제를 예방할 수 있다는 점을 잘 생각하여 자제심을 높이는 것이 좋다.

외부의 강제를 피하려면 무엇보다도 자제심을 가지고 행동해야 한다. "모든 것을 네 뜻대로 하고 싶다면, 너 자신을 이성에 따르도록 하라"는 세네카의 말은 바로 이러한 뜻이다. 게다가 자제력은 언제든지 조절할 수 있어서 자신이 가장 어려워하는 문제에 스스로 자제심을 발휘하면 얼마든지 조절할 수 있다. 그러나 외부의 강제는 너그러움도 없고 무자비하다. 그러므로 자신의 자제심을 통해 외부의 강제를 줄이는 것이 현명하다.

16

개인은 모든 소망 중 아주 작은 일부분의 소망만 얻을 수 있다. 그러나 재앙은 누구에게나 무수히 내린다는 점을 언제나 명심해야 한다. 소망에 한계를 짓고, 욕망을 억누르고, 노여움을 억제하는 등 한마디로 절제와 인내를 생활의 원칙으로 지키지 않는다면 아무리 부유하고 권세가 있더라도 자기 몸의 비참함을 어떻게 할 도리가 없다.

17

아리스토텔레스가 "생명은 운동에 있다"라고 한 말은 옳다. 육체적인 생명이 끊임없는 운동을 그 본질로 하고 끊임없는 운동으로만 존립하듯이 내면적, 정신적인 생명도 언제나 할 일을 바라고 있다. 다시 말하면 행위나 사고로 무엇인가 어떤 일에 종사하기를 바라고 있다.

할 일이 없어서 멍하니 있을 때 손이나 혹은 다른 것으로 툭툭 두들기는 동작도 이 바람의 한 증거다. 즉, 우리 생활은 본질적으로 휴식을 모른다. 그러므로 조금이라도 활동하지 않고 있으면 무엇보다도 무서운 권태가 밀려와 곧 견딜 수 없다.

그런데 이러한 충동을 체계적, 효과적으로 만족시키려면 충동을 조절해야 한다. 활동, 즉 무언가 한다는 것, 가능한 한 무엇을 완성한다는 것, 적어도 무엇을 배운다는 것은 인간의 행복에 꼭 필요하다. 인간은 언제나 자기 능력을 사용하기를 바라며 그 결과를 어떠한 형태로든지 보고 싶어 한다. 여기서 최대의 만족을 얻는 방법은 무언가를 완성하는 것, 즉 무언가를 만드는 것이다. 광주리를 짜는 것도 좋고 책을 저술하는 것도 좋다.

특히 하나의 작품을 자기 손으로 만들고 머지않아 완성하는 것을 보는 데서 직접적인 행복을 얻는다. 이 행복은 예술 작품이라든가 저술, 아니 보통 일반적인 수공예에서도 느낄 수 있다.

작품이 고급일수록 향락도 더욱 고상해진다는 사실은 말할 필요도 없다. 중요하고 위대한 작품을 만들어낼 만한 능력을 자각하고 있는 재능이 풍부한 사람은 이런 점에서 가장 행복하다. 이러한 자각으로 생활하는 사람은 질적으로 수준이 높으므로 여느 사람에게서는 맡을 수 없는 고상한 향기를 가지고 있다. 그러므로 이러한 사람의 생활에 비하면 다른 사람의 생활은 참으로 얄팍하다. 즉, 재능이 풍부한 사람에게는 인생과 세계가 관심 있는 공통적인 소재를 넘어서 더욱 높은 또 하나의 관심, 즉 형이상학적이고 이념적인 관심의 표적이다.

인생은 이러한 종류의 인간이 만들어내는 작품에 필요한 소재를 저장하고 있다. 신변에 필요한 것들을 충분히 갖추고 조금이라도 숨을 돌릴 여유가 생기면 한평생 이 소재를 수집하는 데 끈기 있게 종사한다. 더구나 이러한 사람의 지성은 양면적이다. 한쪽은 다른 모든 인간의 지성과 같이 세상의 일반적인 관계(의지와 관련이 있는 문제)를 대상으로 하는 지성이며, 다른 한쪽은 사물의 순객관적인 해석을 일삼는 지성으로 이렇게 양면적인 생활을 한다. 다른 인간이 모두 배우인 데 반해, 이러한 사람은 관객과 배우를 겸한다.

아무튼 각자 자기 능력에 맞춰서 무엇을 하는 것이 좋다. 계획적인 활동이 없다면, 즉 무언가 할 일이 없는 상태가 우리에게 얼마나 불리한 영향을 미치는지는 장기간 유랑해보면 알 수 있다. 말하자면 자신에게 꼭 맞는 자연스러운 생활의 기본 바탕 속에서 억지로 바깥으로 끌려 나온 셈이므로 생각할수록 불행을 느끼는 수가 있다.

흙을 파는 것이 두더지의 욕구듯이 온몸으로 저항하여 싸우는 것이 인간의 욕구다. 향락이 계속되면 절대적인 만족을 느끼지만 인간은 이런 만족에서 오는 정체감을 견디지 못한다. 행동할 때 볼 수 있는 물질적인 장애든, 학습이나 연구할 때 볼 수 있는 정신적인 장애든, 장애를 뛰어넘으면 생활을 전폭적으로 향락할 수 있고, 장애와 싸워 이기면 인간은 행복해진다.

이러한 기회를 얻을 수 없다면 갖은 방법을 다하여 기회를 만들어내야 한다. 개성에 따라서 사냥을 한다든가, 어떠한 놀이를 한다든가 혹은 본성의 무의식적인 움직임에 이끌려 싸움을 건다든가, 음모를 꾸민다든가, 사기를 친다든가, 그 밖의 여러 가지 일을 한다. 요컨대 이 모든 것은 평온한 상태를 견딜 수 없어서 그러한 상태를 끝내려는 행위다.

18

노력은 상상력이 그려내는 영상이 아니라 명철한 사고를 거친 개념을 그 궁극적인 목표로 삼아야 한다. 그러나 대개는 반대로 행해지고 있다. 자세히 관찰해보면 일을 결정할 때 마지막 결정은 개념이나 판단이 아니라 상상력이 그려낸 영상이 내린다.

볼테르의 장편 소설인지 디드로*의 장편 소설인지 잘 생각나지 않지만, 주인공 청년이 인생의 기로에 서서 도덕을 생각할 때면 언제나 그의 스승이었던 늙은 가정 교사가 왼손에는 담배 쌈지를, 오른손에는 한 줌의 코담배를 쥐고서 도덕을 설파하는 모습으로 눈에 떠올랐고, 죄악은 어머니의 시녀 모습으로 떠올랐다.

특히 젊은 날에는 행복의 목표가 눈앞에 어른거리는 영상으로 고정되어 이 영상이 반평생, 아니 평생 변하지 않는 수가 많다. 이러한 영상은 결국 우리를 우롱하는 요괴다. 여기에 닿았다고 생각하면 어느덧 흔적도 없이 사라져버리는 것이 그 증거다. 즉, 우리는 영상이 약속을 하나도 지키지 않는다는 사실을 경험하게 된다. 가정생활, 시민생활, 사회생활, 전원생활의 각각의 장면이나 주택, 환경, 훈장, 경례 등의 영상은 모두 이러한 영상의 종류다. '어릿광대에게는 각자 좋아하는 모자가 있다.' 애인의 모습에도 이렇게 종류가 많다.

우리가 이러한 경로를 거치는 것은 어쩌면 자연스러운 과정이다. 직관적인 것은 직접적이라고 할 수 있으므로 개념처럼 추상적인 사상보다는 의지에 직접적인 작용을 한다. 개개의 것은 현실성을 포함하는데 개념, 즉 추상적인 사상은 개개의 것을 제외하고 일반적인 것만을 제시할 뿐이므로 의지에 간접적인 작용만을 할 수 있다. 그렇지만 개념만이 말을 지키므로 교양은 개념만을 신뢰한다. 그러나 물론 때로는 개념을 여러 날의 형상에 따라 예증, 설명해야 한다.

---

*   Denis Diderot, 1713~1784. 프랑스의 계몽주의 철학자이자 작가다.

19

더욱 일반적인 원칙이 앞에서 말한 원칙을 포괄한다. 여기서 말하는 일반적인 원칙이란 "눈앞에 있는 직관적인 대상에서 받는 인상을 억제하는 것이 좋다"라는 것이다. 이러한 인상은 단지 생각되고 안 것과는 비교도 할 수 없을 만큼 강렬하다. 강렬함은 인상의 소재나 내용 때문이 아니다. 소재나 내용은 극히 빈약할 때가 많아서 그보다는 인상의 상태, 즉 직관성과 직접성 때문이다. 이 직관성과 직접성은 마음에까지 작용하여 마음의 평정을 방해하거나 마음의 결심을 흔든다. 눈앞에 있는 직관적인 대상은 금방 전체를 눈으로 볼 수 있어서 그 강렬함이 언제나 그대로 생생하게 작용한다.

그러나 사상이나 논거 등은 조금씩 생각하게 하기에 시간의 여유와 마음의 안정이 필요하다. 사상이나 논거는 언제, 어느 때라도 한순간에 완전히 떠올릴 수는 없다. 그래서 생각 끝에 단념한 쾌락의 대상도 다시 보면 자극을 받을 수 있다. 이와 마찬가지로 아주 빗나간 비평에도 모욕을 느끼고 무시해버릴 수 있는 모욕에도 화가 난다. 또 어떤 위험의 존재를 부정하는 열 가지 논거도 현실적으로 존재하는 듯이 보이는 그릇된 겉모습에 압도당한다.

이러한 여러 현상은 우리 인간의 본질이 원래가 이성적이 아니라는 점을 나타낸다. 특히 여자는 이러한 현상에 쉽게 압도당한다. 또한 찰나의 인상에 영향을 받지 않을 만큼 이성적인 남자도 매우 드물다. 이성으로 인상을 아주 억제할 수 없다면, 인상을 그와는 반대의 인상으로 중화하는 것이 가장 상책이다. 이를테면 모욕의 인상은 자신을 높이 평가하는 사람을 찾아가서 중화하고,

절박한 위기에 처했을 때는 위기에 대항하는 사람의 실제 모습을 보고 중화한다.

라이프니츠*가 들려준 이야기 속 이탈리아 사람은 고문받는 동안 만약 자백하면 교수대에 매달릴 거라는 생각에 교수대의 모양을 끊임없이 상상하고, 몇 번이나 "보인다, 보인다"라고 큰 소리를 지르며 고문의 괴로움을 이겨냈다(《새로운 에세이》1권 2장). 라이프니츠는 이 "보인다"라는 말을 앞서 말한 내용과 같은 취지에서 설명했다. 자신을 둘러싸고 있는 모든 사람이 자신과 의견을 달리하고 그 다른 의견에 따라 행동하면, 보통은 모든 사람의 그릇됨을 확신하면서도 동요하게 된다. 여기에서 말한 이유로 미루어보아 이때 동요하지 않기는, 쉽지 않다.

20

위대한 인물이나 학자 중에서도 만년에는 저능해지고 유치해지고 정신 착란에 빠지는 경우가 있다. 예를 들면 월터 스콧, 워즈워스, 사우디, 그 밖의 많은 현 세기†의 저명한 영국 시인이 만년이 아니라 60대에 벌써 정신적으로 무뎌지고 무능해졌다. 그 이유는 틀림없이 그들 모두 고액의 사례금에 이끌려 직업적으로, 즉 돈 때문에 글을 썼기 때문이라고 설명할 수 있다. 사례금에 유혹당해 시를 짓는 정신에 멍에를 씌우고, 시적 재능에 매질하는 자는 애욕의 노예와 마찬가지로 속죄해야 한다. 칸트도 유명해진 뒤

---

*   Gottfried Wilhelm von Leibniz, 1646~1716. 독일의 철학자, 물리학자, 신학자다.

†   쇼펜하우어가 살던 19세기를 가리킨다.

만년에 일을 지나치게 해서 제2의 유년기라고도 할 수 있는 최후의 4년간을 만들었다. 지나칠는지 모르겠으나 나는 그렇게 생각하다.

일 년의 열두 달은 제각기 우리의 건강, 육체적인 상태, 아니 정신적인 상태에도 독특하고 직접적인, 물론 날씨와 관계없는 영향력을 가진다.

21

세상을 살아나가려면 세심한 주의와 관용을 가져야 한다. 세심한 주의로 손해와 손실을 면하고, 관용으로는 싸움을 면한다.

세상 사람과 함께 살아가야 하는 이상 어떠한 개성이라도, 아무리 졸렬하고 가련하며 우열한 개성일지라도 절대적으로 배격해서는 좋지 않다. 개성은 자연이 정하고 준 것이기 때문이다. 오히려 개성은 영원한 형이상학적 원리에서 비롯해 현재의 이러한 형태로밖에 있을 수 없는 불가결의 것이라고 봐야 한다.

아주 형편없는 개성이라고 보일 때는, '이렇게 묘한 녀석도 있구나'라고 생각하라. 그렇게 생각하지 않으면 상대방을 침해하여 생사를 걸고 도전하는 것과 같다. 상대방의 참다운 개성, 즉 그 도덕적 성격, 인식 능력, 기질, 인상 등은 누구도 변화시킬 수 없기 때문이다.

그러나 만약 우리가 그 인간의 본질적인 성격을 도덕적으로 완전히 부정한다면, 상대는 우리를 불구대천의 원수로 보고 싸울 수밖에 도리가 없다. 그 인간이 현재의 불가변적인 형태와는 다른 인간으로 변할 수 있다는 것을 조건으로 하지 않으면 그 생존

권을 우리가 인정하지 않는다는 의미기 때문이다. 그러므로 세상 사람과 함께 살아가려면 누구든, 어떠한 성질이든 간에 원래의 개성을 그대로 인정할 필요가 있고 개성을 그 특성에 맞추어 이용하도록 애를 써야 한다.

이와 반대로 개성이 변하기를 기대한다든가 개성 그대로의 형태를 무조건 도덕적으로 부정한다든가 해서는 안 된다. "나도 살고 남도 살린다"라는 말의 참뜻은 여기에 있다. 그러나 이 요구를 긍정하기는 쉽지만 실행하기는 어렵다. 그러므로 많은 개성을 가진 사람들을 언제까지나 피할 수 있는 사람은 행복하다고 할 수 있다.

어떻든 간에 인간에 대한 인내를 배우려면 역학적 혹은 그 밖의 자연적인 필연성으로 우리 행위에 완강히 저항하는 무생물을 시험대로 삼아 인내를 길러야 한다. 그런 기회는 얼마든지 있다. 다음에는 이렇게 얻은 인내를 인간에게로 옮기는 연습을 한다. 즉, 사람들이 방해하면 그 사람들의 본성에서 나온 필연성에 따른 결과가 틀림없으며, 이 필연성은 무생물 작용의 필연성과 하나라고 생각하는 습관을 기르는 것이다. 그러므로 사람의 행위에 화를 내는 것은 발 앞에 굴러온 돌멩이를 보고 화를 내는 일처럼 어리석다.

22

사람에 대한 추억은 일시적인 기분의 차이라든가 이와 비슷한 그 밖의 여러 가지 장애 요소 따위에 좌우되지 않으며, 추억 속에서 인간은 누구나 이상화된, 아니 때로는 정화된 모습이다. 이는 앞에서 말했듯이 일시적인 기분의 차이가 공동체 속에 곧잘 불화를 불러일으키는 원인이라는 점을 생각해보면 어느 정도 이해가 간다.

추억은 사진기 암상자 속의 볼록한 렌즈와 같은 기능을 한다. 추억은 모든 것을 압축해서 원래 물체보다 훨씬 아름다운 상을 만들어낸다. 남에게 그렇게 보이려면 그 자리에 있지 않으면 된다. 이것만으로도 벌써 어느 정도는 목적을 이룰 수 있다. 추억의 이상화 기능이 작업을 끝내기까지는 긴 시간이 필요하지만, 작업은 바로 시작된다. 그러므로 아는 사람이나 친구들과는 상당한 시간이 지난 후에 만나는 것이 현명하다. 그렇게 하면 다음에 만날 때 벌써 추억이 작업을 시작했다는 사실을 깨달을 것이다.

23

누구나 자기 자신 이상으로 대상을 볼 수는 없다. 누구든 다른 사람을 볼 때는 자기 자신과 같은 점 이외에는 보지 않고, 자기 자신의 지력만큼만 다른 사람을 파악하고 이해할 수밖에 없기 때문이다. 그런데 자신의 지력이 제일 열등한 부류에 속한다면, 다른 사람이 가지고 있는 정신적 재능이 아무리 위대하더라도 인지할 수가 없다.

재능을 가진 사람을 봐도 자신은 그 사람의 개성 중 제일 저급한 면, 즉 그 사람이 가진 단면적인 약점, 기질이나 성격의 결함만 인지할 것이다. 그리고 곧 그 사람이 약점이나 결함만으로 이루어진 사람으로 보일 것이다. 장님에게는 색色이 존재하지 않는 것처럼, 그 또한 상대가 가진 훌륭한 정신 능력을 감지할 수 없는 것이다. 정신은 이를 가지지 않는 사람에게는 보이지 않기 때문이다.

평가하는 사람의 인식 여하에 따라서 평가받는 사람의 가치가 달라진다. 어떤 사람과 이야기할 때 상대방 이상으로 자신이 갖춘 것은 모두 사라져버릴 뿐 아니라, 상대와 이야기하는 데 필요한 자기 부정을 상대방이 전혀 눈치채지 못하므로 이야기 상대와 자신을 동일한 수준에 놓고는 하는데, 이 역시 앞에서 말한 내용이다.

그런데 대부분은 정서도 재능도 아주 낮아서 아주 평범한 사람과 이야기하는 동안만은 자신도 평범해질 수밖에 없다는 사실을 깨닫는다. 그러면 "자신을 낮추어서 남과 사귄다"라는 말의 참뜻과 그 방법의 적절성을 완전히 이해하겠지만, 자기 본성의 부끄러운 부분을 드러내야만 사귈 수 있는 친구는 모두 피하고 싶을 것이다.

또 어리석은 바보에게 자신을 분별하는 법을 가르치는 길은 하나밖에 없다는 사실도 깨달을 것이다. 그런 사람과는 말을 하지 않는다는 방법 말이다. 그렇지만 그렇게 하면 사교계에 나가도 때로는 마치 무도회에 와보니 만나는 사람 모두가 절름발이뿐이라 누구와 춤을 추면 좋을까 망설이는 무용가와 같은 심정인 사람도 있을 것이다.

24

백 명 중의 한 명쯤은 존경할 만한 사람이 있기 마련이다. 그 사람은 뭔가를 기다릴 때, 즉 멍하니 앉아 있을 때 지팡이든 나이프나

포크든 그 밖의 무엇이든 우연히 손에 잡히는 물건으로 즉시 박자를 맞추거나 퉁탕퉁탕 소리를 내지 않는다. 그 사람들은 아마 무슨 생각에 잠겨 있을 것이다.

그러나 대부분 사람들의 행동을 보면 시각의 작용이 생각의 자리를 완전히 차지하여 사고와 대치하고 있는 모습을 볼 수 있다. 그들은 퉁탕퉁탕 소리를 내서 자신의 존재를 의식하려고 한다. 자신의 신변에서 일어나는 모든 사상을 끊임없이 온몸으로, 눈으로, 귀로 의식하려는 것도 같은 이유에서다.

25

라로슈푸코는 어떤 사람을 아주 존경하면서 동시에 아주 사랑하기란 어렵다고 했는데, 옳은 말이다. 그러므로 우리는 남의 사랑을 받으려고 노력하든가 혹은 남의 존경을 받으려고 노력하든가 둘 중 하나를 선택해야 한다고 할 수 있다.

사랑은 언제나 이기적이다. 한마디로 이기적이라고 표현했지만 여기에는 여러 뜻이 있다. 그러나 이기적인 것은 사실이다. 더구나 사랑을 얻기 위한 수단이 꼭 우리가 자랑할 만하지는 않다. 다른 사람의 정신이나 심정에 어려운 조건을 붙이지만 않는다면 대체로 남에게 사랑받는다. 다시 말하면 자신을 굽힌다든가 단지 상대방을 경멸하는 데서 생기는 관용 따위가 아니라, 진심으로 상대방을 존중하는 태도를 취하면 사랑받는다.

또 하나의 전제로 "우리를 기쁘게 하는 데 필요한 지성의 정도는 우리 자신이 가지는 정신의 정도를 추정하는 아주 정확한 척도"라는 엘베시우스*의 진실한 말을 생각해본다면, 이 두 전제에서 나오는 결론은 말하지 않아도 알 수 있다.

이에 반하여 남의 존경을 받는 일은 그 사정이 정반대다. 남의 존경을 얻으려면 다른 사람의 의지와는 달리 우격다짐으로 자신을 존경하게 해야 한다. 그렇기에 사람들은 대개 존경을 표면에 나타내지 않는다. 존경은 사랑보다 내면적으로는 우리를 훨씬 더 만족하게 해준다. 존경은 우리 자신의 가치와 관련이 있다. 이 사실은 남의 사랑에는 그대로 들어맞지 않는다. 사랑은 주관적이고 존경은 객관적인 까닭이다. 어느 쪽이 더 우리에게 유용한가 묻는다면 대답은 말할 나위도 없이 사랑이다.

26

인간은 대개 극히 주관적이며, 자기 자신 외에는 결국 아무것에도 흥미를 느끼지 않는다. 그 결과 남의 이야기를 들으면 무엇이든 곧 자기 자신의 일을 생각한다. 어쩌다 조금이라도 자신의 개인적인 일과 관계가 있는 이야기를 들으면 마음을 빼앗겨 이야기의 객관적인 주제를 파악할 여유가 없어진다.

또한 어떤 논거라도 자신의 이해나 허영심이 반대하면 조금도 인정하려 들지 않는다. 이야기를 들어도 멍하게 앉아 있거나 마음이 상하거나 모욕을 느끼거나 기분이 안 좋아지기 일쑤다. 그러므로 어떤 화제든 객관적으로 이야기하려면 화제의 내용이 눈앞에 있는 상대방에게 혹시나 무슨 상처를 주지나 않을까 하고 더할 수 없이 세심하게 주의해야 한다. 그들은 자신이 자아 이

*　　 Claude Adrien Helvétius, 1715~1771. 프랑스의 계몽철학자다.

외에는 아무것에도 관심이 없기 때문이다. 다른 사람의 이야기가 진실하고 적절하다든지, 아름답고 세련되어서 위트가 있다든지는 조금도 이해하려 들지 않는다. 대신 아주 조금이라도, 아주 간접적으로라도 그들의 시시한 허영심을 상하게 할 만한 일이나, 그들의 더할 수 없이 귀중한 자아에 뭔가 불리한 영향을 미칠 만한 일에는 지극히 섬세하고 민감하게 반응한다.

그들의 마음은 어찌나 상하기 쉬운지, 마치 부지불식간에 강아지의 발을 밟았다가 낑낑거리는 비명을 듣는 듯하다. 혹은 조금이라도 다치지 않도록 세심한 주의를 기울여야만 하는 상처투성이 환자에 비유할 수도 있다. 이런 증상이 심할 때는, 대화 중에 상대방이 지성이나 분별력을 드러내면 일을 자신의 지성이나 분별력을 충분히 감싸주지 않았다는 의미로 받아들여 바로 모욕으로 여기는 사람이 있다. 물론 그 당장에는 그 모욕감을 얼굴에 나타내지는 않는다. 그런데 그러한 때에 경험이 미숙한 자는 나중에 도대체 어떻게 그 사람의 원한이나 미움을 샀는지를 여러 가지로 생각해보지만 뾰족한 이유를 찾을 수 없다.

한편 그러한 사람은 잘 구슬리면 마음을 사기도 쉽다. 그러므로 그들의 판단은 대개가 쉽게 매수되고, 그들이 속하는 당파나 계급을 위한 발언에 지나지 않는다. 그러한 판단은 객관적이고 공정하지 않다. 이러한 일은 의지가 근본적으로 인식을 압도하고 미미한 자아 성찰이 모두 의지에 봉사해 한순간도 의지에서 벗어날 수 없는 데서 기인한다.

점성술은 모든 것을 자신과 결부해 생각하고, 어떤 사상을 보든 곧장 자기 자신으로 되돌아가서 관련짓는 불쌍한 인간의 주관성을 명확하게 입증해준다. 또한 커다란 천제의 운행을 초라한 자아와 연결 짓고, 하늘의 혜성을 지상의 싸움이나 보잘것없는 사건과 결부시킨다. 하지만 점성술은 어느 시대에나, 심지어 이미 태고 시대에도 행해졌다.

27

불합리한 것이 민중 사이에서 혹은 사회에서 논의되고 책으로 만들어져 당당한 취급을 받거나 적어도 시비의 대상이 되지 않을 때가 있는데, 그러한 불합리를 접했을 때 절망하며 '결국은 언제까지나 이러한 상태일 것'이라고 생각하면 안 된다. 그렇게 절망적으로 생각하지 말고, 시간이 흐르면서 불합리성을 점차로 논의하고 재검토하면 결국에는 올바른 판단에 다다를 것이다. 그러므로 문제의 어려움에 필적할 만한 기간이 지나면 한 사람의 명석한 두뇌를 가진 사람이 규명한 바를 거의 대부분의 사람이 이해한다는 사실을 믿고 스스로 위로하는 것이 좋다. 그리고 물론 그때까지는 참아야 한다.

둔화된 사람 사이에서 올바른 통찰력을 가진 한 사람은, 모든 교회의 탑시계가 전부 틀린 시간을 가리키고 있는 마을에서 정확한 시계를 가진 한 사람과 같다. 그 사람만은 확실한 시간을 알고 있다. 그러나 무슨 소용이 있으랴. 세상 사람이 모두 틀린 시간을 가리키는 마을의 시계에 맞춰 생활하고 있는데……. 심지어는 그 한 사람의 시계만이 바른 시간을 가리키고 있다는 사실을 알고 있는 사람들까지도 틀린 시계에 맞춰 생활하고 있는데…….

어려서 응석을 받아주며 키우면 버릇이 나빠진다는 점에서 인간은 모두 어린아이와 같다. 그러므로 남에게 너무 관대하거나 너무 상냥하게 대해서는 안 된다. 돈을 빌려주지 않아서 친구를 잃는 일은 없지만 오히려 돈을 빌려주면 친구를 잃기 쉬운 법이다. 마찬가지로 조금은 업신여기는 듯 거만한 태도로는 친구를 잃지 않지만 너무 지나치게 친절하거나 다정하게 대하면 상대가 너무 거만해지고 그 때문에 불화가 생겨 친구를 잃는 일이 많다.

특히 자기야말로 상대방에게 없어서는 안 될 사람이라고 생각하면 아무래도 가만히 있을 수가 없다. 이쯤 되면 벌써 그런 생각에 따라오는 당연한 결과로 거만스러워지고 뻔뻔스러워진다. 곧잘 어울려주고, 자주 말을 건네주고, 내밀한 이야기도 해주는 듯 보이면 어느 정도 자신이 상대방에게 필요한 인물이라는 생각을 가지는 사람이 있다. 그러면 이내 자신이 하는 일도 상대방의 마음에 들 거라고 생각해 예의의 한계를 넓히려고 한다.

그러므로 어떤 의미에서는 친밀한 관계에 적합한 사람은 드물며, 특히 자신을 굽히면서 저속한 사람과 사귀지는 말아야 한다. 더구나 어떤 사람이 나를 필요로 하는 이상으로 내가 상대를 훨씬 더 필요로 한다는 점을 상대방이 생각하도록 만들면, 상대는 내게 무언가를 도둑맞은 듯한 생각이 들 것이다. 그래서 그 보복으로 잃은 것을 되찾으려고 할 것이다.

교제의 우월성은 다른 사람이 조금도 필요하지 않다는 점을 행동으로 드러내 보임으로써 생긴다. 그러므로 상대가 남자든 여자든 그러한 상대가 없어도 얼마든지 해나갈 수 있다는 점을 때때로 느끼게 하는 방법이 현명하다. 그렇게 하면 우정은 점점 더 굳어진다. 그뿐만 아니라 대부분의 사람들에게 때로 무시하는 태도를 보이더라도 상관없다. 오히려 상대는 그만큼 그 우정을 중히 여기게 된다.

"남을 존경하지 않는 자는 존경받는다"라는 이탈리아 속담이 있다. 그러나 어떤 사람이 우리에게 대단한 가치가 있으면, 그 사람에게는 이러한 사실을 마치 범죄처럼 숨겨둘 필요가 있다. 물론 이는 유쾌하지는 않지만 엄연한 진리다. 개도 너무 다정하게 대하면 좀처럼 얌전하게 굴지 않는다. 더구나 사람이야 말할 필요도 없다.

29

고귀하고 재능이 뛰어난 사람은 인간에 대한 지식과 처세술에 심한 결함이 있다는 점을 곧잘 나타낸다. 그 때문에 속는다든가 그릇 인도받는 수가 많다. 특히 젊은 날에 심하다. 이와 반대로 천한 인간은 훨씬 빨리, 더구나 교묘하게 세상에 순응할 줄 안다. 그 원인은 경험이 없으면 선천적인 느낌으로 판단을 내려야 하는데 어떠한 경험도 선천적인 느낌과는 비할 수 없기 때문이다.

즉, 평범한 사람은 이러한 선천적 판단을 자신의 자아가 부여해주지만 고귀하고 뛰어난 사람은 그렇지 않다. 고귀하고 뛰어난 사람은 다른 사람과 완전히 다르기 때문이다. 고귀하고 뛰어난 사람이 자신의 사고와 행위를 기준으로 다른 사람의 사고와 행위를 측정한다면 그 측정은 맞지 않는다.

30

사람의 성격 중 제대로 맡겨두고 방임해도 좋은 성격은 없다. 어떠한 성격이라도 개념과 규범에 따른 지도가 필요하다. 그런데 이 지도를 철저히 시켜, 즉 타고난 본성에서 생긴 성격이 아닌 순전히 이성적인 깊은 생각에서 생긴(글자 그대로의 후천적인) 인위적인 성격을 만들어내기를 바란다면, "본성은 쇠스랑으로 깎아내도 되돌아온다"라는 말의 정당함을 곧 확인할 수 있을 것이다.

31

사람은 자신의 몸무게를 가지고 있는데도 다른 사람의 몸을 움직이려고 할 때와는 달리 자신의 무게를 느끼지 못한다. 이처럼 사람은 자신의 결점이나 악덕은 깨닫지 못하고 다른 사람의 결점이나 악덕만을 말한다. 그 대신 누구에게나 자신이 가진 악덕, 결점, 악습, 아니꼬움 등을 똑똑히 보여주는 타인이라는 거울이 있다.

그러나 대개 인간은 개가 자기 모습인 줄 모르고 거울 속 개를 다른 개라고 생각하며 짖는 것과 비슷한 행동을 한다. 남을 향한 비판은 자기 자신을 반성하는 일이기도 하다. 그러므로 다른 사람의 태도, 아니 다른 사람의 일거수일투족에 속으로 세심하고 날카로운 비판을 가하는 버릇이 있는 사람은 자신을 반성하는 사람이다. 입버릇처럼 늘 비난하는 행동을 자신은 하지 않으리라는 정의심, 적어도 그 정도의 자랑스러움과 허영심은 있을 것이기 때문이다.

관대한 사람에게는 반대의 말, 즉 자신도 어느 정도 양해받고 남도 양해해준다고 말할 수 있다. 복음서는 남의 눈에 있는 티와 자기 눈에 있는 티에 대해 훌륭한 교훈을 준다. 그렇지만 눈의 본성은 남은 보여도 자신은 보이지 않기에, 자신의 결점을 깨달으려면 자신과 같은 결점을 가진 상대방을 비난하는 것이야말로 적당한 방법이다.

자신을 교정하려면 거울이 필요하다. 문체라든가 글씨에서도 이 원칙은 들어맞는다. 문체나 글씨의 시시한 체재를 비난하지 않고 오히려 찬양하는 사람은 이를 모방할 것이다. 그러므로 독일에서는 아무리 시시한 거라도 곧 널리 퍼진다. 독일 사람이 아주 관대하다는 사실은 정평이 나 있다. 어느 정도는 양해받고 남에게도 양해해준다는 말이 독일 사람의 좌우명이다.

32

우수한 부류에 속하는 사람은 젊은 날에는 본질적이고 결정적인 인간관계와 여기서 생기는 인간 상호의 연결이 관념적인 연결, 즉 이데올로기나 사고방식, 취미, 정신 능력 등의 유사성에 기인한다고 생각한다. 그러나 나중에는 이것이 실제적인 연결, 즉 어떤 물질적인 이해에 기인한다는 사실을 깨닫는다. 실제적인 연결은 거의 모든 연결의 토대다. 그뿐 아니라 인간의 반 이상은 그 이외의 관계 따위는 전혀 모르고 있다.

그러므로 사람을 볼 때의 표준은 그 직무라든가 국적이라든가 일이라든가 가족 등 인습이 부여한 지위나 역할 등이다. 사람은 지위나 역할에 따라 분류되고 마치 생산 공장의 기계 부품처럼 취급받는다. 반면에 그 사람 자체의 독특한 면, 즉 인간으로서의 존재와 그 인격적인 특성에 따른 모습은 기분에 따라서 어쩌다 화제에 오를 뿐이며, 별다른 지장이 없는 한 누구나가 대개 다 경원하고 무시한다.

그런데 이러한 면을 중시하면 할수록 앞에서 말한 바와 같은 분류 배열이 마음에 들지 않아 그 방면에서 몸을 빼려고 한다. 그렇지만 고난과 욕구가 따르게 마련인 이 세상은 어디에 가든지 여기에 대처할 수단이 중요하고 압도적이다. 이러한 사실에 기초를 둔 것이 앞에서 말한 분류 배열이다.

33

은 대신에 지폐가 유통되듯이 세상에는 참다운 우정 대신 존경과 우정의 외면적인 과시 그리고 존경과 우정을 가능한 한 그대로 모방한 몸짓이 널리 행해지고 있다. 그러나 다른 면에서 말하자면, 실제로 참다운 존경과 우정을 받을 만한 가치가 있는 인물이 있는지도 의문이다. 아무튼 나는 그러한 과시나 몸짓보다는 정직한 개가 꼬리를 흔드는 데 더 많은 가치를 부여하고 싶다.

거짓이 없는 참다운 우정은 다른 사람의 행복과 불행에 대한 이해를 완전히 초월한 객관적인 관계를 전제로 한다. 그리고 이 관심은 자신이 친구와 진정으로 한 몸이 되는 것을 전제로 하고, 여기에서는 인간 본성이 갖춘 이기심이 큰 장애다. 따라서 참다운 우정은 바다의 거대한 괴물처럼 꾸며낸 이야기든가, 그렇지 않으면 어딘가에 실재할지 모르는 종류의 무언가다.

물론 인간 상호의 연결은 거의 천차만별인 은근한 이기적 동기를 기초로 하지만, 앞에서 말한 거짓이 없는 참다운 우정이 존재한다는 의미에서는 불완전한 것투성이인 이 세상에서 조금이라도 우정이라고 부를 만한 근거 있는 연결이 전혀 없는 것도 아니다. 가까운 친구가 우리를 험담한다는 얘기를 듣는다면 우리 대부분은 그 사람과는 더는 말하지 않으려 하고, 이게 오히려 사람과 사람 사이의 일상적인 연결 실태다. 하지만 앞에서 말한 우정이라고 불리는 연결은 이러한 일상적인 연결을 훨씬 초월한다.

누구도 인정하고 싶어 하지 않지만 뭐니 뭐니 해도 거리가 멀어서 서먹서먹해지거나 오랫동안 연락하지 않으면 모든 우정에는 해가 된다. 만나지 않는 사람은 설령 가장 사랑하는 친구라 할지라도 세월이 흐르는 사이에 어느덧 희미해져 추상적인 개념으로 변하기 쉽다. 그 때문에 우리가 보내는 관심은 차츰 이성적인, 심지어 관습적인 관심으로 변한다. 마음속에서부터 느끼는 강렬한 관심은 사랑하는 동물이라 해도 일단 눈앞에 있는 대상에 쏠린다. 이처럼 인간의 본성은 감각적이다. 괴테의 《토르콰토 타소》에 적힌 말에서도 이를 확인할 수 있다.

현재야말로 위대한 여신이다.

가정家庭의 친구라는 말이 있다. 이러한 친구는 주인의 친구라기보다 오히려 집안의 친구다. 친구들은 서로 자신이 솔직하다고 하는데 사실 솔직한 것은 적이다. 적의 비난은 입에 쓴 좋은 약으로 자신을 아는 데 쓰는 것이 좋다.

곤경에 처한 친구는 드물까? 천만의 말씀이다! 어떤 사람과 친구가 되면 이내 그 사람은 곤경에 처해 돈을 빌려달라고 할 것이다.

34

지성이나 분별을 보이는 것이 사교계에서 인기를 얻는 수단이라고 생각하는 사람이 있다면 그 사람은 아직도 풋내기다. 그 반대로 지성이나 분별을 보여서 미움과 원한을 사는 일이 대부분이다. 미움이나 원한을 품는 사람에게는 그 원인인 지성이나 분별을 비난할 자격이 없다. 게다가 상대방의 지성이나 분별을 못 본 척하는 만큼 미움이나 원한도 강하다. 얘기가 이렇게까지 온 경위는 다음과 같다.

사람은 이야기 상대인 사람이 정신적으로 크게 뛰어나다는 사실을 깨닫고 느끼면, 상대방 또한 그만큼 자신이 열등하고 저속하다는 사실을 깨닫고 느끼리라는 추론을 명료하게 의식하지는 않더라도 몰래 마음속으로는 짐작한다. 이 간략한 추론에서 더없이 강렬한 미움, 원한, 노여움이 일어난다.

그러므로 그라시안*은 "인기를 얻는 유일한 수단은 동물 중에서 가장 어리석은 동물의 가죽을 입는 것이다"라고 말했다. 지성이나 분별을 보이는 것은 모든 사람을 향해 간접적으로 그들의 무능과 우둔을 비난하는 의미기 때문이다. 거기에다 또 비열한 인간은 자신과는 반대로 우수한 사람을 보면 가만히 있지 못한다. 질투가 내밀히 소동을 부추긴다. 허영심의 만족은 세상 사람

---

*   Baltasar Gracián, 1601~1658. 스페인의 철학자이자 작가다.

들에게 우선하는 향락인데, 이 향락은 자신을 남과 비교해야 비로소 얻을 수 있기 때문이다. 그런데 인간은 어떠한 장점보다도 정신적인 장점을 자랑스러워한다. 인간은 무엇보다도 정신적인 장점 덕분에 동물보다 뛰어나다.

35

다른 사람에 대한 우리의 신뢰에는 태만과 이기심, 허영심이 가장 큰 역할을 한다. 스스로 검토하고 감시하고 실행하지 않으려고 오히려 다른 사람을 신뢰한다면 태만이 작용한 것이고, 자기 문제를 이야기하고 싶은 욕구에서 남에게 뭔가를 털어놓는다면 이기심이 작용한 것이다. 그리고 자랑하고 싶은 뭔가가 있어서라면 허영심이 작용한 것이다. 이런데도 우리는 우리가 보내는 신뢰를 상대방이 존중해주기를 요구한다.

　반대로 다른 사람이 우리를 불신한다고 노해서는 안 된다. 이 불신에는 솔직함을 중시하는 마음이 들어 있으며, 솔직함이 극히 드물기 때문에 솔직함이 실제 존재하는지조차 의심스럽다는 진실한 고백이다.

36

중국인이 으뜸으로 여기는 덕인 예의에 대해 이미 내 저서《윤리학의 두 가지 근본 문제》에서 근거 중 하나를 밝혔다. 또 다른 하나의 근거는 다음과 같다.

　예의란 도덕적으로나 지성적으로 빈약한 성질을 서로 못 본 척하고 서로 까다롭게 따지지 말자는 암묵의 협정이다. 이 협정으로 그런 성질이 다소나마 덜 드러나서 서로에게 이익이 된다.

37

다른 사람을 자기 행동의 본보기로 삼아서는 안 된다. 처한 상황이나 환경, 사정 등이 같지 않은 이상 성격의 차이가 행동에 다른 색채를 띠기 때문이다. 그러므로 "두 사람이 똑같은 행동을 해도 같지 않다"고 하는 것이다. 깊이 생각하고 똑똑히 살핀 후에 자신의 성격에 맞는 행동을 취해야 한다. 또한 실천에서도 독창성이 없으면 안 된다. 그렇지 않으면 하는 일이 그 사람답지 않을 것이다.

38

남의 의견을 반박하지 않는 것이 좋다. 남이 믿는 불합리를 일일이 설득하여 그만두게 하려고 한다면, 므두셀라만큼 나이를 먹어도 결말이 나지 않을 것이다(구약 〈창세기〉 5장 27절 참조*). 또 아무리 좋은 의도로 한 말이더라도 대화할 때 남을 바꿔보려는 의미의 말은 절대 하지 말아야 한다. 남을 교정하는 것은 불가능까지는 아니더라도 대단히 어렵고, 감정을 상하게 하기는 쉽기 때문이다.

불합리한 말을 듣고 있어서 화가 치밀어오를 듯하다면, 두 사람의 어릿광대가 연출하는 희극의 한 장면이라고 상상해볼 필요가 있다. 그렇게 하면 즉각 효과가 있다. 가장 중요한 문제에 대

---

* 해당 구절에서 므두셀라는 969세에 죽는다.

해 진지하게 가르치고 이끌기 위해 세상에 태어난 사람이 아무런 상처도 입지 않는다면, 그 사람은 운이 좋다고 말해도 좋다.

39

자신의 판단을 남이 믿어주기를 바란다면 열기를 띠지 말고 냉정하게 말해야 한다. (격렬한 감정은 모두 의지에서 비롯되기 때문에) 그렇게 하지 않으면 상대방은 이쪽의 판단이 냉정해야 할 인식이 아니라 의지 때문이라고 생각할 것이다. 즉, 인간에게는 의지가 근본적이다. 반면 인식은 이차적이고 부가된 것에 지나지 않는다. 그러므로 상대방은 의지의 흥분이 다만 판단에서 생겼다고 생각하기보다는 흥분한 의지에서 판단이 생겼다고 생각할 것이다.

40

아무리 그럴듯한 이유가 있더라도 자화자찬의 유혹에 빠져서는 안 된다. 허영심은 극히 흔하지만 자화자찬할 만큼의 공적은 드물기 때문이다. 설령 간접적으로라도 자화자찬하는 모습을 보면 남들은 허영심에서 그렇게 말하고 있다고 간주할 것이고, 어리석음을 통찰할 만한 분별력이 없다고 생각할 것이기 때문이다.

　　프랜시스 베이컨†은 "끝까지 뒷맛이 남는 것은 비방뿐 아니라 자화자찬도 마찬가지다"라고 말했는데, 그러한 의미에서 자화자찬을 적당히 하라고 권하는 것은 전혀 부당하지 않다.

---

† 　Francis Bacon, 1561~1626. 영국의 철학자이자 정치가다.

41

거짓말하고 있다는 의심이 들면 믿는 척하라. 그러면 상대방은 대담해져서 점점 더 거짓말을 하고 결국은 가면을 벗는다. 반면에 상대방이 숨기고자 하는 진실 일부를 무의식중에 말하는 것을 들었다면, 믿을 수 없다는 듯이 행동해라. 그러면 상대방이 당신의 논박에 자극받아 모든 진실의 이면을 털어놓을 것이다.

42

자기 신변의 일은 비밀로 해두는 것이 바람직하다. 선량한 친구에게조차도 그 사람이 눈으로 봐서 아는 일 이외에는 아무것도 알지 못하도록 해줘야 한다. 아무리 사소한 일이라도 그 사실이 알려져 불리해지는 경우가 때와 장소에 따라 생기기 때문이다.

자신의 분별력을 드러내 보일 때는 대체로 말하기보다 말하지 않는 편이 낫다. 말하지 않는 것은 현명함의 문제이고 말은 허영심의 문제다. 어느 쪽이든 기회는 똑같이 있다. 그러나 우리는 말하지 않는 것이 가져다주는 영속적인 이익보다도 말이 주는 일시적인 만족을 더 선호한다.

더구나 때로는 소리를 내서 한마디를 하고 나면 가슴이 후련해진다. 이러한 일은 활발한 사람에게서 곧잘 볼 수 있는데 버릇이 되면 안 되니 자제하는 것이 좋다. 이런 행동을 자주 하면 생각이 말과 친숙해져서 다른 사람과 대화할 때도 어느덧 생각이 말로 나와버리기 때문이다. 그러므로 생각과 말 사이의 간격을 넓게 벌려두는 것이 바람직하다.

43

속아서 잃은 돈만큼 적절하게 사용한 돈은 없다. 그 돈으로 바로
지혜를 산 셈이기 때문이다.

44

되도록 누구에게라도 화를 내지 않는 것이 좋다. 사람의 성격은
변하지 않는다는 점을 언제나 확신하라. 따라서 누구의 행동이든
충분히 주의를 기울여 기억해두어야 한다. 그런 다음 적어도 우
리와 관련해서만이라도 그 사람의 가치를 측정하여 그 사람에 대
한 태도와 행동을 조절해야 한다. 다른 사람의 좋지 못한 특성을
한시라도 잊으면 고생하여 번 돈을 내버리는 결과가 나온다. 그
러나 앞에서 말한 대로 하면 어리석은 친숙과 멍청한 우정을 피
할 수 있다.

　"사랑하지도 미워하지도 말라"에는 모든 처세술의 절반이
담겨 있다. 그리고 "아무 말도 하지 않고 아무것도 믿지 말라"에
는 나머지 절반이 담겨 있다. 그렇지만 사람들은 이러한 원칙이
나 이어지는 다음 원칙 같은 게 필요한 세상에 등을 돌리고 싶을
것이다.

45

노여움이나 미움을 말이나 표정으로 드러내는 일은 하찮고 위험
하며 어리석고 우습고 저속하다. 그러므로 행동 외에는 절대로
노여움과 미움을 드러내서는 안 된다. 말이나 표정으로 드러내는
것을 완벽하게 피한다면 그만큼 행동으로 완벽하게 드러낼 수 있

다. 냉혈 동물에만 독이 있다.

46

"억양을 넣지 말고 이야기하라"는 사교적인 사람들이 중히 여기는 예로부터 줄곧 이어진 원칙이다. 이 말은 자신이 한 말에 대한 판단을 남의 분별에 맡기라는 의미다. 분별력은 느려서 분별 활동이 끝나기도 전에 일은 해결되어버린다.

반대로 "억양을 넣어서 말하라"는 감정에 이야기하는 것이다. 그러면 일반적으로 모든 결과가 역으로 나타난다. 상대에 따라서는 정중한 몸짓과 다정한 목소리로 대하기만 하면 정말로 모욕적인 말을 해도 직접적인 위험은 없다.

47

인간의 생활은 오막살이, 궁전 생활, 수도원, 군대 등 어떠한 형태든 결국 같은 요소로 이루어진다. 따라서 대체로 어디에서든 생활의 모습은 같다. 생활상의 일이나 돌발 사건이나 운, 불운이 아무리 다양하더라도 과자와 같다. 실로 다양한 모양의 과자가 있다. 그러나 모두가 다 같은 원료를 반죽하여 만든 과자다.

어떤 사람이 당하는 일은 그 사람의 이야기를 들은 다른 사람이 상상한 것 이상으로, 일찍이 그 다른 사람이 당한 일과 너무나 닮아 있다. 또 인생에서 일어나는 일은 요지경 속에 비치는 그림과도 같다. 돌릴 때마다 다른 그림이 보이지만 실은 눈앞에 있는 그림과 같다.

48

옛사람은 "분별과 힘, 운이 세계를 지배하는 세 요소다"라고 아주 진실하게 말했다. 나는 마지막 요소인 '운'이 제일이라고 생각한다. 우리 생애는 달리는 배와 같다. 운, 즉 행운이나 불운은 우리를 훨씬 앞으로 급속히 내밀든가, 훨씬 뒤로 되밀기 때문에 바람의 역할을 한다.

반면에 우리의 노력과 행동은 바람에 비하면 거의 맥을 못 쓴다. 말하자면 우리의 노력은 노의 역할을 한다. 몇 시간 동안 노를 젓는 노력 끝에 얼마간 앞으로 나아가면 한줄기 돌풍이 불어와 다시 그만큼 되밀린다. 그러나 순풍이 불면 노가 필요치 않을 만큼 배를 앞으로 밀어준다. "너의 아들에게 운을 주어서 바닷속에 내던져라"라는 스페인의 속담은 운의 힘을 절묘하게 표현했다.

시간의 작용과 사물의 변화 가능성을 염두에 두고서 현재의 일을 볼 때, 즉시 그 반대를 상상해보는 것이 좋다. 즉, 행복할 때는 불행을, 우정에는 적의를, 맑은 날씨면 흐린 날씨를, 사랑에는 미움을, 믿고서 마음을 터놓을 때는 배반당하여 후회하는 장면을 하나하나 선명하게 생각하고, 또 그 반대의 경우도 하나하나 생각해보는 것이 좋다. 이렇게 하면 언제나 평정심을 잃지 않고 쉽사리 기만당하지 않기 때문에, 이는 세상을 살아가는 참다운 지혜의 지속적인 원천이 될 것이다. 물론 이는 대부분 우리가 시간의 작용을 예상한 것뿐이다.

그렇지만 사물의 무상과 변천에 대한 올바른 측정은 모든 인식 중에서도 경험이 가장 필요한 인식일지도 모른다. 사실 어떤 상태든 그 상태가 존속하고 있는 동안만은 필연적인 존재며 완전한 존재 이유가 있다. 그러므로 이번 해, 이번 달, 오늘이 모두 그야말로 영원히 필연적인 존재 이유를 유지할 듯이 보이지만 어느 해도, 어느 달도, 어느 날도 존재 이유를 계속 유지하지는 못한다. 변천만이 영속적이다.

현명한 사람은 겉으로 보이는 안정에 속지 않고 변화가 나아갈 방향을 예견한다. 반면에 사람들은 일반적으로 사물의 일시적인 상태나 그 진행 방향이 지속할 거라고 생각한다. 결과를 눈앞에서 보면서도 미래에 있을 변화의 싹을 품고 있는 원인을 이해하지 못하기 때문이다. 결과는 단지 원인을 위해 존재할 뿐 미래에 있을 변화의 싹을 품고 있지 않다.

사람들은 결과만 믿고 자신도 모르는 원인이 어떠한 결과를 초래했으니 그 원인이 결과를 유지할 수도 있으리라고 단정해버린다. 이렇게 하면 과오를 범하더라도 모두가 다 함께 범한다는 이점이 있다. 따라서 참혹한 손해 또한 모두가 똑같이 입는다. 그러나 생각이 깊은 사람이 과오를 범하면 참혹한 손해를 입더라도 혼자 당한다. 다시 말하면, 이 점에서 우리는 오류가 언제나 결과에서 원인을 추론하는 과정에서 생긴다는 내 명제도 확증할 수 있다.

50

일상생활에 몇 번이고 현저히 나타나는 둔한 두뇌와 영리한 두뇌의 특징적인 차이가 있다. 둔한 두뇌는 앞으로 일어날 위험을 생각하고 측정할 때 언제나 같은 종류의 일로 여태까지 어떠한 일이 일어났는지만을 묻고 고려할 뿐이다. 이와 반대로 영리한 두뇌는 어떠한 일이 일어날 가능성이 있는지를 잘 생각한다. "일 년 내에 일어나지 않을 일이 몇 분 안에 일어난다"라는 스페인 속담이 의미하는 바를 깊이 생각해보는 것이다.

여기에 언급한 이 차이는 말할 필요도 없이 당연하다. 어떠한 일이 일어날 가능성이 있는지를 개관하려면 분별이 필요하지만, 현실적으로 어떠한 일이 일어났는지를 개관하기에는 감각만으로도 족하기 때문이다.

"악마에게는 제물을 바쳐라"라는 격언이 있다. 바꿔 말하면 재앙이 일어날 가능성을 막기 위해서는 노력, 시간, 불편, 번거로움, 돈 혹은 부족함 등 어느 정도의 희생을 감수하는 것을 두려워하지 말아야 한다는 뜻이다. 미리 막지 못한 재앙이 현실에서 크게 발생하면 발생할수록 우리가 사전에 방지하려고 노력했을 때의 불편함은 정말 사소해진다. 보험료는 이 원칙을 가장 명료하게 보여주는 예다. 보험료는 모든 사람이 공공연하게 악마의 제단에 바치는 제물이다.

51

갑자기 일어난 어떠한 일에 너무 기뻐한다든가 슬퍼해서는 안 된다. 모든 사물은 변화할 가능성이 있고 이미 행해진 일은 언제 어느 때에도 변하지 않는다고 단정할 수 없기 때문이다. 또한 우리가 유리하다거나 불리하다고 결정짓는 판단은 믿을 만하지 않기 때문이다.

슬퍼한 일이 나중에 보면 자신에게 참으로 좋은 일이었거나 기뻐한 일이 최대의 고뇌의 원인이었다든가 하는 경우는 거의 누구나가 다 경험하는 바다. 이는 우리가 사물의 변화를 잘못 판단한 데서 오는 결과다. 이에 대한 대책으로 셰익스피어는 다음과 같이 훌륭하게 말했다.

기쁨이나 슬픔의 변덕스러움은 실컷 맛보았다.
그러나 일을 당한다 해도
계집처럼 마음을 호락호락 움직이지는 않겠다.
/《끝이 좋으면 다 좋다》 3막 2장

52

세상 사람들이 보통 운명이라고 말하는 것은 대개 그들 자신의 어리석은 행동을 말한다. 그러므로 호메로스가 깊은 생각, 즉 영리한 사려를 설명하며 권한 아름다운 구절(《일리아스》 참조)을 명심해야 한다. 극악무도한 행동은 저세상에 가서 속죄할 수 있지만, 어리석은 행동은 때때로 법률의 발동을 대신하여 특사가 베풀어질 수는 있어도 대개 이 세상에 있는 동안에 속죄하게 되기 때문이다.

인간의 두뇌는 사자의 발톱보다 더 무서운 무기다. 그러므로 흉악한 얼굴이 아닌 영리하게 생긴 얼굴이 무섭고 또 위험하게 보이는 법이다.

만약 이상적인 사회인이 있다면, 그는 일을 결정하지 못하고 우물쭈물한다든가 괜히 너무 초조해한다든가 하는 일이 절대로 없는 사람일 것이다.

53

용기는 지혜 다음으로 우리의 행복에서 극히 중요한 특성이다. 물론 그 어느 특성도 우리 스스로 손에 넣을 수는 없다. 지혜는 어머니에게서, 용기는 아버지에게서 이어받는다. 그러나 의지와 훈련으로 얼마간이라도 갖추고 있는 지혜와 용기를 조금은 더 넓힐 수 있다.

'운명의 주사위를 단호히 던지는' 이 세상에서 살려면 운명에 맞서 대비하고 인간에 맞서 무장한 단호한 기백이 필요하다. 인생은 그 자체가 투쟁이다. 우리의 한 걸음 한 걸음에 공격이 가해진다. 그러므로 "사람은 칼을 뽑아 들고 비로소 이 세상에서 성공을 거두고 무기를 쥔 채 죽는다"라는 볼테르의 말은 당연하다.

구름이 이는 것을 보고, 더구나 지평선 끝에 이는 구름을 보고서 금세 두려워하고 의기소침해져서 슬퍼하는 마음은 소심하다. 오히려 "재앙을 피하지 말라. 용감하게 맞서라"*라는 말을 우리의 좌우명으로 삼아야 한다. 한 조각의 푸르름이 하늘에 있는 한 절망하면 안 되듯이, 위험한 일의 결말이 좋게 바뀔 가능성이 있는 한 두려워하지 말고 대항할 생각을 하라. 그보다도 오히려 "세계가 무너져내리면 그 파편은 두려워하며 피하는 사람에게 떨어진다"†라고 말할 수 있을 정도는 되어야 한다. 사람의 일

* 베르길리우스, 《아이네이스》 6권 95장
† 호라티우스, 《송가》 3, 3, 7 이하

생은 두려움에 떨며 움츠릴 만큼 귀중하지 않다. 하물며 인생의 재물쯤이야 말할 필요도 없다. "그러므로 용맹하게 살아라. 용맹한 가슴을 운명의 화살 앞에 내세워라."*

그러나 용기에도 지나침이 있다. 자칫 만용으로 변하는 수가 있기 때문이다. 아니 어느 정도의 두려움은 이 세상을 살아가는 데 필요하다. 두려움이 정도를 넘으면 겁이 된다. 프랜시스 베이컨은 '공포 패닉terror Panicus'의 어원 설명에서 이런 사실을 적절하게 매우 잘 표현했다. 이 설명은 플루타르코스가 우리에게 전해주는 오래된 설명(《이시스와 오이시스에 대하여》14장)보다도 훨씬 낫다. 베이컨은 이 말이 대자연을 의인화한 판Pan†에서 유래했다며 다음과 같이 말했다.

삼라만상의 자연성은 살아 있는 모든 존재에게 공포를 주고 불안을 품게 했다. 공포와 불안은 덤벼드는 재앙을 피하고 이를 물리치기 때문에 목숨이 있는 존재의 생명과 존립을 유지하는 데 쓰인다. 그러나 자연은 적정량을 지킬 수 없어서 유효한 두려움에다가 언제나 약간의 허망한 두려움을 섞었다. 그 결과 사물의 내면을 볼 수 있다면 삼라만상은 '패닉과 공포'로 가득 찼다고 보일 것이다. 특히 인간은 더욱 그렇게 보인다.

/베이컨,《고대인의 지혜에 대하여》

* 　호라티우스,《풍자시》2, 2, 135 이하
† 　그리스 신화에 나오는 목축, 수렵의 신으로 사람들에게 원인 불명의 공포panic를 준다고 전해진다.

덧붙여서 '패닉과 공포'의 특징은 공포의 원인을 명확하게 의식하지 못하고, 오히려 원인을 안다기보다는 원인이 있다고 당연하게 전제하며, 심지어는 필요하다면 공포 그 자체를 공포의 원인으로 인식한다는 점이다.

지성에 대하여

Den Intellekt überhaupt und in jeder Beziehung
betreffende Gedanken

1

전제 없이 이루어진 철학의 논의는 모두 거짓이다. 주어진 뭔가
가 없다면 논리를 전개할 수 없기 때문이다. "우리에게 서 있을
곳을 다오"라는 말은 이를 의미하며, 모든 인간 활동의 필수 조건
이다. 철학적 사색마저도 이 예에서 벗어나지 않는다. 우리 인간
은 육체적으로나 정신적으로 공중에 떠 있을 수는 없다.

그러나 철학의 출발점이 된 이러한 전제는 나중에 전제에 대
한 대가로서 정당성을 증명해야만 한다. 이러한 전제는 주관적인
것, 즉 자기의식이나 표상 혹은 주관이나 의지를 말한다. 그리고
그러지 않을 때는 객관적인 것, 예를 들면 실제 세계나 외부 세계
의 사물, 자연이나 물질, 원자, 심지어 신이나 실체 또는 절대자,
그 밖에 임의로 생각해낸 어떤 개념처럼 다른 것에 대해 자신의
의식에 나타나는 것을 말한다.

따라서 이때의 임의성을 보완하고 전제를 바로잡으려면 나
중에 자신의 관점을 바꾸고 반대 입장을 채택해야 하며, 이를 통
해 처음에 사실로 받아들인 전제를 보완한 새로운 학설을 유도해
내야 한다. 루크레티우스의 《사물의 본성에 관하여》 1권에 나오

는 "이리하여 사물은 사물에 빛을 준다"라는 말이 바로 여기에 해당한다.

예를 들면 버클리*나 로크 그리고 고찰 양식이 정점에 달한 칸트처럼 주관적인 것에서 출발하면 주관적인 것이 가진 실제적 직접성 때문에 최대의 장점이 있다. 하지만 주관적인 것을 철학의 출발점으로 삼아 시작하면 나중에 여기에서 객관적인 것을 유도해냈듯이, 이번에는 반대로 객관적인 것에서 주관적인 것을 유도하는 보충 작업을 해야 한다. 만약 그렇게 하지 않으면 하나는 너무 일방적인 철학이 되고 다른 하나는 정당성이 부족한 철학이 된다. 칸트 철학에 대한 보충 설명은 나의 책《의지와 표상으로서의 세계》2권 22장과《자연에서의 의지에 관하여》에 들어 있는 에세이 〈식물 생리학〉에서 '외적 자연에서 출발하여 지성을 유도해내는 곳'이라는 내용에 담겨 있다.

그런데 이번에는 그 반대로 객관적인 존재에서 출발하는 방식, 예를 들면 물질과 그 속에서 나타나는 여러 자연력 같은 많은 것이 처음부터 주어졌다고 전제하는 고찰 방식을 취하면 모든 자연을 수중에 넣게 된다. 사물을 보는 그러한 방식은 순수한 자연주의를 제시한다는 점에서 나는 좀 더 정확한 표현으로 절대적 자연학이라고 불러왔다.

따라서 여기서 가리키는 주어진 것, 즉 절대적 실재는 개괄적으로 말하면 가지가지의 자연법칙과 자연력 및 그 기체基體†인 물

---

* George Berkeley, 1685~1753. 18세기 영국의 철학자로 주관적 관념론을 주장했다.
† 물질의 성질, 상태의 기초 또는 존재 기반을 말한다.

질로 구성된다. 특히 무한한 공간 속에 떠 있는 무수한 태양과 그 주위를 도는 행성에서 볼 수 있다. 결과적으로 일부는 빛을 발하고 일부는 빛을 받는 수많은 원형의 물체 외에는 그 무엇도 존재하지 않는다. 그리하여 빛을 받는 구체에서는 일종의 분해 과정이 일어나고, 그 결과 표면에 생명체가 생겨나고 단계를 거쳐 발달하면서 개체의 모습을 한 유기적 존재를 생산한다. 이 유기적 개체는 생명력을 지배하는 자연법칙을 좇아서 탄생과 죽음을, 그에 따른 시간적 시작과 종말을 맞이한다. 이때의 자연법칙은 다른 모든 자연법칙과 마찬가지다. 즉, 모든 것을 지배하면서 시작도 끝도 없고 영원에 걸쳐서 존립하는 세상 만물의 질서를 이루며 더구나 스스로 그 내용을 설명하지도 않는다. 그 생명 발달의 정점에 인간이 서 있는데, 그 생존에는 역시 시작이 있고 또 그 과정 중에는 커다란 괴로움과 조그마한 기쁨이 있으며 다른 모든 생존과 마찬가지로 종말이 있다. 그런 뒤에는 마치 전혀 존재하지 않았던 듯한 상태로 돌아간다.

그런데 여기에서 우리의 고찰을 유도하여 철학의 역할을 하는 절대적 자연학은 앞에서 기술한 바처럼 절대적으로 존립하고 지배하는 자연법칙 밑에서 가지가지의 현상이 서로 초래하고 구축하는 일상의 양상을 우리에게 설명해준다. 여기에서는 이루어지는 모든 일이 완전히 자연적으로 운영되기에 모두가 명쾌한 줄거리를 가지고 있다.

그리하여 이처럼 설명된 세계 전체에는 피히테의 명문구를 적용할 수도 있다. 피히테는 일찍이 독특한 연기력을 발휘하여 강단에서 극히 엄숙하고 무거운 어조로, 학생들을 아연케 하는

216

몸짓을 곁들여서 이렇게 언명했다. "그것은 존재한다. 왜냐하면 존재하기 때문이다. 그리고 그대로의 양상으로 존재한다. 왜냐하면 그것대로의 양상으로 존재하기 때문이다."

이렇게 보면 이처럼 명백한 세계를 새삼스럽게 환상적인 형이상학으로 설정하여 별도로 설명하는 것은 망상처럼 보인다. 그리고 그 설명은 우리가 자연학으로 기초를 이루지 못하는 도덕론의 유일한 곳을 도리어 형이상학적 허구로 유지하려는 시도처럼 보인다. 자연학자들이 형이상학을 얕보고 경멸하는 기본적인 이유가 여기에 있다.

그러나 이 순수하고 객관적인 철학 태도가 아무리 자족적이라 할지라도 이 입장의 일면성과 교체할 필요성, 즉 모든 세계라고 하지만 결국에는 주관적인 인식 능력 안에 존재하기 때문에, 여하간 인식 주관과 인식 능력을 연구 대상으로 보는 필요성이 갖가지 형태와 기회를 통해 조만간 드러나게 될 것이다.

예를 들면 그리스도교의 신비주의자들은 인간의 지성에 '자연의 빛'이라고 이름을 붙여 고차원적으로 인식하는데 이때 인간에게는 발언권이 없다고 선언한다. 그런데 이 '자연의 빛'이라는 표현의 이면에도 앞에서 말한 바와 같이 모든 인식의 타당성이 무조건적이지 않고 상대적인 조건부일 뿐이라는 통찰이 숨어 있다.

하지만 오늘날의 합리주의자들은 인간의 지성에 따른 인식의 타당성을 무조건적이라고 본다. 예를 들면 원죄의 가르침을 미신이라고 본다. 펠라기우스*류 같은 세대의 지성 덕분에 갑이 6,000년 전에 죄를 범했다는 이유로 오늘날 을을 문책할 수 없다는 점을 알게 되었기 때문이다.

　대체로 합리주의자는 그 '자연의 빛'을 안일하게 따르므로 40년이나 50년 전, 즉 아버지가 나이트캡을 쓰고 그를 잉태시키고 어머니가 그를 세상에 낳아놓기 이전의 자신은 전혀 존재하지 않았다고, 그때 바로 무無에서 발생했다고 진지하게 믿는다. 그렇기에 실로 그에게는 책임이 없다고 말할 수 있다. "오오, 죄인이여, 원죄인이여!"

　그리하여 이처럼 객관적 인식을 좇아가는 사변은 앞에 기술했듯이 수많은 길을 통해, 그러나 대개는 피할 수 없는 철학적인 길을 통해 조만간 위험을 감지하기 시작한다. 즉, 사변은 객관적으로 향하여 자기가 획득한 모든 지혜는 인간의 지성을 목표로 채용했으며 이 지성도 고유한 형식이나 기능, 표현 양식을 갖춘다. 그러므로 그 지혜는 전면적으로 이 지성에 따라 조건 지어졌다는 사실을 통찰하기 시작한다.

　그 결과 여기에서 다시 한번 객관적 방법을 주관적 방법과 바꿔놓는 것이 필요하다. 즉, 지성은 지금껏 자신 있게 쉽사리 그 학설 체계를 구성했고 아주 대담하게 세계와 그 속의 만물은 물론이고 그 가능성까지 선험적이고 생득적으로 단정해왔는데, 이번에도 지성 그 자체를 연구 대상으로 삼아 그 권능을 음미해야 한다.

　이는 곧장 로크로 통하는 길이고, 이윽고 칸트의 《순수이성

---

*　Pelagius, 360(?)~418(?). 철학자이자 신학자다. 원칙주의적인 금욕적, 종교적인 생활을 강조했으나 그의 사상은 강한 저항에 부딪혔고 결국 이단으로 처벌받았다.

비판》으로 통한다. 결국은 "자연의 빛은 외부로 향하는 빛이어서 굴절시켜 스스로 내면을 조명하려고 해도 그 힘이 없기 때문에 내면을 가리고 있는 어둠을 직접적으로 내몰 수가 없다. 그리하여 철학자들이 취한 반성의 우회로를 지나 커다란 곤란과 싸우면서 비로소 자신이 고유한 체계와 본성에 대한 간접적인 식견을 터득하는 데 지나지 않는다"라는 인식으로 이끌어간다.

여기까지 오면 지성은 훨씬 단순한 상대 관계를 파악하는 것을 사명으로 여기는데, 그 이유는 개체적 의지에 봉사하기 위해서는 단순한 관계 파악으로 족하기 때문이다. 그리고 지성은 본질상 외부로 향하는데 외부에서도 전기처럼 물체의 표면에만 미치는 힘, 즉 사물의 표면만을 표착할 뿐이고 그 깊은 내부로는 침투하지 못한다. 바로 이러한 이유 때문에 지성은 객관적으로 명백한 모든 실제적 존재 중 어느 것 하나도, 가장 작고 단순한 것마저도 처음부터 완전히 이해하거나 통찰할 힘이 없다. 도리어 거의 모든 것과 모든 사람에게 중요한 것이 지성에서는 어디까지나 비밀로 남아 있다.

그러나 이를 통해 지성은 관념론이라는 명칭으로 표시된 한층 깊은 통찰에 이르게 된다. 즉, 지성이 자신의 활동을 통해 파악하는 세계와 그 질서는 무조건 그 자체에서 있는 그대로의 모습으로 현존하지 않고 뇌수의 여러 기능을 통해 성립하거나 단순히 뇌수 속에 실재하는 데 불과하다. 그렇기에 이 형태는 조건부의 상대적인 현실 존재일 뿐이며 따라서 단순한 현상에 지나지 않는다는 통찰에 이른다.

인간은 여기에 이르기까지 자기 자신의 현실 존재 근거를 탐구하고, 그때 인식과 사유와 경험의 여러 법칙은 순수하게 객관적으로 진실하고 그 자체로 절대적으로 존재하며, 자신이나 다른 모든 것도 모두 이런 법칙들 덕택으로 존재한다고 전제해왔다. 그러나 이제 인간은 반대로 자신의 지성과 현실 존재가 그 모든 법칙의 조건이며 그 법칙들에서 나왔다는 사실을 인식하기에 이른다. 그리고 마침내 이제 분명해진 공간과 시간, 인과율 등의 관념성이 자연의 질서와는 완전히 다른 사물의 질서를 가능케 한다는 점도 알게 된다. 그렇다고 전자를 후자의 성과 혹은 상징이라고 보지 않을 수는 없다.

2

인간의 지성이 보통 얼마나 철학적 성찰에 알맞지 않은지는 데카르트 이래 여러 학설에서 드러난다. 지금껏 실제론이 관념론에 버젓이 맞서는데, 물체 그 자체는 우리의 표상 속에 있을 뿐 아니라 현실에 실제로 현존하고 있다는 소박한 주장만 봐도 알 수 있다.

그런데 바로 이 현실성, 이 현실 존재의 양상 그리고 그 안에 포함된 모든 것이 모두 표상 속에 현존할 뿐이며, 그 이외의 어느 곳에서도 보이지 않는다고 우리는 주장한다. 그것은 우리 표상의 연결에 필요한 어떤 질서에 지나지 않기 때문이다.

이에 관해서 그 이전의 관념론자, 특히 버클리가 많은 내용을 가르쳤지만 극히 철학적인 확신을 받아들이는 데는 아무래도 칸트에게 의존해야만 한다. 칸트가 문제를 단번에 처리하지 않고 잘게 나누어 파고들어 선험적, 생득적인 것을 분리하고 도처에 경험적 요소를 고려해 넣었기 때문이다. 그리하여 세계는 세계의 관념성을 아무도 표상하지 않을 때도 역시 현존하리라는 주장은 일단 세계의 관념성을 이해한 사람에게는 사실상 무의미해 보인다. 이 주장은 모순적인 내용을 서술하고 있기 때문이다.

대체로 세계의 현존이란 바로 세계의 표상에 지나지 않는다. 현실 존재 그 자체가 주관의 표상 속에 있다. '세계란 객관'이라는 표현은 바로 이를 말한다. 이에 부응하여 비교적 오래된 훌륭한 종교, 즉 브라만교와 불교는 어디까지나 관념론을 그 교의로 삼으며 관념론의 승인을 민중에게까지 기대한다. 이와 반대로 유대교는 실재론의 빈틈없는 집중이며 강화다.

피히테가 끌어들인 이후 대학에 머무르고 있는 궤변이 있다. 그 궤변은 자아라는 말에 깃들어 있다. 자아는 본래 주관적인 존재인데 피히테의 자아das Ich에서는 실체 명사적 형태의 표현과 그에 붙은 정관사 때문에 하나의 객체로 바뀌었다. 그러나 자아는 진실로 어디까지나 주관적인 존재이며, 따라서 결코 객관적인 존재가 될 수 없는 것을 부르는 이름이다. 인식할 수 있는 모든 대상에 대립하여 그 대상 모두에 대한 조건인 인식하는 자 그 자체를 가리킨다. 모든 언어의 지혜가 자아를 실체 명사로 취급하지 않음으로써 이를 표현해왔다. 그렇기에 피히테는 자신의 의도를 관철하기 위해 그런 식으로 언어에 폭력을 가할 수밖에 없었다.

피히테가 바꿔 넣은 이 방법은 정립이라는 말을 후하게 남용했지만, 이 남용은 헐리고 추방당하지도 않은 채 오늘에 이르기까지 거의 모든 사이비 철학자가 빈번히 사용하고 있다. 피히테를 전례로 또는 권위로 삼아 궤변을 펼치는 데 상투적 수단으로 사용하고 있다. '정립한다'는 말은 원래 단순히 논리적인 표현에 지나지 않는다. 사물의 이치를 깊게 따져 논할 때 어떤 일을 일단 상정하고, 전제하고, 긍정하고, 따라서 논리적인 타당성과 형식적인 진리성을 부여한다는 의미다. 그때 그 실재성, 실질적인 진리성, 현실성은 어디까지나 미결인 채로 보류해둔다.

그런데 피히테는 이 정립에 어떤 실재적인, 그러나 애매하고 어지러운 의미를 받아들였고, 그리하여 어리석은 자들이 이 의미를 끔찍이 중요시하여 이윽고 궤변가들이 잇따라 이용했다. 즉, 자아가 우선 자기 자신을, 그리고 그다음에는 비아非我를 정립한다고 피히테가 말한 이래 '정립한다'는 것은 창조하고 산출한다는 (요컨대 그렇게 하는 것이 맞는지도 잘 알지 못하지만 어쨌든 세상에 내놓는) 정도의 의미다. 그리고 이를 통해 남이 까닭도 없이 현실 존재로서 승인하고 타인에게도 그렇게 믿게 하고 싶어 하는 일이 있으면 모두 이 수법으로 정립하여 그 순간 그곳에 엄연히 실재하게 만든다. 이는 이른바 칸트 이후의 철학이 지금껏 세력을 미치고 있는 방법으로, 원래는 피히테가 사용한 방법이다.

3

칸트가 발견한 '시간의 관념성'은 사실 역학에서 말하는 '관성의 법칙'에 이미 들어 있다. 이 법칙의 근본적인 의미는 "단순한 시간은 어떠한 물리적 효과도 만들어낼 수 없다. 따라서 시간만은 물체의 정지와 운동에 조금도 변화를 줄 수 없다"이다. 이로 미루어 "시간은 물리적 실재가 아니라 선험적인 관념적 존재며 따라서 사물이 아니라 인식 주관에서 발현한다"라는 결론이 나온다.

만약에 시간이 사물의 속성이자 일시적으로 우연히 가지고 있는 성질로서 사물 그 자체에 속해 있다면 정량, 즉 시간의 장단은 사물 그 자체에 어떤 변화를 가할 수 있을 것이다. 하지만 시간에는 결코 그러한 힘이 없다. 도리어 시간은 사물에 어떤 사소한 흔적도 남기지 않고 흘러간다. 시간은 시간의 경과 속에서 작용하는 원인에만 영향력을 가질 뿐, 시간의 경과 그 자체에는 결코 작용하지 않는다.

그러므로 물체가 온갖 화학적 영향에서 벗어나 있을 때, 예를 들면 레나강 기슭의 얼음덩이 속에 있던 매머드, 호박 속의 모기, 완전히 건조한 공기 중의 귀금속, 건조한 바위 굴에서 발견된 이집트의 태곳적 유물(그 안에는 가발까지 있었다) 같은 것에는 수천 년의 세월도 어떠한 영향을 미치지 못했다.

그리하여 이러한 시간의 절대적 무효력은 역학에서 관성의 법칙이라는 형태로 나타나고 있다. 물체가 한번 운동을 시작했다면 어떠한 시간도 그 물체에서 운동을 빼앗거나 감소시킬 수 없다. 이런 물리적 원인에 저항하지 않는 한 이 운동은 절대로 끝나지 않는다. 이와 똑같이 정지해 있는 물체는 운동하도록 만드는 물리적 원인이 가해지지 않으면 영원히 정지해 있다.

이런 사실로 볼 때 시간은 물체와 전혀 교섭하지 않으며, 도리어 시간과 물체는 이질적인 본성을 가졌다는 결론이 나온다. 이리하여 시간에서는 물체에 속하는 실재성을 인정할 수 없으며, 따라서 시간은 절대적으로 관념적인 것, 단순한 표상과 그 도구에 속한다고 할 수 있다. 이에 반해 물체는 성질이나 작용의 갖가지 차별에 따라 단순히 관념적인 존재가 아니라 동시에 객관적 실재, 즉 물자체가 그 속에서 나타난다는 점을 명시하는, 더구나 물자체와 그의 상술한 바와 같은 현상과는 좀 다르다.

운동은 우선 순수한 물리학적인 현상, 즉 오로지 시간과 공간만을 요소로 하는 현상이다. 물질은 운동이 아니라 운동할 수 있는 존재며, 이미 물자체의 객관화한 양태다. 그런데 물질이 정지하는 운동을 하든 어느 쪽을 띄우든 띄우지 않든 언제까지나 물자체를 유지하고 영원히 정지하거나 날아가려는 경향이 있는 성질, 즉 정지와 운동에 대해 절대적으로 교섭하지 않는 물질의 성질은 물질로서 현상하며 물질에 그 모든 힘을 부여한다. 이러한 물자체에는 시간과 공간이, 따라서 이들에게서만 생겨나는 운동과 정지의 대립이 전혀 부속물처럼 붙어 있지 않고 도리어 물자체와 전혀 관련이 없으며, 따라서 현상 속에서 발전해왔으며 지성 안에서 그 형식으로 속해 있다는 점을 증명한다.

따라서 여기에서 제시한 '관성의 법칙'을 생생하게 실현하고 싶은 사람은 자신이 세계의 끝에서 공허한 공간을 향해 피스톨을 발사했다고 상상해보면 된다. 그가 발사한 탄환은 방향을 바꾸지 않고 영원히 계속해서 날아갈 것이다. 몇억 년 동안 계속해서 날아가도 결코 지치는 일이 없고, 언제까지나 날아가도 공간과 시간은 끝이 없을 것이다. 그뿐 아니라 우리는 지금 기술한 내용을 모두 선험적, 생득적으로 확실히 알고 있다. 이렇게 생각해보면 시간의 선험적 관념성, 즉 뇌수에 그려진 환상으로서 그 성격이 특히 선명하게 떠오를 것이다.

지금까지 시간에 행해온 고찰과 유사한 평행적 고찰을 공간에 행하려면 물질을 어떻게 잡아 늘여서 분할하더라도, 또 반대로 공간 속에서 아무리 압축해봐도 물질을 늘이거나 줄일 수 없다는 사실, 다시 또 절대 공간 속에서는 정지와 직선 운동이 운동 역학적으로 합치해서 동일하다는 사실부터 설명할 수 있으리라.

시간의 관념성에 대한 칸트 학설은 그보다 더 오래된 철학자들의 수많은 발언 속에서 그 조짐을 미리 볼 수 있다. 여기에 대해 나는 이미 다른 곳에서 근거를 제시했다. 스피노자는 "시간은 사물의 상태가 아니라 사유의 양태에 지나지 않는다"(《형이상학적 사상》 1부 4장)라고 말했다.

그뿐 아니라 예부터 존재하는 영원성의 개념도 실은 시간의 관념성에 기초를 둔 사상이다. 영원성은 본질상 시간의 반대로 약간의 통찰력이 있는 사람들은 실제 이 개념을 항상 품어왔다. 그리고 이 역시도 물자체의 본질은 시간을 포함한 것이 아니라 우리의 지성 속에 있을 뿐으로, 이런 사실에 대해 막연히 느끼고 있었다. 하지만 전혀 능력이 없는 사람들의 몰지성만이 영원성의 개념을 접한 후 이를 끝없는 시간이 아닌 다른 것으로 이해하는 방법을 알지 못했다.

그러한 이유로 스콜라학파 사람들은 특히 "영원성은 시간의 끝없는 지속이 아니라 일상 속의 현재다"라고 말하기에 이르렀다. 플라톤이 《티마이오스》에서 "시간은 영원히 움직이는 그림자"라고 한 말을 플로티노스가 되풀이해 말하고 있지 않은가. 이 관점에서 시간을 전개된 영원이라고 부를 수도 있다. 그리고 여기에 입각해 "영원히 존재하지 않으면 시간도 있을 수 없다. 아니 우리 지성이 시간을 낳는 것은 우리 자신이 영원 속에 서 있는 까닭과 다르지 않다"라고 주장할 수도 있으리라.

칸트 이후 이와 같은 의미로 '시간 밖의 존재'라는 개념이 철학에 도입되었지만 이 개념은 신중하게 쓰는 편이 좋다. 확실히 사유할 수는 있지만 어떠한 직관으로도 현실에 증거를 보여줄 수 없는 개념이기 때문이다.

시간이 곳곳에서 만인의 머릿속에 완전하고 한결같이 고르고 가지런한 경과를 지니고 있다는 사실은, 만약 시간을 어떠한 외면적인 객관적 존재, 즉 물체처럼 느끼거나 생각하는 능력으로 지각할 수 있다면 극히 자연스럽게 이해할 수 있다. 그러나 시간은 그런 것이 아니다. 우리는 시간을 볼 수도, 만질 수도 없다. 그런 데다가 시간은 단순한 물체의 운동이나 그 밖의 변화도 아니다. 도리어 운동이나 변화는 시간 속에서 일어나며 이미 운동이나 변화의 조건으로서 전제되어 있다. 사실 시계는 돌아가지만 시간은 여기에 보조를 맞추지는 않는다. 고르게 일정한 것이 바로 시간의 흐름이고 이것이 빨라지고 늦어지고의 기준이 된다.

또 시계는 시간을 계산하지만 시간을 만들지는 않는다. 모든 시계가 정지하고 태양까지도 정지하고 모든 운동과 변화가 멈춰 있다고 가정해도, 시간의 흐름은 조금도 방해받지 않고 꾸준히 흐름을 계속하고 어떠한 변화도 수반하지 않고 계속해서 흘러간다.

그러나 앞에서 말했듯이 시간은 지각할 수도 없고 외부에서 주어져 우리에게 작용하지도 않는다. 따라서 실제로 객관적인 것도 아니다. 다만 시간은 우리 안에 있으며 우리의 방해를 받지 않고 독자적으로 진행해가는 정신적 과정이며, 칸트가 말했듯이 내적 감각과 모든 표상의 형식이다. 따라서 이 객관적 세계라는 무대의 가장 기본적인 토대를 이룬다.

그러고 보면 시간의 흐름이 만인에게 일률적이라고 전술한 사실은 다른 어느 것보다도 앞서 우리가 모든 동일한 꿈속에 빠져 있고, 아니 실제로 그 꿈을 꾸는 것은 한 존재라는 점을 증명해준다.

시간이라고 하면 어쩐지 잘 알고 있다고 생각하지만 사실 우리는 완전하고 확실하게 시간을 의식할 수 없다. 우리는 시간 속에서 일어나는 갖가지 변화의 경과에만 눈을 돌리는데, 이들은 확실히 경험적으로 인지할 수 있는 대상이기 때문이다.

그러고 보면 시간 그 자체에 순수하게 직면해서 "볼 수도 들을 수도 없는 이 자체, 더욱이 거의 현실적으로 존재하기 위해서는 일체가 그 속으로 들어가지 않으면 안 되는 것, 그리하여 가차 없는 일률성으로 앞으로 앞으로 나아가 어떠한 것도 이것을 털끝만큼도 정지시킬 수 없고 서두르게 할 수도 없는 것. 대체 이것의 정체가 무엇인가" 하고 충분한 의식을 가지고 묻는 것만으로도 이미 철학적 교양의 현저한 발전을 의미한다.

하지만 우리는 시간을 너무나 잘 안다고 생각해서 이렇게 묻는 것은 고사하고, 어떠한 현실 존재까지도 시간 없이는 거의 생각할 수 없다. 시간은 우리에게 온갖 현실 존재의 항상적인 전제 조건이다. 이야말로 시간이 단순히 우리의 지성, 즉 뇌수가 없어지면 시간도 그에 기초를 둔 모든 존재자의 존재 법칙과 함께 없어진다는 증거다.

《순수이성비판》이 이러한 고찰의 기초인데, 이런 고찰 없이 형이상학의 진정한 진보는 절대 불가능하다. 그러고 보면 이러한 고찰을 멀리하고 그 대신에 동일성의 체계나 그 밖의 모든 것을 끌어내 재차 자연주의의 망설을 퍼뜨리려고 하는 소피스트들은 조금도 용서할 여지가 없다.

똑같은 내용을 공간에도 입증할 수 있다. 대체로 세계가 아무리 많더라도, 내가 모든 세계를 두고 간다고 할지라도 결코 공간 밖으로 탈출할 수는 없고 어디까지나 이 공간과 함께 간다. 공간은 내 지성에 부속되어 두개골 속의 표상 기계에 갖춰져 있기 때문이다.

시간은 우리 인식의 선험적, 생득적 형식일 뿐 아니라 우리 인식의 토대 혹은 반복해서 나타나는 선율이다. 시간은 우리에게 나타나는 세계 전체라는 직물의 씨줄이며 모든 직관적 파악의 기반이다. 시간 이외의 근거율의 모든 형식은 시간에 의존하여 형성된다. 시간은 그들 모두의 원형이다.

그러므로 현존과 실재에 관한 우리의 온갖 표상은 시간과 불가분하며 모든 사물을 시간적인 전후 관계에 표상하는 경지에서 결코 벗어날 수 없다. 또한 '어디'라는 문제보다도 '언제나'라는 문제 쪽이 더욱 피하기 어려운 문제다. 그러나 그렇다 할지라도 시간 속에서 나타나는 모든 것은 단순한 현상이다.

우리가 미래로 받아들이는 것이 지금은 전혀 실재하지 않는 듯 보이지만 미래가 현재가 되는 새벽에는 그 착오가 사라진다. 시간이라는 우리 지성의 장치가 이렇게 보이게 한다. 어떤 꿈에서는, 소위 꿈속에서 멀리까지 내다보거나 천리안일 때는 지금 말한 착오적인 형태가 일시적으로 옆으로 밀려난다.

이때는 미래가 현재로 나타난다. 천리안을 가진 사람이 예언한 사건을 부수적인 상황만이라도 의도적으로 불발시키려는 시도가 때때로 행해지지만, 실패로 끝날 수밖에 없다. 그 사람은 이미 존재하는 동일한 현실에서 마치 우리가 현재를 인식하는 것과 같은 방식으로 그 사건을 목격했기 때문이다. 그러니까 과거를 바꿀 수 없듯이 이 사건도 바꿀 수가 없다. 지금 말한 내용의 실례는 키저*의《동물 자기 연구지動物磁氣研究誌》8권 2호에 쓰여 있다.

또 온갖 사건, 즉 시간 속에서 잇따라 출현하는 사건의 필연성은 원인과 결과의 연쇄를 통해 우리에게 드러나지만 상술한 내용을 따라서 생각하면 이 역시 우리가 통일 불변으로 실재하는 것을 시간의 형식 속에서 지각하는 양식에 지나지 않는다.

바꿔 말하면, 그 필연성이란 우리가 오늘은 미래의 것으로 내일은 현재의 것으로 모레는 과거의 것으로 인식하지만 그렇다고 해서 그 자체로 동일하고 하나이며 불변하는 것은 불가능하다는 점을 나타낸다. 마치 객관화된 의지의 통일성이 그 유기체의 합목적성에서 표현되고, 공간에 구속된 우리의 지각 속에서 다수의 유기체 부분과 그 목적의 합치를 통해 파악되듯이(내 책《자연에서의 의지에 관하여》참조) 필연성도 마찬가지다. 인과적 연쇄로 발생하는 온갖 사건의 필연성은 그 안에서 객관화된 존재로서 통일성을 형성하지만 다만 시간에 구속된 우리의 지각에서는 갖가지 상태의 연속, 즉 과거와 현재, 미래로 갈라졌다고 받아들인다. 반면에 현재 자체는 이 모든 것을 전혀 알지 못하지만 '항상 속의 현재'에 현존한다.

* Dietrich Georg von Kieser, 1779~1862. 독일의 의사다.

몽유 상태에서 멀리까지 내다보는 투시에서는 공간을 통한 분리가 시간을 통한 분리보다 훨씬 더 자주 제거되므로 훨씬 더 쉽사리 떨쳐버린다. 실제로 미래의 것보다는 다만 그 장소에 없고 멀리 떨어져 있는 쪽이 훨씬 더 자주 눈에 들어오기 때문이다. 이를 칸트의 말로 설명하면 "공간은 다만 느끼거나 생각하는 외적 감각의 형태이고 시간은 내적 감각의 형태이기 때문"이라고 말할 수 있다. 칸트가 시간과 공간을 그 형태에 따라 선험적, 생득적으로 직관할 수 있다고 말하기도 했지만, 몽유 상태의 투시는 그 내용에 따라 그런 일이 일어날 수 있다는 사실을 보여준다.

4

공간은 다른 모든 것처럼 떼어놓고 생각할 수 없다. 이 사실이 공간의 관념성을 가장 명쾌하고 단순하게 보여준다. 다만 공허하게 머릿속으로 하는 거라면 우리도 공간과 사물을 떼어놓을 수 있다. 존재하는 거의 모두를 공간 속에서 떼어놓고 생각하고 소멸시켜버릴 수 있으며 또 행성 사이의 공간은 절대적으로 공허하다는 식으로 상상할 수도 있다. 하지만 그 공간 자체만은 아무래도 떨쳐버릴 수가 없다. 별짓을 다 해봐도 공간은 그 자리에 있어 어디로 가든 끝나는 일이 없다.

우리의 모든 표상의 근저에 있는 공간은 우리의 지성 그 자체에 속하며, 그 본질을 구성하는 일부분이며, 더구나 지성이라는 직물의 첫째 날을 내놓는 부분으로 다채로운 객관 세계는 이 직물 위에 쌓인다. 어떤 객관적 대상을 표상하려고 하면 곧 공간이 나타난다. 그리고 마치 코에 걸치고 있는 안경이 몸의 모든 운동에 따라 함께 움직이듯이, 또는 그림자가 물체를 따라다니듯이, 공간이 눈에 보이는 지성의 모든 운동과 회전과 시도를 끊임없이 따라다닌다.

뭔가 항상 자기 몸에 붙어 돌아다니는 것을 알아차리면 나는 그 무언가가 나에게 부속된 거라고 추정한다. 예를 들면 이상한 냄새를 피하려 해도 어딜 가나 그 냄새가 풍겨오는 경우와 같다. 공간도 마찬가지다. 내가 무엇을 생각하고 어떠한 세계를 표상하든 공간은 언제나 그곳에 있고 좀처럼 물러나려고 하지 않는다.

이로써 명백히 알 수 있듯이 공간이 나의 지성 그 자체의 기능이며 더구나 그 근본 기능이라고 한다면 이에 기초하는 관념성은 온갖 공간적인 것에도, 즉 공간 속에 나타나는 모든 것에도 또한 미치게 마련이다. 이와 같은 것이 그 자체로서는 객관적으로 실재할지도 모르지만 그것이 공간적으로 존재하는 동안, 즉 형체와 크기를 가지고 운동하는 동안은 주관적으로 결정된다. 그만큼 정밀하고 정확하게 적중하는 천문학적 계산도 공간이 본래 우리들의 머릿속에 있기 때문에 비로소 가능하다. 따라서 우리는 사물을 그 자체의 형상으로서가 아니라 그 형상이 우리에게 현상하는 형상을 인식하는 데 지나지 않는다. 이것이 칸트의 위대한 가르침이다.

무한한 공간이 우리에게서 독립하고, 즉 완전히 객관적으로 그 자체에 현존하고, 그래서 그 무한한 공간을 사소하게 모방한 형태로만 눈을 통해 우리 뇌에 전달한다는 생각은 거의 모든 사상 중에서도 가장 부조리한 사상이다. 그러나 어떤 의미에서는 가장 유익한 사상이기도 하다. 그 사상이 부조리하다는 사실을 확실히 깨달은 사람은 바로 이 세계가 단순한 현상으로서 현존하는 데 지나지 않는다는 점을 직접 인식하기 때문이다. 즉, 그 사람은 이 세계를 단순한 뇌수 현상으로 파악하는데 이 현상은 뇌수의 죽음과 함께 소멸하고 그 뒤에 완전한 별세계, 물자체를 남긴다. 뇌가 공간 속에 존재한다고 해서 공간이 뇌 속에 있을 뿐이라는 사실을 통찰하지 못하는 것은 아니다.

5

내부 의식 세계의 지성이 외부 물질세계의 빛 역할을 한다. 대체로 지성이 의지와 (또한 객관적으로 직관된 의지에 지나지 않는 유기체와) 갖는 관계는 빛이 가연성 물체와 산소의 화합과 갖는 관계와 거의 비슷하기 때문이다. 그러므로 빛은 타는 물체에서 나올 연기가 없을 만큼 순수하다. 이와 마찬가지로 지성 또한 그 발아의 근원인 의지에서 완전히 분리할수록 순수해진다.

조금 더 강한 비유를 한다면, 주지하듯이 생명은 일종의 연소 과정이고 그 과정에서 생기는 빛의 발산이 지성이다.

6

우리 인식은 외부만을 보고 내부로 향하지 않는 눈처럼, 인식하는 자가 자기 자신의 내면을 인식하려고 하면 우리의 그 눈은 암흑을 들여다보고 완전한 공허 속으로 떨어진다. 이는 다음에 서술하는 두 가지 이유에 기초를 두고 있다.

첫째, 인식의 주체는 어떤 독립적인 존재, 즉 물자체가 아니며 독립적이고 본원적인 실제적 존재도 아니다. 도리어 단순한 현상이며 부차적, 일시적, 우연적인 것에 지나지 않으며 우선 의지의 표상인 유기체의 조건부가 된다. 한마디로 말하면 뇌수의 에너지가 모두 집중되는 초점일 뿐이다. 이것은 내 책 《의지와 표상으로서의 세계》 2권에 상세히 논해둔 바와 같다.

이처럼 인식의 주체 그 자체가 무無라고 한다면 어떻게 자신을 인식하는 일이 가능할 수 있을까. 그 눈이 내부로 향하면 확실히 그 본질적 토대인 의지를 인식하는 셈이지만, 이 인식은 인식하는 주관에서 어떤 진정한 의미의 자기 인식이 아니라 다른 것에 대한 인식, 그 자신과는 다른 인식이다. 더구나 이 타자는 인식되든 말든 이미 현상에 지나지 않는다. 더욱이 이것은 단순히 시간 자체만을 형식으로 가지고 있는 현상이며, 외부 세계의 사물처럼 시간 외에 공간의 형식을 갖지 않는 현상이다.

그러나 이와는 별개로, 주체는 어디까지나 단순히 외부 세계의 사물과 마찬가지로 의지를 그 표상을 통해 인식한다. 즉, 욕망과 정념, 정열, 감정 등의 이름으로 총괄할 수 있는 개별적인 의지 행위와 다른 정념을 통해 인식한다. 따라서 외부 세계의 사물처럼 공간의 제한 아래 있지는 않지만 어디까지나 하나의 현상으로서 의지를 인식할 뿐이다.

이와 달리 인식의 주체는 앞에서도 말했듯이 자기 자신을 인식할 수 없다. 인식하는 당사자라는 것 외에는 인식할 아무것도 없기에 결코 인식할 수가 없다. 인식 작용 외에 다른 어떠한 형태로도 발현되지 않는 현상이며, 따라서 그 안에서는 다른 어떤 것도 인식할 수 없다.

둘째로 우리 내부의 의지는 확실히 물자체로서 독립적으로 존재하는 제일차적인 자립적 존재며, 그런 현상은 공간적으로 직관하는 뇌수의 지각에서 유기체라는 모습으로 나타난다. 그러나 이 의지도 자신을 인식하는 힘은 지니고 있지 않다. 그 자체로 인식하는 존재가 아니라 단순한 의지적 존재이기 때문이다. 이처럼 의지 자체는 아무것도 인식하지 않을 뿐 아니라 심지어 자기 자신마저도 인식하는 일이 없다. 인식 작용은 부차적이고 간접적인 기능이며 제일차적인 존재 의지에서는 그 고유한 본능에 직접적으로 속하지 않는다.

7

극히 단순한 자기 관찰을 해부학의 성과와 비교해보기만 해도 '지성은 그 객관적 표현인 뇌수 및 이에 부속하는 감각 기관과 마찬가지로 외래의 작용을 받아들이기 위한 극히 고도로 발달한 감수성에 불과하며 우리에게 본래 고유한 내적 본질을 이루지는 않는다'라는 결론에 도달한다.

그러고 보면 우리에게 지성은 식물의 생장력이나 돌의 무게나 화학적 작용력에 상당하지는 않는다. 우리에게 이러한 힘에 상당하는 것은 오로지 의지다. 우리에게 지성은 마치 식물의 물리적, 화학적 작용, 기타 식물의 생장 발육을 조장하거나 저해하는 모든 작용처럼 외래의 영향을 받아들이는 감수성에 상당한다. 다만 이 감수성이 우리에게 극히 고도로 발달해서 그 때문에 객관적 세계 전체, 표상으로서의 세계 전체가 우리에게 표시된다는 점이 다르다. 세계는 이와 같은 방법으로 객관으로서 성립하는 셈이다.

이를 뚜렷이 생각 속에 떠올리려면 어떠한 동물적인 존재도 포함하지 않는 세계를 생각해보라. 이 세계는 지각되지 않고 존재하는 것으로, 사실상 객관이란 형태로는 전혀 존재하지 않는 셈인데 여기서는 지각없이 존재한다고 가정해두자. 그리고 다수의 식물이 매우 빽빽하게 지상에 나왔다고 상상해보자. 그러면 이제 이 식물들은 공기, 바람, 식물끼리의 접촉, 수분, 빛, 춥고 따뜻함, 전기적 긴장 등과 같은 다양한 영향을 받는다.

이번에는 이들의 작용을 받아들이는 식물의 감수성을 상상 속에서 점차로 드높여보자. 그러면 마침내 감각하게 되고 이들의 작용을 갖가지 원인과 관계시켜보는 능력이 생기며, 그리하여 이윽고 지각으로 나타난다. 그때 세계는 이미 공간과 시간을 인과율의 형식을 취하면서 그곳에 현존하게 된다. 더구나 이는 어디까지나 식물의 감수성에 가해진 외부 세계의 영향의 결과에 지나지 않는다.

여기에 직관적인 형상으로 표현한 고찰은 외부 세계의 현상적 실재성이라는 것을 알기 쉽게 설명하는 데 적합하다. 이처럼 고찰한 뒤에도 "외부 세계의 영향과 생명체의 감수성 사이의 상대적 관계에서 발생하는 모든 사태는, 식물에 작용한다고 가정되는 온갖 자연력, 즉 물자체의 세계의 진정으로 객관적이고 내적이며 본원적인 성질을 표현한다"라는 말을 듣고서 대체 누가 주장할 생각을 할까. 그러고 보면 우리는 이 상상 실험에 비추어볼 때 칸트가 《순수이성비판》에서 입증했듯이 인간의 지성이 미치는 범위가 왜 극히 좁은 한계를 가지고 있는지 이해할 수 있다.

이에 반해 물자체인 것은 오직 의지뿐이다. 의지야말로 현상의 온갖 속성의 창조자며 소유자다. 사람들은 도덕적인 제반 성질을 의지의 탓으로 생각하며 의심치 않는다. 하지만 인식과 그 힘, 즉 지성도 의지의 현상에 속하고 따라서 간접적으로 의지에 소속된다. 식견이 좁은 우둔한 사람들은 언제나 누구에게나 경멸받지만, 이는 적어도 부분적으로는 그들의 의지가 자신의 부담을 가능한 한 가볍게 하고 자신의 목적을 위해 불과 1그램의 인식력밖에 부담하지 않았다는 데 기초하고 있다고도 말할 수 있다.

8

이미《의지와 표상으로서의 세계》1권 14장에서도 기술했듯이 모든 명증은 직관적이며 사물의 진정한 이해도 모두 직관적이다. 모든 언어에서 볼 수 있는 무수한 비유적 표현이 이를 증명한다. 그 이유는 모든 추상적인 것을 직관적인 것에 끌어다 붙이려는 시도기 때문이다. 어떤 일에 대한 추상적 개념만으로는 결코 진정한 이해를 얻을 수 없다. 더구나 이러한 개념으로 많은 사람이 많은 일에 대해 말하듯이 그에 대해 말하기가 가능하다. 그뿐인가. 그중에는 그로 말미암아 개념마저도 필요로 하지 않고 단순한 말만으로, 예를 들면 습득하여 외우고 있는 술어만으로 해치우는 사람들도 있다.

반면에 어떠한 일을 진정으로 이해하기 위해서는 그 대상을 직관적으로 파악하고 그에 대한 확실한 상을 품고 가능하면 현실 그 자체에서부터, 그렇지 않으면 상상력으로 그 상을 받아들이는 자세가 필요하다.

지나치게 크거나 너무 복잡해서 한눈에 훑어볼 수 없다 해도 상을 이해하기 위해서는 부분적으로, 또는 훑어볼 수 있는 대체물을 통해 시각화해야 한다. 이런 방법이 불가능할 때는 적어도 생생한 이미지와 비유를 통해 쉽게 받아들일 수 있도록 노력해야 한다. 시각화는 우리 인식의 토대다. 이러한 사실은 우리가 무척 큰 숫자라든가, 또 이러한 숫자로 표현할 수밖에 없는 대단히 먼 거리, 예를 들면 천문학상의 거리 같은 것을 추상적으로 생각할 수는 있지만, 실제로 직접적으로 이해할 수는 없고 단지 상대적인 비교 개념만 가지고 있다는 점에서도 알 수 있다.

그렇다 하더라도 철학자는 우선 지금 말한 원천, 즉 직관적 인식에서 지식을 섭취하여 사물 그 자체나 자연 혹은 세계나 인생을 직시하고, 이들을 서적이 아니라 사상의 원전으로서, 그리고 또 있는 그대로 주어진 모든 개념을 언제나 여기에 조합하여 음미하고 조정해야 한다. 이리하여 서적을 인식의 샘이 아니라 다만 보조 도구로 이용하는 데 그쳐야 한다. 서적은 차선을 제공하는 데다가 대개 원래의 거울이 완전히 깨끗한 경우가 드물 듯이 이미 잘못되어 있기 때문이다. 그러므로 서적은 원전의, 즉 세계의 반영이며 복사한 그림에 불과하다.

반면에 자연과 현실은 결코 사람을 기만하지 않는다. 자연이야말로 모든 진리를 그대로 보여주기 때문이다. 그러므로 철학자는 자연을 수학해야 하며 그의 문제는 크고 명확한 특징과 주요 근간인 성격에서 발생한다. 이리하여 본질적이며 보편적인 모든 현상, 어느 때나 도처에 존재하는 것을 고찰의 대상으로 한다. 그리고 특수하며 개별적이고 희소하고 미시적이거나 일시적인 현상은 물리학자, 동물학자, 역사학자 등에게 위임하는 것이리라.

철학자는 더 중요한 것을 붙잡아야 한다. 즉, 커다란 세계 전체와 세계의 본질, 갖가지 근본적 진리 등이 그의 높은 목표이므로 무거운 상자의 구석을 뒤지는 일은 할 수 없다. 높은 산 정상에 서서 광야를 바라보는 사람이 동시에 아래 골짜기에 나 있는 초목을 점검, 식별할 수는 없기 때문에 그 일을 아래서 연구하는 식물학자에게 맡기는 것과 똑같은 이치다.

자신의 모든 능력을 어떤 특수 과학에 바치기 위해서는 그 학문을 향한 커다란 사랑이 필요하지만 또 다른 모든 학문에 대한 무관심도 필요하다. 다른 학문을 거의 알지 못한다는 조건에서 비로소 하나의 학문에 전념할 수 있기 때문이다. 한 여성을 목표로 하는 남자가 다른 모든 여성을 단념하는 일과 마찬가지다. 뛰어난 정신력의 소유자들은 전체의 통찰을 너무나 깊이 마음에 두고 있기 때문에 결코 특정한 전문 과학에 몸을 바치지 않는다. 그들은 장군이지 대위가 아니며, 오케스트라의 지휘자지 연주자가 아니다.

현실의 총체 중에서 그 특징의 지엽적인 단 하나의 분야를 정밀하게 조사한 후, 다른 분야와의 관계를 통해 그 내용을 배워 알지만 다른 모든 분야는 무시해버린다면, 어떻게 위대한 정신이 만족을 찾을 수 있을까. 위대한 정신은 도리어 분명히 전체를 목표로 한다. 그 지향은 현실의 총체, 시계 전반을 향하고 있으며 어떠한 것도 그에게 관계없는 상태로 있을 수 없다. 따라서 그는 한 주제의 세세한 부분에 달라붙은 상태로 한 생애를 보낼 수는 없다.

9

모든 정신 활동 중에서 최저는 산술적인 활동이다. 정신 활동 중에서 유일하게 기계로도 수행할 수 있기 때문이다. 그런 까닭에 오늘날 영국에서는 계산기를 자주 사용한다.

그런데 모든 유한 분석과 무한 분석은 기본적으로 모두 산술로 귀결된다. 이미 리히텐베르크가 "숫자는 신학과 거의 같다"라며 조롱하던 "수학적 미묘함"의 깊이 여하를 추측할 수 있다. 리히텐베르크는 계속해서 이렇게 말했다.

신학에 종사하는 사람 중에는 전혀 쓸모없는 이도 무척 많다. 특히 직위에 올라 있으면 자신이 신성함에 대한 특별한 신임장을 받았고 신과 각별히 친밀하다고 말한다. 소위 수학자도 극히 심오한 사상가로 인정받고 싶어 한다. 사실 그들 중에는 사색의 작품이라기보다는 규정의 작품인 기호의 용이한 조합으로 가능한 일 이외에는 성찰이 필요한 여하한 일은 견디지 못하는 멍텅구리도 있다.

/ 리히텐베르크,《소품집》2권 참조*

* 모든 이해는 인과 관계를 즉각적이고 직관적으로 파악하는 것이다. 물론 그 이해를 고정하려면 즉시 추상적인 개념으로 환원해야 한다. 그러므로 계산은 이해가 아니며 그 자체로는 사물과 현상에 대한 이해를 제공하지 않는 셈이다. 직관을 통해 인과 관계를 올바로 인식하고 그 과정의 기하학적 구성을 따르지 않으면 얻을 수 없다. 오일러는 사물과 현상을 근본적으로 이해했기 때문에 다른 누구보다도 자주 이 점을 언급했다. 반면에 산술은 추상적인 개념의 양에만 관련이 있어서 상호 관계만 확정할 뿐이다. 결과적으로 물리적 현상을 조금도 이해하지 못한다. 물리적 현상을 이해하려면 여러 가지 원인이 작용하는 공간적 관계에 대한 직관적 이해가 필요하기 때문이다. 산술은 얼마나 크고 작은지, 얼마나 많고 적

한곳을 오래 응시하면 초점이 흐려져서 결국에는 아무것도 보이지 않는다. 그와 마찬가지로 지성도 같은 일을 계속해서 생각하면 아무것도 발견하거나 이해할 수 없다. 너무 오랫동안 생각에 골몰할 때는 오히려 우둔해지고 혼돈 속에 묻힐 뿐이다.

이때는 일단 눈을 떼고 잠시 후에 다시 바라보면 윤곽이 선명하게 나타난다. 그러므로 플라톤이 《향연》에서 "소크라테스는 어떠한 생각에 골몰하여 온종일 미동도 하지 않고 조각상처럼 서 있었다"라고 했는데, 이러한 이야기를 들으면 '설마' 하는 생각이 들 뿐 아니라 '엉뚱한 짓을 했군' 하는 생각마저 든다.

이처럼 지성은 휴식이 필요하다는 데서부터 설명할 수 있다. 얼마 동안 휴식한 다음에 이 세계의 수많은 추이를 어떤 신선하고 진귀한 대상처럼 바라보고 비로소 정말 무엇에도 구속되지 않은 새로운 눈으로 세계를 바라볼 때, 그 맥락과 의의가 극히 순수하고 명확하게 보인다.

그리하면 우리에게는 손에 잡힌 듯이 보이는 사물이 매시간 그 속에서 움직이는 모든 사람에게는 어째서 지각되지 않는지 아무래도 이해가 안 될 정도다. 따라서 이처럼 밝은 안목의 순간을 광기가 있는 사람이 때때로 본심으로 돌아가는 냉철한 순간에 비

은지를 결정하므로 실생활에 필수적이다. "산술이 시작되는 곳에서 이해가 끝난다"라고까지 말할 수도 있다. 수로 가득한 머리는 계산하는 동안 물리적 과정의 인과적 연결이나 기하학적 구성과 완전히 무관해지기 때문에 완전히 추상적인 수의 개념에만 몰두한다. 하지만 그 결과는 '얼마나 많은가' 이상의 것, 즉 '무엇인가'에 대해서는 절대 말해주지 않는다.(원주)

유할 수 있다.

11

한층 높은 의미에서는 영감의 조명을 받아 찰나에 묘한 생각을 얻는 영감의 순간조차도 천재에게는 '냉철한 순간'에 지나지 않는다. 그러고 보면 천재는 광기보다 한 층 위에 살고 있다고 말할 수 있다. 그러나 때로는 이성적인 사람의 이성도 '냉철한 순간'에만 작용하지는 않는다. 이성적인 사람일지라도 언제나 이성적일 수는 없기 때문이다. 현명한 사람이라도 언제나 현명할 수는 없으며 학자라도 모든 것에 학식이 있다고 할 수는 없다. 때로는 흔해 빠진 일이라도 생각해내지 못하거나 잘 정리하지 못할 수도 있기 때문이다. 요컨대 아무도 항상 현자일 수는 없다. 이러한 일은 모두 어떠한 뇌수가 차고 비는 것과 그 섬유의 긴장과 이완의 표시처럼 보인다.*

그리하여 이러한 정신의 내달음으로 어떠한 새로운 깊은 통찰이 돌연 우리 마음에 떠오르면 우리의 사상은 고도로 활발해지는데, 그러한 경우의 기연은 언제나 어떤 직관과 관계가 있으며, 직관적인 통찰은 모든 위대한 사상을 지탱하고 있으리라. 그 이유는 말이 타인에게는 사상을, 자신에게는 심상을 일깨워주기 때문이다.

---

* 정신의 에너지가 (유기체의 생리적 결과로) 고양되거나 이완되면 정신은 극히 여러 고도로 비행하고, 때로는 창공에 높이 떠서 세계를 내다보고 때로는 지상의 늪과 못 위를 스치고 날기도 한다. 그러나 대개는 이 양극의 중간에서 날아다니지만 이쪽이나 저쪽으로 가까이 난다. 의지는 이 오르내림을 조절할 수 없다. (원주)

12

자신이 행한 귀중한 성찰은 가능한 한 빨리 기록해두어야 한다. 우리는 자신의 체험뿐 아니라 사색한 내용을 언제 잊어버릴지 알 수 없거니와 사상은 우리가 원하는 때 오지 않고 되는대로 오기 때문이다.

반면에 외부에서 같은 형태로 만들어진 채로 받아들이는 것, 타인에게서 배우는 것은 언제나 서적에서도 확인할 수 있으므로 적어두지 않는 편이 낫다. 다시 말하면 발췌하여 기록하는 노트는 만들지 않는 것이 낫다. 무언가를 적어둔다는 일은 그 내용을 망각할 때를 대비하는 일이기 때문이다.

그러나 사람은 방심하여 기억력의 순종하는 성질을 잊지 않도록 엄격한 태도로 임해야 한다. 예를 들면 어떤 사물이나 시구절, 혹은 단어가 기억나지 않을 때는 곧바로 찾으려 하지 말고 몇 주 동안 자신의 기억력을 다그쳐서 기억력이 책임을 다할 때까지 중지하지 않는 것이 중요하다. 생각해내는 데 긴 시간이 걸릴수록 그만큼 기억에 남기 때문이다. 이렇게 노력하여 기억의 밑바닥에서 끌어온 것은 서적의 도움을 빌려 되찾아낸 것보다도 훨씬 더 쉽사리 다음 기회에 이용할 수 있다.*

---

* 기억은 앳된 소녀처럼 갈피를 잡을 수 없는 변덕쟁이다. 지금까지 백번이나 부여해온 것을 전혀 뜻밖에 거부하는가 하면, 생각지도 않을 때 혼자서 들고나오기도 한다. 단어는 단순한 개념보다는 심상과 연결해둬야 강하게 기억에 남는다. 한번 배운 것은 언제까지나 잊어버리지 않으면 좋겠지만 그렇지 못하다. 배운 내용은 수시로 복습하여 되살리지 않으면 점차 잊어버린다. 그런데 그냥 반복하는 일은 지루하므로 복습할 때도 언제나 새로이 무언가를 부가하여 배워야 한다. '진보하지 않으면 퇴보'하는 이유는 이 때문이다. (원주)

기억은 사실 사람이 자신의 기억보다는 자신의 기지를 신뢰하기 때문에 기억력의 역할을 기지로 바꾸는 데 기반한다. 즉, 기억술에 의존하는 사람은 기억하기 어려운 일을 기억하기 쉬운 일로 바꿔놓고 이후 다시 기억하기 어려운 일로 고치는 과정을 거쳐야 한다. 이 기억술과 자연적 기억력의 관계는 의족과 다리의 관계와 마찬가지다. "모든 부자연스러운 것은 불완전하다"라고 한 나폴레옹의 금언은 여기에서도 들어맞는다. 새로이 배워 기억하는 사물이나 단어가 자연스럽고 즉각적인 기억에 통합될 때까지 처음에는 임시 목발처럼 활용하는 것이 유용하다.

우리 기억이 축적한 내용의 범위는 때때로 건너다볼 수도 없을 만큼 광범위한데, 기억력은 대체 어떻게 이 속에서 필요한 내용을 한 번에 찾아낼까? 그리고 때로는 상당히 장시간에 걸쳐 이뤄지는 모색이 실제로는 어떻게 행해지는 걸까? 처음에는 찾아도 발견할 수 없던 것을 대개는 그에 매인 사소한 실마리에서 발견하거나, 또 그렇지 않더라도 두세 시간 뒤에나 때로는 며칠 뒤에 어떤 조그만 목소리로 속삭이듯이 조용히 이유도 없이 떠오르는 것은 무슨 영문일까?

이러한 현상은 현재 그 속에서 움직이고 있는 우리 자신에게는 모두 수수께끼다. 그러나 이만큼 미묘하고 이상한 조작이 이만큼 다양한 기억 재료를 속박 없이 마음대로 처리하는 것을 보면 인공적, 의식적인 유추 조작 등을 그 대용으로 하기는 도저히 불가능하다는 점을 의심할 여지는 없다. 유추할 때도 역시 자연적인 기억력이 원동력이라는 데는 변함이 없으며 한 가지 것을 명기하는 대신 두 개의 것, 즉 기호와 기호가 나타내는 것을 명기하지 않으면 안 되기 때문이다. 아무튼 이러한 인공적인 기억에는 비교적 극히 사소한 내용밖에는 축적할 수 없다.

일반적으로 어떤 사물이 우리 기억에 새겨지는 방식에는 두 가지가 있다. 하나는 사물을 기억해두려고 의도적으로 외우는 경우로, 단순한 단어나 숫자 등이면 한동안 기억술을 사용해봐도 좋다. 또 다른 하나는 사물이 우리에게 주는 인상을 통해 인위적 작용 없이 기억에 새겨지는 경우인데, 우리는 이렇게 새겨진 기억을 잊기 어려운 기억이라 부른다.

그렇지만 대개의 상처가 처음 상처 입은 순간보다 한참 지나야 비로소 아프기 시작하듯이, 사건이나 남에게 듣고 읽고 한 사상은 처음 접한 직후보다 다음에 한층 더 깊은 감명을 느끼는 일이 적지 않다. 이러한 감명은 뒤에 되풀이하며 떠오르기 때문에 우리는 그 기억을 잊어버리지 않고 우리 사상 체계에 동화시켜 언제든 적절한 기회에 나오게 한다. 이렇게 되려면 어떤 식으로든 우리의 관심에 호소해야 한다. 따라서 우리도 객관적인 것을 탐욕스러울 정도로 받아들이고 지식과 통찰을 찾으려 애쓰는 활발한 정신을 소유해야 한다.

많은 학자가 자신의 전문 분야에 속하는 사물에도 무지한 이유는 그 대상에 대한 그들의 객관적 관심이 부족해서다. 대상에 관련된 인식이나 발언, 통찰이 그들의 마음에 선명한 인상을 조금도 주지 않는 까닭에 기억에 남지 않는 것이다. 이는 그들이 정열을 쏟아 연구하지 않고 참고 공부하기 때문이다.

그러므로 많은 사물에 관심을 품으면 품을수록 더 많은 사물이 기억에 머무르게 된다. 이러한 일이 청소년기에 가장 왕성한 이유는 이 나이 때에 접하는 사물의 신선함이 사물에 대한 관심의 정도를 높이기 때문이다. 이 기억 방식은 앞에서 말한 의도적인 방식보다 훨씬 적확하다. 스스로 중요한 사물을 극히 자연스럽게 선택하도록 작용한다. 물론 머리가 둔한 사람은 기억 방식이 자신의 관심사에만 좁게 한정되기도 한다.

13

우리 사상의 질(형식적인 가치)은 내면에서 나오고 그 방향과 소재는 외부에서 온다. 따라서 우리가 생각하는 내용은 근본적으로 다른 두 개 요인의 소산이다. 그리고 보면 정신에서 객관은 거문고에서 활과 같은 역할을 한다. 같은 풍경이라도 개개인의 머릿속에 약간 다른 사상을 불러일으키는 이유다.

　내 정신이 개화할 무렵, 그러니까 내가 아직 고양된 정신력으로 정점에 있을 때, 때때로 좋은 조건의 혜택을 받아 뇌의 긴장이 최고조에 달했을 때, 그래서 눈에 띄는 거의 모든 것이 나를 향해 제각기 계시를 털어놓고 이야기했다. 그리고 거기서 적어둘 가치가 있는 일련의 사상이 발아했고, 그리하여 사실 그 사상을 기록으로 남겼다. 하지만 세월이 지나 체력이 쇠퇴하는 나이에 접어드니 그러한 혜택을 받는 시간은 점차로 줄어들었다. 활은 객관적이지만 거문고는 정신이기 때문이다. 이 거문고가 조율이 최고로 잘되었는지 아닌지에 따라 각자의 뇌에 나타나는 세계에 커다란 차이가 생긴다.

　그리하여 이것이 생리학적, 해부학적 모든 조건에 따라 달라지듯이 다른 한편으로 활은 우연의 손에 쥐어져 있다. 대체로 우리가 접촉하는 대상은 우연히 이끌려오기 때문이다. 그렇지만 이 점도 더욱 많은 부분이 우리의 자유 선택에 맡겨져 있다. 우리가 접촉하거나 주변에 두는 사물에 따라 그 우연을 부분적으로는 임의로 결정할 수 있기 때문이다.

그러므로 우리는 이 점에 얼마간 마음을 두고 방법적인 계획성을 가지고 사물을 접해야 한다. 로크의 《인간지성론》이라는 짧지만 뛰어난 책에서 이에 대한 적절한 지침을 얻을 수 있다. 그럴더라도 사람이나 사물에 대한 뛰어난 사상은 언제나 생각대로 불러들일 수 없는 것이다. 우리가 할 수 있는 일은 쓸데없이 어리석고 변변치 못한, 그리고 비속한 생각에 대한 반추를 모두 떨쳐버리고 모든 희롱하는 말이나 잡설을 물리침으로써 뛰어나고 진정한 사상이 찾아오도록 언제나 길을 열어놓는 일뿐이다. 그러므로 충실한 사상을 가지기 위해서는 쓸데없는 일을 생각하지 않는 것이 지름길이라 할 수 있다. 뛰어난 사상을 위한 자리를 비워두면 언젠가 그 사상이 들어찬다. 또 이와 마찬가지 이유로 한가한 시간이 생기면 바로 서적에 손을 내밀지 말고 마음이 조용해지기 기다리면 좋은 사상이 쉽게 떠오를 수 있다. 리메른이 괴테에 대해 쓴 자신의 책에서 "나는 사상이 걷거나 서 있을 때만 나오고 앉아 있는 동안에는 거의 나오지 않는다"라고 했는데 이 말은 지극히 정확하다.

이처럼 선명하고 투철하고 귀중한 사상의 출현은 일반적으로 외적 조건보다도 내적 조건이 혜택을 받은 결과이므로, 여기서부터 설명을 시작할 수 있다. 이러한 사상은 대개 완전히 개별적인 대상에 관한 몇 개의 사상이 느닷없이 나타나서 거의 동시에 출현하는 수가 때때로 있는데, 이 경우 그들은 바위 굴 속에 군생하는 많은 결정체처럼 서로 교차하고 간섭하며, 나아가 마치 두 마리의 토끼를 쫓는 자처럼 우리를 기진맥진하게 만들기도 한다.

14

보통 인간의 지성은 좁고 빈약하기도 하지만 의식의 밝음이 얼마나 하찮은지는 다음의 일로 추측할 수 있다. 즉, 끝없는 시간 속에 내던져진 인생의 짧은 순간이나 생존의 어려움, 곳곳에서 밀어닥치는 무한한 수수께끼, 그러한 많은 현상의 의미 깊은 성격, 더구나 인생의 매사에 부족한 상황 등에도 끊임없이 철학을 하는 사람은 그리 많지 않다. 그리고 완전히 예외적인 인간만이 철학을 하는 것이 사실이다.

그 밖의 사람들은 이 꿈속에서 목적 없이 되는 대로 지내고 있어 그 모양은 동물과 별로 큰 차이가 없고, 결국 겨우 2~3년 앞을 내다보고 생각하는 정도가 다르다. 그들의 마음속에는 어떠한 형이상학적 요구 등이 닥쳐올 때를 대비해서 미리 종교를 가지고 있다. 그리하여 종교는 어떠한 것에라도 적용할 수 있다.

그러나 말은 이렇게 하지만 철학적 사색은 보기보다 훨씬 많고 남모르게 영위하는 일도 있을 것이다. 종교는 철학적 사색에 상당하는 대용물일지도 모른다. 우리 인간의 처지는 무척이나 큰 고난 속에 놓여 있기 때문이다. 인간은 짧은 생애를 살아가는 동안 노고와 궁핍과 고통에 시달려 어디에서 왔는지도, 어디로 가는지도, 무엇 때문에 살아 있는지도 전혀 알지 못한다. 게다가 모든 종파의 성직자들이 이 사태에 대한 여러 생각의 계시를 설파하고 신도가 아닌 사람에게 온갖 협박을 가한다.

다시 이에 덧붙여 우리는 서로 마주 보고 교제하면서 살아가는데, 이는 가면끼리 어울리는 일과 같아서 서로 상대가 누군지도 모르며 자기 자신이 누구인지도 모른다. 우리가 동물을 바라보듯이 동물도 우리를 바라본다.

15

어쩐지 우리의 모든 사고 중 절반은 의식 없이 행해지는 듯하다. 전제가 확실히 세워져 있지 않은 상태에서 결론부터 나오는 것이 일반적이다. 어떤 사건의 결과를 아직 꿰뚫어 보기 전에는 그 사건이 우리 자신의 관심사에 어떠한 영향을 미치는가를 확실히 추정할 수 없다. 더불어 이 사건이 우리의 생활 감정을 쾌활한 기분이나 우울한 기분으로 바꾸거나 해서 일사불란하게 영향을 미치는 일이 때때로 있는데 이것만으로도 위에 서술한 내용을 알 수 있다. 대체로 사고는 무의식적인 사색의 결과가 틀림없기 때문이다.

이는 다음의 내용으로 더욱 분명해진다. 어떠한 이론적인 문제나 실제적인 조건에 관한 사실 자료를 봐두면 그 자료를 새롭게 염두에 두지 않아도 2~3일 지나면 그 결론(즉 어떠한 생각을 품고 있는지, 어떻게 대처하면 좋은지를)이 확실히 마음에 떠오르는 일이 종종 있다. 그때 그 결론을 이끌어낸 과정은 계산기의 작용과 같이 내게는 전혀 감지되지 않는다. 즉, 무의식의 사색인 셈이다.

마찬가지로 내가 어떤 주제를 가지고 좀 쓰다가 중단해버렸는데, 전혀 생각지 않은 상황에서 그 주제가 떠오르는 일이 있다. 또 잊어버린 이름을 며칠이나 걸려서 기억에서 찾으려다가 포기한 뒤 전혀 뜻하지 않은 때에 돌연히 누군가가 귀띔이라도 해주듯이 그 이름이 생각나는 수도 있다.

실제로 가장 좋은 것, 가장 함축이 풍부하고 심오한 사상은 영감처럼 돌연 떠오르기도 하고 때때로는 처음부터 중후한 격언의 형태로 즉시 우리의 의식에 떠오르기도 한다. 이러한 사상은 긴 무의식의 성찰과 세부 항목은 잊었지만 때때로 아득한 옛날로 거슬러 올라가는 무수한 착상의 결과라는 점은 분명하다. 이와 관련해서《의지와 표상으로서의 세계》2권 14장에서 제시한 부분이 있으므로 참조해주었으면 한다.

어쩐지 의식적인 사고는 뇌수의 표층에서 일어나고 무의식적인 사고는 뇌수의 수질의 내부에서 행해진다는 생리학적 가설을 과단성 있게 제창해보고 싶을 정도다.

16

인생의 단조로움과 여기서 생겨나는 싱거움을 생각하면 상당히 오랜 기간 계속해서 살아온 사람에게는 인생이 못 견딜 정도로 지루하게 느껴질 것이다. 크게 보면 인식과 통찰이 끊임없이 진보해 온갖 사물을 점차 명백히 이해하는 일이 늘어나는데, 이는 인생의 지루함에서 우리를 얼마간 구원해준다. 이는 원숙과 경험의 하사품 중 하나지만, 또 하나는 여러 연령에서 우리 자신이 갖가지 변화를 거쳐 어느 정도는 끊임없이 새로운 견지에 놓이게 되고 그로부터 사물이 우리의 미지의 측면을 보여주고 지금까지와는 다른 모습으로 드러나게도 한다.

그러므로 정신력의 강도는 점차로 쇠퇴해가지만 소위 나날이 새로이 배우는 일 또한 쉴 새 없이 잇따른다. 그래서 동일한 것일지라도 언제나 새롭게 변한 모습으로 나타나 인생에 언제까지나 새로운 매력을 준다. 생각이 깊은 노인들이 모두 "나이를 먹으면서 더 많이 배운다"라는 말을 좌우명으로 삼는 이유다.

다시 말하면 우리의 기분이나 감정의 여러 변이에도 나이의 차별 없이 언제나 위에서 말한 바와 똑같은 효능이 있다. 이 변화로 말미암아 우리는 사물을 날마다 다른 빛 속에서 보기 때문이다. 이 변화도 우리의 의식과 사고에 영향을 미쳐 그 단조로움을 줄여준다. 마치 아름다운 풍경에 끊임없이 변화하는 조명이 있으면 빛의 효과 때문에 이미 백번이나 본 풍경이 새롭게 우리를 매혹하는 것과 같다. 그리하여 기분이 바뀌면 낯익은 것도 새롭게 보여서 새로운 소견이나 사상을 불러일으킨다.

17

선험적, 생득적으로 통찰하여 결정할 수 있는 일이 있다. 예를 들면 모든 변화에는 원인이 있다는 필연성이나 수학적 여러 진리나 역학 또는 천문학에 포함된 수학으로 환원할 수 있는 모든 명제, 그리고 주지하는 바와 같이 의심할 데 없는 자연법칙에서 비롯된 명제들이 그렇다. 이런 것을 후천적이고 귀납적a posteriori 실험으로 결정하려는 사람은 당연히 모멸당한다.

좋은 예는 화학에서 출발한 우리의 최근 유물론자들이다. 나는 극히 한쪽으로 치우친 그들의 학식을 보고 이미 다른 곳에서

"화학만으로 약제사 자격을 얻을 수 있지만 철학자가 될 수는 없다"(《자연에서의 의지에 관하여》2판 서문 참조)라고 소감을 말한 적이 있다. 이 사람들은 물질은 항상 존재한다는, 그들 이전에 천번이나 확인된 선험적, 생득적 진리를 경험적 수단을 통해 새로이 발견했다고 믿고, 세상은 이를 아직도 전혀 모르고 있다는 듯이 방약무인으로 선전하고 그 경험적 증명을 내세우고 있다. "이 증명은 우리의 저울과 레토르트*로 처음 드러났다"라고 이 학파의 소박한 메아리인 《힘과 재료》라는 책 5쇄에서 루트비히 뷔히너† 박사가 서술했다. 그들은 그만큼 생각이 없는 건지 아니면 무지한 건지 여기에서만 쓰여야 할 '물질'이라는 정확한 단어를 쓰지 않고 그들에게 가장 익숙한 '재료'라는 단어를 사용하여 "물질은 절대적으로 변하지 않고 그로 말미암아 그 정량은 증감하지 않는다"라는 선험적, 생득적 명제를 "재료는 불사한다"라는 식으로 표현한다. 따라서 자신들은 말할 필요도 없이 그들의 새로운 발견에 대해 위대하다고 자부한다.

대체로 존재하는 물체의 형태에 대해 절대적으로 변하지 않는 물질이 가지는 우위나 관계는 몇백 년 전부터, 아니 몇천 년 전부터 논의해왔다는 사실은 이들의 귀에 물론 들어가지 않는다.

그들은 '지금 막 태어난 것처럼' 겔리우스‡가 "네가 지금껏 배운 일이 없고 오랫동안 모르고 지내온 것을 언젠가 조금이라도 알기 시작하면, 시간과 상황에 대한 분별도 없이 대대적으로 화

---

*   목이 굽은 플라스크 모양의 화학 실험 기구다.

†   Ludwig Louis Büchner, 1824~1899. 독일의 유물론적 사상가이자 작가다.

‡   Aulus Gellius, 생몰 미상. 2세기에 활동한 고대 로마의 작가다.

제를 삼는다"(《아티카의 밤》 2권 7장)라고 쓴 '만학의 폐幣'가 퍽 깊다.

그러면서도 누군가 나면서부터 참을성이 많은 사람, 화학의 아궁이에서 와서 아무것도 모르는 이러한 약제사나 이발사들에게 다만 물질과 재료의 구별만이라도 가르쳐줄 사람은 없는가. 재료는 이미 질의 차이를 구비한 물질, 즉 물질과 형식의 결합체로 이 둘은 분리할 수도 있다. 따라서 절대적으로 변하지 않는 것은 재료가 아니라 물질뿐이며, 재료 쪽은 경우에 따라서 언제든 다시 다른 것이 될 수 있다. 이 점에서 그들이 화학에서 말하는 60종류의 근본 재료도 예외는 아니라는 점을 가르쳐주어야 한다.

물질의 불멸성은 결코 실험으로 확인할 수 없다. 그러므로 가령 그 성질이 선험적, 생득적으로 확실하지 않다면 영원히 확증할 도리가 없다는 의미다. 물질의 불멸성과 물질이 온갖 형식으로 변화한다는 인식은 결정적으로 선험적, 생득적 인식이다. 따라서 어떠한 경험에도 의존하지 않는다는 것은 셰익스피어의 《햄릿》에서 입증된다. 셰익스피어는 물리학에 문외한으로 그다지 아는 바가 없었는데도 무덤을 파는 인부가 나오는 장면에서 햄릿은 이런 대사를 한다(5막 1장).

위대한 카이사르도 죽어 흙으로 변하여
구멍을 메워 찬바람을 막는 데는 쓸모가 있으리라만,
일찍이 전 세계를 두려움에 떨게 한 이 흙도
벽에 매 흙을 발라 겨울날 폭풍을 격퇴하게 되었나니!

이처럼 셰익스피어가 이미 한 진리의 적용을 오늘날의 유물론자들은 약국이나 치료실에서 가지고 나와 새삼스럽게, 더구나 우쭐대는 얼굴로 사람들에게 퍼뜨리고 있다. 그러면서 그들은 이 진리의 적용이 경험의 실증적 성과라고 확신한다.

이와 반대로 아무래도 후천적, 귀납적인 경험이 아니면 알 수 없는 일을 선험적, 생득적으로 설명하려는 사람들은 사기꾼으로 웃음거리가 된다. 셸링이나 셸링 학파는 당시 누군가가 훌륭하게 표현했듯이 "후천적, 귀납적으로 세워놓은 표적에 선험적, 생득적인 사격"을 했고, 이러한 오류에 대한 좋은 경고의 예를 보여주었다.

이러한 방식에서 셸링의 업적은 그의 《자연철학의 이념》에서 가장 분명히 볼 수 있다. 그는 우리 눈앞에 놓인 자연에서 남몰래 그리고 경험적인 태도로 일반적인 진리를 끄집어낸 다음, 자연의 전체적 양상을 몇 가지 표현으로 방식화했다. 그리고 그 몇 가지 표현을 자연 일반의 사유 가능성에 대한 선험적, 생득적으로 발견된 원리라고 칭했으며, 여기에 근거해서 (원래 그 원리의 근거인) 눈앞의 사실을 다시 가지런히 연역하여 자연은 있는 그대로의 것일 수밖에 없다고 제자들에게 증명하여 보여주었을 뿐이다.

자, 철학자가 들어오셨다.
그리하여 너희들에게 이치의 당연함을 증명한다.
/《파우스트》, 1부

이 방법의 가장 유쾌한 예를 보고 싶은 사람은 앞에 든 책에 있는 무기적 자연과 중력의 선험적, 생득적 연역을 읽으면 된다. 이를 보고 있으면 아이가 술잔 밑에서 구슬을 끄집어내어 나를 놀라게 하려고 하는 것과 같다. 그런데 내 편에서 볼 때 나는 아이가 술잔 밑에 구슬을 어떻게 숨기는지 빤히 보고 있는 듯한 느낌이 든다.

선생이 이러한 선례를 보였으니 제자들이 똑같은 방법으로 달걀 모양이니 원 모양이니 하는, 경험적으로 그려 모은 막연한 개념에서 유추해내는 모습을 보여도 놀랍지 않다. 예를 들어 알 동물, 몸통 동물, 배 동물, 가슴 동물이니 그 밖의 다른 넌센스 같은 유사한 유추를 기반으로 자연의 과정을 선험적, 생득적으로 연역하려고 한다. 반면에 그들의 무척 진지한 연역을 보면 그들이 언제나 오직 하나 확실한 후천적, 귀납적 사실 쪽을 훔쳐보면서, 더구나 그들의 망상에 맞춰 자연을 설명하고자 때로는 노골적으로 자연에 폭력을 가하는 것이 확실히 들여다보인다.

이들에 비하면 성실한 경험을 존중하는 태도로 오로지 자연에서 배우고 자연이 걸어간 길을 탐구하기 위해 노력할 뿐, 멋대로 자연에 법칙을 지정하지 않는 프랑스인들의 모습은 얼마나 훌륭한가. 프랑스인들이 동물계를 깊이 있고 정확하게 분류한 것은 오직 귀납적 방법 덕분이었다. 독일인들은 이 분류표를 평가할 수조차 없어서 분류표를 바탕으로 위에서 언급한 것과 같은 기묘하고 왜곡된 착상을 통해 자신의 독창성을 펼쳐 보이려 한다. 그리고 그것을 신기하게 생각하는 실정이다. 정신적 공정에 대해 얼마나 명민하고 공정하게 판정하는 자들인가, 이러한 국민 사이에서 태어나다니 얼마나 행복한 일인가!

18

지식욕이 보편적인 것을 향할 때는 학구열이라고 부르고 개별적인 것을 향할 때는 호기심이라고 부른다. 대개 남자아이들은 학구열을 보이고, 여자아이들은 단순한 호기심을 보이는데 그 호기심은 때때로 질릴 만큼 강하고 불쾌할 정도다. 여성은 보편적 사물에 대한 감수성이 없어서 개별적인 일에 눈을 두는 특징이 있는데, 이러한 특징이 이미 어린 시절에 싹트고 있는 셈이다.

19

천혜의 기질을 갖춘 덕에 정묘한 판단력을 지닌 두뇌에는 두 가지 장점이 있다. 첫 번째, 두뇌가 무엇을 보고 경험하고 읽으면 그중 중요하고 의미 있는 것들은 머릿속에 자리 잡고 기억에 새겨져서 필요할 때 언제나 떠오른다. 그리고 나머지는 조수처럼 다시 흘러가버린다. 그러고 보면 이 두뇌의 기억력은 커다란 알갱이만 걸러내 남기는 고운 체와 같다. 반면에 나머지 다른 두뇌는 굵은 체와 같아서 우연히 남은 것 외에는 무엇이든 다 빠져나가게 한다.

첫 번째와 관련하여 뛰어난 정신의 두 번째 장점은 여간해서 다른 사람들이 알아차리기 어려운 일이더라도 언제나 문제의 요점이나 이와 유비적인 일, 그 밖의 관련 있는 일을 항상 잘 기억해낸다는 점이다. 사물에 실제로 중요한 게 무엇인지 잘 파악하기 때문이다. 일견 따로 떨어져 있는 사물에서도 무엇이 동일한지, 따라서 서로 관련되는 게 있는지를 즉시 식별한다.

20

지성의 이해력은 외연량이 아니라 내포량이다. 그러므로 현자 한 사람이 예사로운 만 명을 상대할 수 있다. 그러나 어리석은 사람은 몇천 명을 모아도 단 한 사람의 현자만 못하다.

21

공기의 진동만으로 구성된 순수한 음에 악기 재질의 진동으로 생기는 이질적인 음이 더해지지 않는 악기는 있을 수 없다. 먼저 자체 재질의 진동이 만든 충격으로 공기의 진동이 비로소 생기며, 여기서 부차적인 잡음이 나와서 각 악기가 종류에 따라, 예를 들면 바이올린이 플루트와 음색이 다르듯이 각각의 고유한 음색을 띠게 된다.

그러나 이 본질적이지 않은 혼합이 적으면 적을수록 그 음은 순수한 음이 된다. 그렇기에 인간의 성음이 가장 순수한 음이다. 어떤 인공 악기도 이 점에서는 자연의 악기에 미치지 못하기 때문이다.

마찬가지로 어떤 지성도 인식의 본질적인, 순수하게 객관적인 내용에 이질적인 주관적 요소, 즉 지성을 뒷받침하고 조건 짓는 개별성에서 발생하는 일종의 개인적인 요소를 더하지 않는 경우가 없다. 바로 이런 이유 때문에 인식의 내용이 언제나 순수하지 않고 오염된다. 이러한 영향을 가장 적게 받는 지성이 가장 순수하게 객관적이고 가장 완전하다고 할 수 있다.

그 결과 이러한 지성의 소산은 모든 지성이 사물을 접한 후 동일하게 이해하는 내용, 즉 순수하게 객관적인 내용만을 포함해서 표현하는 단계에 가까워진다는 의미다. 그리고 바로 이런 사실 때문에 누구든 이를 이해하는 사람의 마음에 즉시 호소력을 발휘한다. 그래서 내가 천재는 정신의 객관성에 있다고 말한 것이다.

그렇지만 절대적으로 순수한 음이 있을 수 없는 것과 마찬가지로 절대적으로 객관적이고 완전한 지성도 있을 수 없다. 전자에서 공기는 혼자서 진동하지 않고 어떤 충격이 필요하며 또 후자에서 지성은 독립적으로 존재하지 않고 어떤 의지의 도구로서만 출현하기 때문이다. 실재론적인 언어로 바꿔 말하면, 뇌수는 어느 유기체의 일부로만 존재할 수 있기 때문이다. 또한 (유기체의 형태를 취한) 어떤 비이성적이고 맹목적인 의지가 현상할 수 있기 때문이고, 모든 지성의 기체이며 근저이기 때문이다.

그렇기에 여하한 지성도 결함을 면하지 못하고, 여하한 인간에게도 우매와 불합리의 그늘이 붙어 다닌다. 그러고 보면 여기서도 "줄기 없는 연꽃은 없다"라는 인도의 속담이 적용되는 셈인데, 괴테도 다음과 같이 말했다.

> 바벨탑의 악몽이 깨어나지 않고
> 세상 사람들 아직 화합에 이르지 않았네!
> 모두의 가슴에는 변하기 쉬운 마음의 벌레 있고
> 코페르니쿠스조차 자기만의 벌레가 있노라.
> /《언양집諺様集》

지금까지는 개개인의 주관이 가지고 있는 성질, 즉 개인성으로 인식이 불순해지는 경위를 전술했지만, 여기에 더해 의지와 그 일시적인 기분, 즉 인식하는 자의 관심이나 정열이나 정서에서 직접 생겨나는 불순화가 있다.

우리의 인식에 얼마나 많은 주관적인 요소가 개입하는지를 충분히 알려면 때때로 서로 다른 생각을 가진 두 사람의 눈을 통해 하나의 동일한 과정을 볼 필요가 있다. 그러나 이는 불가능한 일이므로 우리는 같은 인물이나 사물이 다른 시간, 다른 기분, 다른 상황에서 우리에게 얼마나 다르게 나타나는지 관찰하는 것에 만족해야 한다.

만약 우리의 지성이 독립적이고 근원적인 순수 지성이며 현재처럼 필연적으로 의지에 근거를 두고 있는 단순히 부차적인 능력이 아니었다고 가정하면, 이러한 기체의 덕으로 그 인식과 판단 거의 전부가 불순화된다고 하는 것은 맞지 않는 셈이며 우리의 지성은 굉장한 것이 될 것이다. 우리 지성이 인식과 진리의 순수한 기관이라고도 말할 수 있기 때문이다.

그런데 현상대로 말하면, 우리 자신과 아무런 이해관계도 없는 사건을 우리가 명백히 보기는 거의 불가능하다. 모든 주장에서, 또 주장에 따라 첨부된 어떤 자료를 보더라도 의지는 홀연히 입을 다물고, 더구나 그때 의지가 하는 발언은 지성 자체가 하는 발언과 구별할 수 없다. 둘 다 하나의 자아 속에 융합해 있기 때문이다.

이 일은 자신에게 관계있는 사건의 경위를 예언하려고 할 때 가장 분명해진다. 자신의 이해 관심이 혹은 두려움으로, 혹은 희망적으로 관측되어서 지성의 걸음을 거의 한 발짝마다 그치게 한다. 이런 때에 명석한 희망을 가지기는 거의 불가능하다. 그때 지성은 비바람에 심히 흔들리는 관솔불과도 같아서 우리는 그 불빛으로 책을 읽기 때문이다.

그렇기에 심히 마음이 동요하는 상황에서 충실하고 성실한 친구는 바꿀 수 없는 귀중한 존재다. 이런 친구는 사물을 있는 그대로 바라본다.

우리와 상관없는 일이거나 우리의 관심을 조금도 끌지 못하는 일일 때, 우리는 지나간 사실을 정확히 판단하고 앞으로 일어날 일을 정확하게 예측할 수 있다. 그렇지 않으면 우리의 마음은 영향을 받고 우리의 지성은 우리가 알지 못하는 사이에 의지에 감염되고 속고 만다. 이런 이유 때문에 지성과 지식이 있는 사람들이 때때로 정치적 문제의 결과를 예측할 때 굉장한 오류를 범하며, 더욱이 자료의 불완전성이나 왜곡 때문에도 오류를 범하기도 한다.

일반적으로 예술가나 시인, 작가가 가진 지성의 주관적인 불순물에는 보통 시대사상이라고 부르는, 오늘날에는 '시대 의식'이라고도 부르는 것, 즉 유행하는 특정 견해나 개념도 포함된다. 이러한 개념의 빛에 물든 작가는 이것들을 찾아내서 뽑아내기는커녕 그런 개념의 위세를 탐닉하는 것과 같다. 그런데 짧건 길건 어느 정도 세월이 지나서 그런 견해가 행방도 알 수 없을 정도로 완전히 자취를 감추어도 그 무렵에 쓴 저작은 그대로 남아 있다. 의지하던 위세가 없어졌기 때문에 그 저작은 때때로 이해할 수 없을 정도로 정신이 빠진 듯 보이고 어쨌든 해묵은 달력을 보는 듯한 느낌만 남는다.

다만 정말로 진정한 시인이나 사상만이 이러한 모든 시대적 영향을 초월한다. 실러조차 《실천이성비판》에 깊이 빠졌고 그 내용에 감명을 받았다고 하지만, 셰익스피어는 다만 세계를 깊이 바라보았다. 그러므로 영국사에서 채집한 희곡에서도 확실하게 발견할 수 있듯이, 셰익스피어의 어느 희곡을 골라 보더라도 등장인물들은 끝까지 이기심이나 악의 등의 모티브에 따라 움직인다. 극히 예외기는 하지만 눈에 거슬릴 만큼 심하지 않은 경우도 있다.

사실 셰익스피어가 문학으로 보여주고자 한 것은 인간이지 도덕적 캐리커처가 아니다. 그렇기에 모든 사람이 거울을 보듯이 작품 속 인간의 모습을 보고 인정했고, 그의 작품은 오늘날에도 영원한 생명을 가질 수 있었다. 실러의 《돈 카를로스》의 등장인물은 백과 흑, 천사와 악마로 아주 뚜렷하게 나눌 수 있는데 이는 지금까지도 기묘하게 보인다. 더구나 50년도 전이었다면 어땠겠는가?

22

식물의 생활은 단순한 현실 존재에 부합한다. 따라서 그 향락은 순수하고 절대적이며 주관에 감춰진 안락이다. 그런데 동물에는 인식이 더해진다. 사실 이 인식은 의지의 동기에만, 더구나 극히 가까운 동기에만 국한되어 있다. 그러니까 동물도 단순한 현실 존재로서 완전한 만족을 찾고, 그것만으로도 그들의 생을 채우기에 충분하다.

따라서 그들은 불유쾌함이나 초조함을 느끼지 않고 몇 시간이 지나더라도 완전히 무위한 채로 지낼 수 있다. 그 역시 무언가 사고하지 않고 직관할 뿐이다. 다만 개나 원숭이처럼 조금은 현명한 동물이면 일의 필요성과 권태감을 조금 느낀다. 그들이 놀기를 좋아하고 사람들을 보며 즐거워하는 것은 이 때문이다. 이쯤 되면 이미 어느 정도까지는 인간과 비슷한 사고를 하는 것이다. 즉, 인간도 창밖을 바라보는 버릇이 있으며 어디로 가도 우리를 흔들흔들 바라보는 사람이 있지만, 이 사람들이 학생이라는 사실을 인정하게 되면 정말로 화를 낼 생각이 없어진다.

인간에게만 비로소 인식, 즉 단순한 의식에서부터 다른 사물에 대한 인식이 고도에 달하고 이성의 출현으로 그 인식이 사려의 단계까지 높아진다. 그 결과 인간의 생활은 단순한 현실 존재와는 별개로 본격적인 인식의 작용으로 충만해지기도 한다. 이는 말하자면 제2의 현실 존재며 자신의 인격 밖으로 나가서 현존하는 다른 존재나 사물 속에 들어가 사는 것이다.

그렇지만 인간에게도 인식 작용은 대개 여러 동기에 그 범위가 제한을 받지만, 다만 그 범위가 멀리 떨어진 동기도 포괄한다는 점에서 동물이 되는 셈이다. 이를 대폭 포괄한 것을 '실용적인 지식'이라고 부른다. 이에 대해 자유로운 인식, 즉 목적이 없게 되면 인식은 대개 호기심과 여가를 보내기 위해서 하는, 그 이상의 범위에는 미치지 않는 것이 보통이지만 하여간 그 정도까지는 모든 인간에게 존재한다.

그렇다고 하더라도 행동의 동기가 고삐를 늦출 때, 생활의 대부분은 단순한 현실 존재로 메워진다. 무엇보다도 흔히 볼 수 있는 시끄러움이나 주로 사람들과 어울리는 데 그치며, 대화가 없거나 극히 적고 보잘것없는 회화밖에 없는 듯한 사교 생활이 그 증거다.

이처럼 대개의 인간은 분명히 의식하지 않더라도 마음속에는 자기 생활의 최고 준칙으로 가능한 한 사상을 소비하지 않고 조작하려는 마음을 가지고 있다. 그들에게 생각하는 일은 유쾌한 부담이기 때문이다.

따라서 그들은 자신의 직업상 아무래도 부득이한 범위에서 사물을 생각하고, 또 대화나 게임 등의 여러 가지 여가를 얻기 위해 필요한 만큼 물건을 생각하지만 그 대화나 게임도 최소한의 생각으로 집중하지 않으면 안 된다. 여가 시간에 이러한 오락을 발견하지 못하면 책을 손에 잡는 일은 사고력이 필요한 까닭에, 차라리 몇 시간이나 창가에 앉아 아무 곳에나 무심한 눈길을 보낸다. 이러한 자세는 적어도 아리오스토*의 '무지한 인간의 긴 한가함'이라는 언어의 도해圖解와 같다.

지성이 필요한 수준을 이미 넘었을 때만 비로소 인식은 목적이 된다. 그리고 보면 어떤 인간에게 지성이 그 자연의 본분, 즉 의지에 봉사하고 단순히 사물의 모든 관계를 파악하는 것을 넘어서 순수하게 객관적인 인식에 종사하는 일은 전혀 의례적인 일이 아니다.

그러나 사실 이것이야말로 예술과 시와 철학의 원천이며, 따라서 예술과 시와 철학은 원래 의도하지 않는 기관이 만든 셈이다. 즉, 지성은 원래 노동에 종사하는 공장의 인부며 의지라는 가

* Ludovico Ariosto, 1474~1533. 이탈리아 르네상스 시대의 대표적 시인이다.

혹한 고용주 때문에 아침부터 밤까지 쫓긴다. 그렇다고 하더라도 이 부지런히 부림을 받던 노예가 우연히 자신의 만족과 기쁨 때문에 다른 의도 없이 자발적으로, 자신의 의지로 작품을 만들어낸다면, 이는 진정한 예술 작품이며 실제로 고도의 실행력이 있다면 천재의 작품이 될 것이다.

이처럼 순수하게 객관적인 목적을 향한 지성의 사용은 고도의 비극적 단계에서 예술이나 시나 철학의 업적, 또한 일반적으로는 순수한 학문적인 업적의 기초가 된다. 그뿐만 아니라 이들 업적의 파악이나 학습에서도, 더욱이 어떤 주제에 대한 자유로운 사고, 즉 개인적인 이해와는 관련이 없는 성찰에서도 이미 작용하고 있다. 사실 그 주제가 순수하게 객관적인 경우, 즉 이야기하는 사람들의 이해관계나 의지와 관련이 없는 경우에는 단순한 대화에도 활기를 불어넣는다.

순수하게 객관적인 모든 지성의 사용은 주관적인 지성, 즉 아무리 간접적으로라도 개인적인 이해와 관련이 된 지성의 사용과 비교해보면, 춤과 걷기의 관계와 닮았다. 지성의 객관적 사용은 춤처럼 넘쳐흐르는 정력을 목적 없이 활용하는 반면, 지성의 주관적 사용은 지성이 의지에 봉사하기 위해 생겨났기 때문에 아무래도 자연이 본래 사용하는 방법이다.

그러나 또 그렇기에 지성은 우리와 동물의 공통적인 사용법이다. 지성은 궁핍의 노예며, 우리 참담함의 각인을 떠안고 있으며, 우리는 그 안에서 마치 영지에 결박당한 농노의 입장이 된다. 지성은 노동이나 개인적인 영위뿐만 아니라 음식이나 기타 생활의 편의라든가, 영업과 그에 수반되는 요건, 기타 모든 실리 등 개인적인 것이 아니더라도, 일반적으로 물질적인 문제에 관한 모든 대화 속에서 움직이고 있다. 또한 공공체에 관한 요건에서조차 그렇다. 공공체는 뭐라 해도 세속적이기 때문이다.

대다수의 인간은 원래부터 자신의 지성을 이 밖의 다른 방법으로 사용할 힘이 없다. 이성은 단순히 의지에 봉사하는 도구에 불과하고 남김없이 이 봉사에 몰두하고 있기 때문이다. 그렇기에 인간은 무미건조해지고 열성은 동물처럼 여유가 없어져 객관적으로 즐거운 대화를 할 수 없게 만든다.

그들의 얼굴을 보더라도 지성과 의지의 거북한 결합이 눈에 보이지 않는가. 그 얼굴을 향하려고 때때로 낙심할 만큼 노골적으로 표현하는 고루함의 표정은 다른 것이 아니라, 인식이 거의 의지와 관심사에만 국한되고 있다는 사실을 표시한다. 우리는 이곳에 현존하는 의지가 자신의 목적에 필요한, 마치 그만큼만 지성이 존재한다는 점을 한눈에 볼 수 있다. 그들 용모의 속물성은 여기에 기초를 두고 있다(《의지와 표상으로서의 세계》 2권 참조).

그러므로 그들의 지성은 의지가 재촉하지 않으면 홀연히 무위로 떨어진다. 어떤 일에도 객관적인 관심을 두지 않는다. 자신의 일신과 관계없는 일에는 주의력은커녕 고찰도 피한다. 그러한 일은 결코 그들의 관심을 불러일으키지 않는다. 농담이나 유머를 듣고도 거의 흥미를 느끼지 않는다. 오히려 조금이라도 고찰이 필요한 사물을 싫어한다. 그들을 웃게 하는 것은 특별한 농담 정도며, 그 외는 그들에게 덧없는 야수에 지나지 않는다.

이들의 삶은 모두, 그들이 주관적인 관심밖에 가지지 않는

데서 일어난다. 그러니까 그들에게 적합한 오락은 돈을 건 트럼프 게임과 같다. 이러한 승부는 연극이나 음악, 대화 등 단순한 안식의 장면에 멈추지 않고, 모든 곳에서 반드시 발견되어야 하는 일차적 존재인 의지 그 자체를 움직이게 하기 때문이다. 덧붙여 말하면 그들은 태어나서 죽을 때까지 실제적인 사람이며, 태어나면서부터 인생의 짐을 짊어지고 나르는 사람이다.

그들의 즐거움은 모두 감각적인 향락이며 기타의 즐거움에는 조그만 감수성도 없다. 그들은 실무적으로 말할 때는 좋지만 다른 걸로는 말할 수 없다. 그들의 사교 상대는 타락이며 자신의 가치를 떨어뜨린다. 그들의 대화야말로 조르다노 브루노*가 (《잿빛 수요일의 만찬》의 결말에서) "천하고, 하등하고, 야만스러운 불량품인 희화"라고 이름 붙이고, 무엇이라고 하더라도 피하려고 스스로 소원을 비는 일에 불과하다.

반면에 자신의 지성을 얼마간이라도 순수하게 객관적으로 사용할 수 있는 사람 간의 대화는 그 내용이 아무리 가볍고 단순한 농담에 그치더라도 이미 정신적인 힘의 자유로운 놀음이다. 따라서 다른 무리의 대화와 비교하면 각각 춤과 걷기처럼 보이게 한다. 실로 이러한 대화는 두 사람이나 그 이상의 사람이 함께 모여 춤을 추는 것과 같으며, 또한 막연한 곳을 목표로 하고 서로 나란히 혹은 인솔해서 행군하는 일과 같다.

이러한 자유로운 (그렇기에 의례적인) 지성 사용의 즐거움은 언제나 그렇게 할 수 있는 능력과 결부되지만, 천재에게는 이

---

* Giordano Bruno, 1548~1600. 이탈리아의 철학자이자 수도자다.

즐거움이 인식 자체를 생활 전체의 안목으로 삼고 목적으로 하는 단계까지 도달한다. 반면에 한 개인으로서의 현실 생활은 부수적인 문제, 단순한 수단으로 격이 떨어진다. 이리하여 정산의 관계가 아주 역전하는 셈이다.

따라서 천재는 (천재로서 보면) 일개인으로 살기보다도 그 외의 세계에서 자신의 인지적 인식을 통해 산다. 인식 능력이 아주 비정상적으로 높아지기 때문에 자신의 시간을 단순한 현실 생활과 기타의 목적으로 채울 수 없다. 그의 정신은 쉴 새 없이 많은 일을 필요로 한다. 그러니까 천재는 일상에서 다양한 장면을 연출해가는 침착성이나 그 생활의 내부에 기분 좋게 몰두하는 태도가 부족하다. 하지만 인간은 보통 이를 갖추고 있어서 단순히 의례적인 부분도 아주 만족스럽게 이뤄낼 수 있다.

그러고 보면 천재는 단순히 정상적인 정신력에 적합한 평범한 실생활에 그다지 적합하지 않고, 비정상적인 것이 모두 그러하듯이 오히려 천재성이 장애물이 될 수 있다. 지적인 정신력이 높아지면 외부 세계에 대한 직관적 이해가 현저하게 객관적으로 선명해지고, 의지에 봉사하는 데 필요한 것보다 훨씬 더 많은 것을 드러내게 되며, 이러한 풍부한 내용은 봉사에 역으로 방해가 되기 때문이다.

그러므로 주어진 모든 현상을 있는 그 자체로서 고찰하는 태도는 서로의 상대적 관계나 개인적 의지에 방해가 된다. 의지의 용도에 이바지하기 위해서는 차라리 사물을 표피적으로 고찰하는 것만으로도 족하다. 즉, 여러 현상과 그때마다 우리 목적과 맺는 관계 및 이와 연관된 일밖에 표시하지 않는 고찰, 따라서 다른 일체에는 가능한 한 눈을 감고 상대적인 관계에서 성립하는 듯한 고찰만으로도 족하다.

그런데 이러한 종류의 인식은 사물 본질의 완전한 객관적인 파악에 따라 세력이 좁혀지고 혼란스러워진다. 그러니까 이곳에서는 "민중은 때때로 필요한 것만을 알기 때문에 보다 좋은 지혜를 가진다(《신학 입문》 3권 5장)"라는 락탄티우스의 말이 통하는 셈이다.

그러고 보면 천재는 실천 활동의 능력과는 정반대다. 특히 정치 세계에서 탁월한 능력을 발휘하며 활동하는 최고의 각축장에서는 더욱 그러하다. 고도의 완전한 지성과 정묘한 감수성은 의지의 에너지를 억제하며, 이 에너지야말로 대담함과 참고 견디며 흔들리지 않는 자세로 등장해서 유능하고 솔직한 지성과 정확한 판단력을 갖춘 노회한 정치가나 장군을 만들어내며, 또한 대담함과 고집스러움까지 더해진 호조건에서는 세계사적인 인물도 형성하기 때문이다.

이와 마찬가지로 세계적 출세의 힘이 되어서 일신의 행복에 기초가 되는 것은 비교적 저급한 정신적 우수성, 즉 영리함, 교활함, 특정한 일면적 재능 등이다. 특히 (위의 예에서 전혀 가해질 수 없듯이) 여기서 두터움이 가해지면 한층 유리해진다. 여기에 예시했듯이 비교적 저급한 우수성의 단계에서 지성은 아직도 그 자연의 본분, 즉 개인 의지에 봉사하는 것을 충실하게 따르며 다만 그 역할을 한층 정확하게, 또 용이하게 달성할 수 있을 뿐이기 때문이다.

반면에 천재의 지성은 이 봉사에서 이탈한다. 그러니까 천재성은 일신의 행복에 단연코 불리하다. 그렇기에 괴테는 타소*에게 이렇게 말했다.

> 당신에게 월계관이 나타날 때,
> 그것은 행복보다도 차라리 고뇌의 표적
> /《토르콰토 타소》

그러고 보면 천재는 그들을 둘러싼 사람들에게 직접적인 복이기는 하지만 결코 간접적인 복은 아니라고 할 수 있다.

22 보론

일상인은 신체적 노력을 싫어하지만 그보다도 정신적 노력을 더욱 싫어한다. 그렇기 때문에 그들은 무지하고 무사려하며 무분별하다. 평범한 사람의 지성은 아무 여유 없이 굳어 있다. 즉, 그들의 거점인 의지와 매우 밀접하게 연결되어 있다. 그러니까, 팔이 짧은 상태다. 그렇기에 부지런히 오가는 태도나 경선 벡터의 짧은 이각離角과 같다. 평범한 사람들이 사물을 접해도 자신의 이해득실 외에는 정말 아무것도 모르는 것은 이 때문이지만, 그래서 이 이해득실에서는 한층 밝고 극히 교묘하게 사물을 다루기도 한다.

이에 반해 천재적인 지성은 사물 그 자체를 볼 수 있고 바로 이 점이 천재적인 지성의 장점이다. 그러나 이 장점 때문에 천재

---

* Torquato Tasso, 1544~1595. 이탈리아의 서사시인이다.

가 자신과 관련해 가지는 이해득실에 대한 인식은 모호하거나 심할 때는 억제되기까지 한다. 다른 무리가 그들보다도 보통 훨씬 더 능숙하게 인생 항로를 가는 이유다.

이 둘은 극히 아름답고 정교한 중국제 말로 장기를 두는 바둑 기사와 같다. 즉, 한쪽은 말의 아름다움에 한없이 마음을 빼앗겨 승부에 지지만 다른 쪽은 그런 데 관심을 두지 않고 그들을 단순한 말로 보기 때문에 이길 수 있다.

대다수 인간은 본성상 음식과 성교 이외의 어떤 것에도 열중하지 못하는 속성을 가지고 있다. 이 무리는 희귀하고 숭고한 자질의 소유자가 종교나 학문이나 예술의 형태로 세상에 가져온 것을 대개는 자신의 가면으로 사용하고, 즉시 저급한 목적을 위한 도구로 이용한다.

동물의 지성이 의지를 위한 도구에 불과하다는 점은 동물을 보면 한눈에 알 수 있다. 인간도 대체로 이와 다르지 않다. 실제로 어떤 사람들에게는 그 지성이 결코 다른 활동과 연결되지 않고, 항상 생활의 비속한 목적만을 목표로 하며, 때때로 그 때문에 저급하고 비열한 수단으로만 향하고 있다는 것이 분명하다는 사실을 폭로하는 사람조차 적어진다는 의미다.

의지에 봉사하는 데 필요한 것 이상의 지성을 가진 사람의 과잉 지성은 이윽고 자기 의지의 목적에도 불구하고 자유로운 활동에 흘러들어가고, 그 성과는 세계와 사물에 대해 순수하게 객관적으로 파악되지만 천재이기 때문에 이 일은 그 사람의 얼굴에도 나타난다. 그러나 그만큼 표가 나지 않더라도 지금 진술한 궁극의 한도를 넘을 정도의 지성이라면, 이미 어느 만큼 그 사람의 표정에 나타난다.

　신분, 계급, 출생에 차이가 있더라도 자신의 머리를 단순히 먹고살기 위해 입과 배의 하인, 즉 의지의 목적을 위한 도구로 사용하는 몇백만의 사람과, "아니, 지성은 그 때문이라고는 말할 수 없다. 지성은 주로 자신의 목적을 위해서, 즉 이 세계의 경탄할 만한 다채로운 광경의 파악을 위해서 일하며 이윽고 그것을 어떤 형태로 (그것을 구비한 개개인의 자질에 응해서 그림이 되거나 설명되거나 하며) 표현하는 역할을 달성해야 한다"라고 말할 용기를 가진 극히 적은 사람들 사이의 거리만큼은 크지 않다. 이 극히 적은 사람들이 진실한 귀인, 이 세상의 귀족이다. 다른 무리는 농노며 영지 부속의 노예다.

　주로 여기서 말하는 내용은 단순히 용기를 가질 뿐 아니라 천명을 보유하고 그 때문에 머리를 의지의 봉사에서 해방하는 권리를 가지고, 따라서 그 희생을 지불할 만한 사람들에게 한정된다. 그러한 것을 부분적으로밖에 갖추지 않은 사람들에게는 상술한 거리도 그다지 크지는 않다. 그러나 아무리 작더라도 분명한 재능을 구비한 사람들에게는 역시 확연한 경계선이 반드시 있다.

　여러 가지 지성의 위계를 측정하기 위한 가장 정확한 척도는 그들이 사물을 단순히 개체적으로 파악하느냐, 어느 정도 보편적으로 파악하느냐이다. 동물은 다만 개별적인 것만을 그대로 인식하고, 따라서 오직 개체적인 것의 파악에만 사로잡혀 있다. 인간은 누구든지 개별적인 것을 개념으로 총괄한다. 이것이 이성의 올바른 사용이다. 그리고 지성의 높은 단계에 오르면 오를수록 그만큼 이들의 개념은 보편적이다.

그런데 이러한 보편적인 것에 대한 파악이 직관적 인식에까지 침투해서 개념만이 아니라 직관 내용도 직접적이고 보편적인 것으로 파악하면, 거기에 플라톤적 이념의 인식이 성립한다. 이 인식은 미적이며 자발적인 경우에는 천재적인 것이 되고, 철학적인 것이 되면 인생 전체의 여러 가지 존재와 그 무상함, 세계와 그 존립 전체가 직관적으로 파악되어 나타나며, 이 형상이 성찰의 대상으로서 의식에 절박하게 다가오기 때문에 그 최고의 단계에 달한다. 이는 사려의 최고도다.

이러한 최고도의 사려와 단순히 동물적인 인식 사이에는 많은 형편이 있으며 이해의 점진적인 보편화로 구별된다.

한 나라의 국민이 자랑할 수 있는 미술이나 문학이나 철학 작품은 모두 그 국민의 내부에 존재하는 지성의 과잉으로 생긴 결과다.

23

사물을 적절히 가감해서 이해할 수 없는 사람일지라도 천재와 범인의 관계를 다음과 같이 정리하면 아마도 분명해질 듯하다. 천재란 이중 지성을 가진 인간이다. 하나의 지성은 자신을 향하며 자신의 의지를 따른다. 그리고 다른 하나의 지성은 세계를 향하며 세계를 순수하게 객관적으로 파악하고 자신이 거울이 된다.

이러한 이해의 총체 혹은 정수는 기술적 훈련이 추가된 후에 어느 정도 기술적 훈련을 쌓고 있는지에 따라서 예술이나 철학 등의 작품 속에 재현된다. 일반적인 사람은 위에서 말한 제일의 지성을 갖추고 있을 뿐이며, 천재의 지성을 객관적 지성이라고 했을 때 여기에는 주관적 지성이라고 이름 붙일 수 있다.

그런데 주관적 지성은 그 예민성이나 완전성에서 개개인이 천차만별이기는 하지만, 천재의 이중 지성에 비교해보면 분명한 단계의 차별이 있다. 예를 들면 음정이 아무리 높은 흉성이라도 가성에 비하면 역시 본질적이라고 할 수 있다. 즉, 가성은 마치 플루트에서 두 개의 상위 옥타브와 바이올린의 음처럼 공기 진동음의 양쪽 절반이 하나의 진동절로 나뉘어 조화를 이루는 반면, 흉성과 플루트의 하위 옥타브에서는 전체적이고 나뉘지 않은 공기 진동음만 울린다.

따라서 이로부터 우리는 천재성을 갖춘 인간의 작품이나 그의 표정에서조차도 현저히 조각된 그 천재 특유의 특이성을 이해할 수 있다. 이러한 이중 지성이 의지를 위해 봉사하는 데 대체로 방해로 작동하는 것도 명백하다. 이미 앞에서 말했듯이 천재가 실제 생활에 필요한 자질을 너무 갖추지 못했다는 점이 여기서 설명되는 셈이다. 사실 천재에게는 예민하든 우둔하든 통상의 단순한 지성을 특징으로 하는 냉정한 분별이 부족하다.

24

뇌수는 유기체의 가계에 직접 기여하지 않고, 튼튼하게 구획한 상부의 유기체로 양성되어 자존적으로 독립적 생활을 영위하는 기생자다. 그처럼 고도의 정신적 법칙을 구비한 인간은 만인 공통의 개인 생활 외에 제2의 순수한 지적인 생활을 영위한다. 이 생활은 단순히 아는 게 많은 정도가 아니라 정돈된 본격적인 인식이나 지식, 견문을 부단히 추가하고 수정하고 증대해가는 영위이며, 그 일개인의 사적 운, 그것은 사명의 저해를 받지 않는 한

이 운명과 관계가 없다. 따라서 이 인간은 그 생활에 따른 운명의 부침을 넘어서 이를 무시할 수 있다. 색과 학습과 실험과 수련의 생활이 차차로 생활의 주가 되고 개인의 생활은 그 목적을 위한 단순한 수단으로 종속된다.

괴테는 이 지적 생활의 초연한 독립성의 일례를 보여준다. 그는 샹파뉴 전쟁터의 혼란 중에 색채론의 현상을 관찰했다. 그리고 전쟁의 참혹함 속에서 룩셈부르크 요새에서 다소간의 휴식을 얻으면 즉시 색채론 노트를 손에 들었다. 그는 실로 이렇게 하여 땅의 소금인 우리가 따라야 할 모범을 남겼다.

즉, 우리는 자신이 하녀의 아들이 아니라 자유인의 아들이라는 사실을 마음에 새겨서, 설령 자신의 개인적 생활이 세상의 풍파에 젖어 있더라도 언제나 중용으로 지적 생활에 전념해 땅의 소금이 되어야 한다. 폭풍 속에서 심하게 흔들리면서도 잘 익은 붉은 열매를 보여주는 나무를 우리 일족의 상징적인 표지로 하고, 그 주위에 "나는 찢기면서도 열매를 익힌다"라든가 "흔들리거나 열매를 맺거나" 등을 새기면 어떤가.

이는 개인의 순수한 지적 생활의 하나지만 인류 전체의 순수한 지적 생활에 해당한다. 인류의 현실 생활도 역시 경험적인 견지에서나 초월적인 견지에서도 의지 속에 존재한다. 이 인류의 순수한 지적 생활이란 여러 가지 학문에 따른 인식의 진보와 여러 가지 기예를 완성하는 영위다. 이는 함께 몇 세기, 몇 시대를 통해 숨 가쁘게 이어지고 개개의 세대는 각각의 몫에 기여하며 그 곁을 지난다. 이 지적 생활은 혼돈스러운 발효가 발하는 향기처럼, 천래의 정기처럼 이 세상의 영위 의지에 흔들리는 모든 민족, 문자 그대로 현실적인 생활 위에 표표하게 떠 있으며, 세계사와 병행해 철학과 학예의 역사가 죄와 더러움을 알지 못하고 흘러가는 것이다.

25

천재와 범인의 두뇌 차이는 정도의 차이라는 점에서 보면 분명히 양적인 차이에 불과하다. 하지만 평범한 두뇌의 소유자가 각각 여러 곳에 있으면서도 어떤 공통의 사고 방향을 가지고 있으며 이 때문에 동일한 기회가 주어지면 그들의 생각이 즉시 동일한 진로를 취해서 동일 노선에 들어가는 모양을 보면 아무래도 그 차이는 질적이라는 생각이 든다. 평범한 두뇌의 판단이 진실에 입각하지 않았는데도 때때로 길이 한 가지인 이유는 이 때문이다. 그 어리석은 바는 어느 종류의 근본 견해가 그에 따라 모든 시대에 고립되고, 각 시대의 위대한 정신이 음으로 양으로 계속 반항하는데도 끊임없이 반복해서 언제나 새로이 제창된다.

26

천재는 그 머릿속에서 표상으로서의 세계가 한층 더 밝아 훨씬 선명한 자세를 취해서 나타나는 인간이다. 그리고 사물 개개에 대한 세심한 관찰이 아니라 전체를 파악하는 충실함이 가장 중요하고 깊은 통찰을 제공하기에 인류는 이 천재에게서 가장 위대한 가르침을 얻을 수 있다. 그가 원숙한 경지에 달하면 그 가르침을 어떠한 형태로 부여해줄 것이다. 그러고 보면 천재를 사물, 나아가서는 그 대립자인 자기 자신에 대해 훨씬 탁월한 의식이라고도 정의할 수 있다. 인류는 사물과 자신의 본질에 대한 통찰력을 가진 이러한 천재를 존경한다.

그렇다고 하더라도 누구나 그렇듯이 천재의 본령은 사실 처음에는 그들 자신을 위한 것이다. 본질적으로 그렇기에 어떻게 말할 수가 없다. 부득이한 일이다. 이에 반해 다른 사람들의 눈에 드는 것은 어디까지나 이차적이며, 우연의 손에 맡겨진다. 다른 사람들이 천재의 정신에서 그 반영 이상을 취하는 일은 결코 있을 수 없다. 양측이 서로 권하고, 그 권한 것을 시도해봤다고 하더라고 그렇다. 천재의 사상을 다른 사람이 자신의 머리로 생각하려고 해도 천재의 사상은 여전히 외래종의 풀과 같으며, 따라서 잘못되고 쇠약한 것으로 남아 있을 것이다.

27

독창적이고 비범하며, 어쩌면 불후하기조차 한 사상을 가지려면 잠시 세계와 사물에서 자신을 완전히 멀어지게 하는 것만으로도 충분하다. 그 결과 지극히 평범한 사물이나 일조차도 완전히 새로운 미지의 것으로 보일 정도가 되면 사물의 진실한 본질이 드러나기 때문이다. 그러나 여기에서 요구되는 조건은 곤란하기는 커녕 오히려 우리의 힘으로는 전혀 할 수 없는 것이며, 다름 아니라 바로 천재의 작용이다.

28

천재를 다른 두뇌의 소유자들 사이에서 보면 보석에 섞여 있는 홍옥과 같다. 여느 사람은 빛을 받아 빛날 뿐이지만 천재는 스스로 빛을 발한다. 또는 단순히 양도체와 발전체의 관계라고 말해도 좋다. 그렇기에 발전체가 양도체가 아니듯이 천재는 자신이 배운 내용을 계속 가르치는 단순한 학자와는 다르다. 차라리 천재와 단순한 학자의 관계는 원전과 주해서의 관계와 같다. 학자는 많은 것을 배운 사람이다. 천재는 누구에게서도 배우지 않은 것을 인류에게 가르치는 자다. 그렇기에 1억 명 중에 겨우 한 사람 정도에 불과한 위대한 정신은 인류의 등불이다. 이 등불이 없으면 인류는 끔찍한 오류와 한없는 황폐한 바다에 빠져버릴 것이다.

그런데 괴팅겐대학교의 정교수와 같은, 글자 그대로의 의미에서 단순한 학자가 보는 천재는 마치 우리가 보는 산토끼와 같다. 그 토끼가 죽어야 비로소 요리할 수 있고 맛을 볼 수 있기 때문이다. 그러니까 그 토끼가 살아 있는 동안에 사람들이 할 일은 토끼를 향해서 활을 쏘는 것뿐이다.

범신론에 대하여
Einige Worte über den Pantheismus

1

오늘날 철학 교수 사이에서 유신론과 범신론의 구별을 둘러싸고 논쟁이 벌어지고 있다. 이 논쟁을 우화적인 극의 형태로 소개하면, 밀라노의 극장에서 연극을 상연하는 동안 주고받는 다음의 대화로 서술할 수 있다. 그 대화의 한쪽 상대는 자신이 유명한 지롤라모의 큰 인형 극장에 있다고 생각하므로 무대 감독이 인형을 제작하여 연극을 연출하는 솜씨에 감탄한다. 그러나 그의 상대는 "그런 일이 있을 게 뭐야. 우리는 스칼라 극장에 와 있는 거야. 게다가 작가까지도 출연하고 있고"라고 대답한다.

그런데 그 철학 교수들이 금단의 열매인 범신론에 색정적인 눈길을 보내면서도 이를 손에 넣을 만한 용기는 내지 못하고 있다는 사실이 우습다. 나는 이미 대학교수에 관한 논문에서 이러한 그들의 행동을 묘사한 바 있지만, 그에 덧붙여서 셰익스피어의 연극 〈한여름 밤의 꿈〉의 일꾼 보텀을 떠올릴 수밖에 없었다.

그러면서도 철학 교수의 녹을 먹기는 얼마나 괴로운 일인가. 처음에는 대신들의 피리 소리에 맞춰 춤추지 않으면 안 된다. 이 춤을 멋있고 가련하게 연출한다 해도 이번에는 밖에서 진짜 철학자라는 야성의 식인종들에게 공격을 받을 수 있다. 이들은 그를 붙잡아서 주머니 속의 노리개로 삼아 자신들의 논술 여기저기에 아무렇게나 끄집어내 사람들에게 보이곤 할 수 있다.

2

내가 범신론에 이의를 제기한 가장 큰 이유는 범신론이 무의미한 설이라는 것이다. 세계를 '신'이라고 이름 붙여봐도 설명할 수 없다. 다만 세계라는 단어에 동의어가 하나 늘어날 뿐이다. "세계는 신이다"라고 말하거나 "세계는 세계다"라고 말해도 같은 곳으로 돌아간다.

　더구나 그때 신에서 출발하여 신을 설명해야 할 정해진 주제라고 본다면, "신이란 세계를 의미한다"라는 말이 '미지의 것'을 '더욱 잘 알고 있는 것'으로 부연 설명하는 일이 되므로 어떤 의미에서 친절한 설명이기는 하다. 그러나 그 역시 언어상의 설명에 불과하다. 반대로 현실에서 설명이 필요한 것, 즉 세계에서 출발하여 '세계란 신을 의미하는 것'이라고 한다면 이 역시 무의미한 설명이다. 최소한 '미지의 것을 한층 미지의 것으로 설명하는' 것이 명백하다.

　그러므로 범신론은 유신론을 자신보다 앞서 있는 계단으로 전제한다. 신에서 출발하고 미리 신에 접하여 신과 가까이 있음으로만 신을 세계와 동일시하는 것이 실은 예의를 다하여 신을 쫓아내려는 결말에 도달하기도 하기 때문이다. 즉, 세계를 설명하는 문제를 해결하려면 그 세계에서 출발해야 하는데 사람들은 도리어 엉뚱하게 신을 끌어들여 그 신에서 출발한다. 그런데 이

신을 어디로 데리고 가면 좋을지를 끝내 알 수 없자 신의 역할을 세계에 넘겨주기에 이른다. 이것이 범신론의 기원이다.

애초에 아무런 이유 없이 세계를 신이라고 인정하는 일은 누구도 생각지 않았을 것이다. 진실로 이 세계, 이 굶주린 세계에 몸을 의탁하고 여기에 현존하는 헤아릴 수 없이 많은 생물(살아 있지만 불안으로 겁을 먹고 핍박당하는) 그 모두가 서로 잡아먹으면서 방법도 없이 줄곧 번뇌와 고통과 죽음에 시달리며 살아간다.

예를 들면 하루 평균 6,000만 번 이상 채찍을 맞는 600만 명의 흑인 노예와 굶주림과 빈궁함 그리고 답답한 오두막과 공장에서 희망도 없이 생기 없는 생활을 이어가는 300만 명의 유럽 노동자 외에 신은 뭔가 좀 더 나은 기분 전환 방법을 찾아내지 못한 듯하다. 이를 볼 때 분명 재주와 지각이 없는 신이 틀림없다. 신을 이렇게 취급하는 것은 내게 얼마간 권태를 견디는 일이 되겠지만 신이라면 이것과는 아주 다른 방법이 있으리라고 생각한다.

그러고 보면 유신론에서 범신론으로 나아간 위대한 진보는 앞에 시사한 바와 같은 가장한 무신론이 아니라, 진지하게 받아들이면 증명하기 곤란한 사고를 하는 학설의 추이에 불과하다. 사람이 신이라는 말과 결부시킨 개념은 무척 막연하고 애매하게 혼란스럽기는 하지만 최고의 힘과 최고의 지혜라는 두 개의 술어는 신의 개념과 격리할 수 없기 때문이다.

그런데 이런 자질을 갖춘 존재가 위에 기술한 경지에 스스로 자신의 몸을 둔다는 것은 아무래도 부조리한 사상이다. 대체로 우리 환경과 생애를 볼 때 세계에서 지혜가 있는 자라면 (더구나 전지자라면) 분명히 여간해서 그렇게 할 생각이 나지 않으리라

보이기 때문이다.

이에 비하면 유신론 쪽은 사랑이 증명되지 않았을 뿐이다. 물론 무한 세계가 어떤 인격적, 개체적인 작품이라는 점은 (이러한 존재가 우리에게는 동물적 자연 속에서밖에는 알려지지 않았으므로) 생각하기 거북한 사상이기는 하지만 첫머리부터 부조리하지는 않다. 전지전능한 존재가 처지가 딱한 세계를 창조한다는 것은 이유는 알 수 없지만 어쨌든 다시 생각해볼 수는 있기 때문이다. 그런 의미에서 그 존재에 더욱 최고의 선의를 부여하는 경우마저 그 배려 아래서는 헤아릴 수 없는 도주의 길이 있으므로 이러한 가르침도 어쨌든 부조리라는 비난을 초래하는 셈이다.

이에 대해 범신론을 받아들이면 창조하는 신 자신이 무한히 고통을 받으며 이 조그마한 지구상에서만도 매초에 한 번씩 죽는다. 더구나 신은 스스로 이러한 자가 되었다고 할 수 있으므로 분명히 부조리한 일이다. 그 정도라면 차라리 세계를 악마와 동일시하는 편이 도리에 맞다. 사실 《독일 신학》*의 존경할 만한 저자가 그 불후의 저작(슈투트가르트 복각판, 1851년)에 "그런 까닭에 악마와 자연은 동일하며 자연을 극복하지 못하면 악마 또한 굴복시킬 수 없다"라고 기술한 것은 세계를 악마와 동일시했기 때문이다.

이 범신론자들은 분명히 윤회에 신이라는 이름을 부여했다. 이에 대해 신비주의자들은 열반에도 똑같이 신이라는 이름을 부여했다. 그러나 신비주의자들은 이 열반에 대해 그들이 알고 있

---

*   14세기 후반의 신비주의 작품으로 저자는 알려지지 않았다.

는 것보다 더 많이 이야기하지만 불교도는 그렇게 하지 않으므로 불교도에게 열반은 상대적인 무無다.

유대교 회당과 그리스도 교회 및 이슬람교는 신이라는 말을 그 본래의 바른 의미로 쓴다. 유신론자 사이에 신이라는 말이 열반을 뜻한다고 해석하는 사람이 있지만 우리는 그 이름 때문에 그들과 싸울 생각이 없다. 그렇게 이해하는 사람은 대부분 신비주의자다. 사태만 이해하면 말은 융통되게 하자.

오늘날 "세계는 종말 그 자체다"라는 말을 자주 들을 수 있는데, 이 말만으로는 세계를 범신론으로 설명하는지 단순한 숙명론으로 설명하는지를 잘 알 수 없다. 그러나 이 말은 세계의 물리적 의의만 인정하고 세계의 도덕적 의의는 부인한다. 후자를 인정하면 세계는 언제나 한층 높은 목적을 위한 수단이라는 형태를 취하기 때문이다. 그러면서도 세계에는 단지 물리적인 의의만 있을 뿐이며 도덕적 의의는 없다고 하는 사상이야말로 정신의 왜곡에서 생겨난 도저히 구원받을 수 없는 최대의 오류다.

죽음에 대하여*

Über den Tod

1

우리는 일찍이 눈을 뜨고 있었고 또 얼마 후에 다시 눈을 뜰 것이다. 인생은 하나의 긴 꿈으로 가득 찬 하룻밤이며 그 꿈속에서 우리는 곧잘 악몽을 꾼다.

2

바다에 빠진 사람이 밑바닥에 이르면 다시 떠오를 수밖에 없듯이 가장 선량한 부류의 사람은 죄에서 마음을 돌려 귀의하는 생활로 들어간다. 《파우스트》의 그레트헨이 그러하다. 이때의 죄는 마치 무서운 악몽이 잠자는 사람의 눈을 뜨게 하듯이 작용한다.

3

내 상상력은 때때로, 특히 음악을 들을 때 사유와 함께 희롱한다. 내 일생도 그렇지만 모든 인간의 일생은 어떤 영원한 정령이 꾸고 있는 꿈이 아닐까. 나쁜 꿈도 있고 좋은 꿈도 있는……. 그리고 죽

* 《의지와 표상으로서의 세계》에서 '죽음' 관련 내용을 옮긴이가 가려 뽑았다.

음은 그 정령이 꾸는 꿈 하나하나가 모두 꿈에서 깨어나는 일일 것이다.

하나의 경험이라는 것은 우리의 의식이 이중으로 되어 있다는 점을 분명하게 하지만, 시간이 흐름에 따라서 변하는 (우리가 죽음에 품고 있는) 감상이다. 갖가지 순간이 있다. 만약 우리가 죽음을 선명하게 상상할 수 있다면, 그 순간에도 과연 죽음이 아주 무섭고 흉측한 모습을 갖추고 있다고 의구심을 품으면서도 잠시나마 평정한 마음으로 있을 수 있을까. 어찌하여 사람들은 언젠가 반드시 죽음이 다가온다는 사실에 한탄하지도 슬퍼하지도 않고 지낼 수 있을까. 또 어느 순간에는 죽음에 흐뭇함, 아니 동경을 품기도 한다.

이 두 생각에는 나름대로 다 올바른 근거가 있다. 첫 번째 생각을 품고 있을 때 우리는 완전히 시간적인 의식에 잠겨 있어서 시간 속의 현상 이외에는 아무것도 아니라고 생각한다. 그렇기에 이러한 죽음을 무서워하는 것은 당연하다.

또 다른 두 번째 생각을 품고 있을 때는 앞의 경우보다는 훨씬 뛰어난 초월적인 의식이 작용한다. 이 의식과 경험적 의식을 '하나의 자아'의 동일성 속에서 서로 연결해버리는 비밀스러운 관계가 해명되기 때문에 기쁜 생각이 일어나는 것 또한 당연하다.

아무튼 경험적 의식이 작용하는, 혼미와 변덕과 나쁜 계략과 어리석음이 지배하는 세상이라는 이 영토에서는 나타날 수 있는 모든 재앙이 수반되며, 최후에는 필연코 죽음을 맞이한다. 죽음은 말하자면 생명을 담보로 잡고 있는 빚과 같으며, 어느 정도 불확실하기는 하지만 그 외의 갖가지 재앙 또한 그와 같다. 호라티우스도 이것을 "생명의 조건"이라고 말했다.

성경과 그리스도교가 이 세상의 죽음과 삶의 고단함과 궁핍은 타락이라는 죄 때문이라고 설명한 것 역시 당연하다. 여기에는 "너희는 스스로 땀을 흘림으로써 너희 자신의 빵을 먹어야 한다"라는 말이 있다. 우리를 괴롭히는 씨앗인 다른 사람들의 나쁜 마음의 원인을 따져보면 우리 자신에게도 모두 그와 같은 것이 깃들어 있다. 즉, 우리가 인간으로 태어난 데 죄가 있다. 우리가 그 영향으로 괴로워하는 일 역시 당연한 이치다.

우리 안에 있는 시간적인 것은 시간에 종속당하고 시간 속에서 괴로워하든가 소멸해야만 하며, 이 점에서는 아무런 구원도 없다. 우리 안에 있는 같은 것이라도 영원한 것만은 자기 긍정, 즉 덕행으로 자기 자신을 구원할 수 있다. 그렇지만 우리는 이 영원한 것을 부인하고 어떻게든 나쁜 쪽으로 빠지며, 바로 그 때문에 우리는 순전히 시간적 존재자가 되어 그대로 재앙과 죽음의 손에 넘어가고 만다.

금욕 고행은 시간적인 의식의 부정이며 쾌락 추구는 시간적인 의식의 긍정이다. 이러한 긍정의 초점을 점유하는 것이 다름 아닌 성욕의 만족이다. 그러므로 동정을 지키는 일은 금욕 고행에 이르는 제일 단계며 덕행에서 고행으로 나아가는 이동이기도 하다. 그러나 일반적으로 사람들이 동정을 지킨다면 인류는 사멸해버리고 만다.

다시 말하면 시간적인 의식이 그보다 뛰어난 의식과 나란히 서서 까닭도 모른 채 성장하는 일은 이제 가능하지 않을 것이며,

뛰어난 의식만이 순수하게 자신을 긍정할 것이다. 이러한 긍정에서 그야말로 덕행이 나타난다.

4

금욕 고행의 최고도, 즉 시간적 의식의 전적인 부정은 자신의 의지에 따른 기아사飢餓死다. 지금까지 내가 알고 있는 기아사의 실례는 겨우 두 가지다. 그 하나는 1813년 7월 29일 자 〈뉘른베르크 통신〉 독일판에 기록된 사례고, 다른 하나는 블루멘바흐의 생리학에 관한 사례다.

완전히 순수한 금욕 고행의 귀결로 기아사 이외에는 생각나는 방법이 없을 것이다. 오랜 시일에 걸친 괴로움을 피해 다른 방법을 선택한다는 의향은 바로 관능 세계의 긍정이기 때문이다. 위에서 말한 기아사의 두 예에서는 하나님의 특별한 명령이 있었다고 한다.

또 그 밖의 예로는 실증적인 종교와 순수한 금욕 고행을 뒤섞은 신앙에서 죽음을 선택하는 방법이 있다. 이를테면 이탈리아의 어느 가죽신 직공이 작위적으로 계획한 십자가 자살 따위다. 이 사실도 앞에서 말한 내 필기장에 분명히 적어두었다.

후에 추가한 블루멘바흐가 인용하는 것은 브레스라우의 《자연과 의학과의 역사 집록》 9집 중 여관의 예와 바일의 《문학계 소식》 중 정신병원의 예, 그리고 치머만의 《고독에 대하여》 등이다.

5

어떤 사람이 깊이 자신을 돌이켜 살펴본 결과 "나는 존재하지 않기로 되어 있던 것이 아닐까? 내가 없어진다 해도 무언가는 있을 것이다!"라고 말했다면, 그리고 우리가 그 사람을 있는 그대로 이해한다면 그 사람은 올바른 말을 한 것일 수 있다.

6

객체와 혼돈하여 자신을 시간적 존재자로 알고 생성된 것, 사멸해야 할 존재라고 믿는 사람은 마치 바닷가에 서서 물결을 바라보고 있는 사람과 같다. 사람이 바닷가에 서 있을 때 실제로 움직이는 것은 물결이고 그 사람은 여전히 정지한 채로 있다. 하지만 물결을 바라보는 그 사람은 물결이 고정되어 있고 자기 자신이 움직이는 듯한 생각이 든다.

7

이미 죽은 사람이 꿈에 살아 있는 모습으로 나타나고, 우리는 꿈에서 죽은 사람이 살아 있는 모습을 보면서도 그 사람이 죽었다는 사실을 조금도 의심하지 않는다. 이 경우처럼 우리는 지금 살아 있다는 꿈을 꾸고 있고 죽음으로 그 꿈이 끝나며, 죽음으로 꿈이 끝나면 또다시 새로운 꿈이 시작하고, 그 새로운 꿈에서는 자신이 전에 살아 있었는지 아닌지도 전혀 모른다.

> 우리는 여러 가지 꿈의 재료와도 같은 것, 또 그렇게 만들어진 것, 우리의 하찮은 인생은 하나의 잠에 싸여 있다.
> /셰익스피어

8

웅대하고 아름다운 곡을 연주하려고 준비하는 관현악단이 다만 혼란한 음조, 지나쳐가는 관현의 소리, 시작했다가 그치고 마는 완결되지 않은 여러 가지 악곡이나 갖가지 종류의 단편적인 작품만을 들려주는 일이 있다. 이처럼 인생도 전체가 혼돈이기 때문에 뜻하는 바대로 쾌적하고 부유한 경우라든가 행복한 생애 등은 도저히 볼 수 없다. 고작 부유하고 행복한 생애의 단편, 잔을 부딪치는 연약한 소리, 발단만 있고 이어지지 않는 흉내 정도에 지나지 않는다.

설령 관현악단 중에서 어느 한 사람이 어떠한 곡을 연주한다 해도 멜로디가 제대로 흘러가지 않고 흩어져 기대만큼 웅대하고 아름다운 음악을 연주하지 못한다면 오히려 중지하는 편이 낫다.

9

악마에게 자신의 영혼을 팔아버렸다는 파우스트를, 또는 파우스트와 비슷한 이야기를 어리석다며 비웃을 만큼 어리석고 속된 일은 다시 없다. 이런 이야기에서는 개개의 나쁜 점을 단지 각 개인에게서만 다루지만 사실 우리도 이미 악마와 계약을 체결하고 있다.

생명이라고 해봤자 교수형을 앞둔 약간 긴 집행유예 기간에 지나지 않겠지만 우리는 자신의 생명을 유지하려고 부지런히 노력한다. 마치 교수형이 확정된 죄인에게도 당분간 음식물을 지급하듯이 여러 가지로 쾌락을 맛보기는 하지만 결국 죽을 수밖에 없다. 즉, 여러 쾌락 대신에 죽음이 주어진다.

더구나 죽음은 결코 장난이 아니며 진지한 사실이다. 사실 죽음은 모든 시간적 존재자에게 모두 똑같이 대한다. 인간에게 하듯 동물에도, 동물에 하듯 식물에도, 나아가 모든 존재에 똑같다. 글자 그대로의 '죽음'이다. 이 사실에는 한 점의 착오도 없어서 경험적이거나 이성적인 의식에는 실제로 아무런 위안도 되지 못한다.

그러나 그렇다고 해서 죽음 후에 계속되는 영원한 가책도, 영원한 생명도 다 같이 있을 리가 없다.

어떻게든 시간을 단순한 형상으로 보는 근거는 그 본질상 어느 것에도 고정된 진실의 존재를 허용치 않고 따라서 모든 것은 언제나 흘러가버리고, 어느 것도 영속하지 않으며 어느 것도 고정하지 않는다는 점을 원리로 한다. "물질은 고정한다"라고 말한다. 그러나 칸트는 "물질은 물자체가 아니고 단지 현상에 지나지 않는다"라고 말했다. 칸트는 물질은 단지 '모든 인식할 수 있는 것과도 같이' 우리의 표상에 지나지 않는다고 생각했다. 그리고 우리는 물질이 아니며 또 물질의 집합도 아니다.

10

우리는 때때로 물질의 불멸이라는 자연법칙을 근거로 우리 자신도 그와 비슷한 법칙 아래 있으므로 결코 멸하지 않고, 싫든 좋든 간에 불멸하고, 별로 애를 쓰지 않더라도 불멸을 얻을 수 있으리라고 생각한다. 하지만 한낱 착각일 뿐이다.

사실 우리를 지배하는 그러한 자연법칙은 하나도 없다. 우리는 결코 어떤 수단으로서 존재하지도 않고, 어떤 목적을 가지고 자신의 '자아'를 만들지도 않았다. 그러므로 어떤 외부적인 힘도 우리를 유지할 수 없고, 또 멸망시킬 수 없다고 생각하는 모양이지만 이 역시 착각이다.

개체로서, 개인으로서, 또는 경험적 의식으로서 우리 자신에게, 시간에, 유한함 속에, 죽음 속에 존재한다. 이 세계에 존재하는 것은 무엇이든지 필연코 끝을 맺고 사멸한다. 이 세계에서 살아 있지 않은 것이야말로 마치 한 줄기 구름 사이를 지나듯이 모든 능력으로 세계를 꿰뚫고, 시간에도 죽음에도 아랑곳하지 않는다.

현명한 자는 다른 사람들이 죽음에 이르러서야 비로소 깨닫는 사실을 일찍부터 깨닫는다. 즉, 현명한 자는 삶이 곧 죽음이라는 사실을 깨닫는다. "삶의 한가운데에 죽음이 있다"라는 속담도 있지 않은가.

어리석은 자는 잠을 자고 꿈을 꾸며 배에서 노를 젓는 죄수지만, 현명한 자는 똑같이 그 안에 있어도 눈을 뜨고 있어 자신을 결박하는 쇠사슬을 보기도 하고 쇠사슬이 달그락거리는 소리를 듣기도 한다. 이렇게 현명한 자가 눈을 뜨고 있는 이유는 탈출 기회를 노리기 때문이 아니겠는가?

11

그리스도교는 "죄 때문에 이 세상에 죽음이 생겨났다"라고 말한다. 그러나 여기서 말하는 죽음은 다만 세상의 총체적인 실상을 과장한 날카로운 목소리의 노골적 표현에 불과하다. 오히려 "이 세상은 죄 때문에 생겨났다"라는 말이 훨씬 진실에 가깝다.

12

인간 무리는 소위 자기도취에 빠져서 불쌍하고 보잘것없는 자신들의 개성이 영원히 존속하기를 바라고 또 그럴 거라고 믿는다. 이런 모습을 보면 웃음만 나온다. 이런 생각에 빠진 인간들은 강보에 인간인 양 넣어놓은 돌멩이와 다를 바 없다. 그러니 크로노스가 자식이 태어나자마자 곧바로 삼켜버린 것은 사실 호의라고 봐야 한다. 그런데 제우스만이 크로노스에게 들키지 않고 잘숨겨서 참다운 불사신으로 자라고 영원한 권력을 손에 쥐었다니…….

오직 인간의 의식만이 인간의 아주 비밀스러운 감정이나 사고를 죄다 알고 있다. 인간은 언젠가는 이 의식을 잃어버릴 수밖에 없다. 그리고 아마도 인간은 어떻게 해서든지 자신의 의식 이외에 또 하나의 아주 비밀스러운 감정과 사고의 증거를 제공해줄 자가 있다는 사실을 믿고 있을 것이다.

13

하나의 상징은 무수한 반경이 출발하려는 하나의 중심점이다. 한폭의 그림 앞에 서서 모든 사람이 저마다의 시각으로 얼마쯤 달리 보더라도 모두가 같은 것을 인정하려는 심정만은 일치한다.

〈마술 피리〉는 상징적인 가곡 중 하나다. 죽음은 얼마 후에나를 소환할 것이다. 나를 이러한 생활로 데려다준 자가 누구인지는 모르지만, 죽음이 나를 불러준다면 나는 주저하지 않겠다. 나를 붙들어줄 사람이라고는 없으니까. 죽음이 무엇인지 나는 모른다. 그렇지만 나는 안심하고 그 뒤를 따라가련다. 〈마술 피리〉

는 죽음을 영웅이나 순교자를 멀리 데려가기 전에 눈을 가려주는 사제로 묘사했다.

죽음이란, 갈아입는 옷에 지나지 않으리.

14

한 사람이 죽을 때마다 하나의 세계가 멸한다. 그 세계는 그 사람이 머릿속에 그리고 있던 세계다. 그러므로 그의 머리가 뛰어나다면 그 사람의 세계는 한층 더 정밀하고 명석하며 의미도 크고 범위도 넓어서 그 죽음은 그만큼 애석할 것이다. 동물이라면 죽음과 함께 멸하는 세계가 다만 쓸쓸한 광상곡이나 스케치에 지나지 않겠지만…….

죽을 때가 되면 이기심은 주인의 몸이 멸하는 것과 함께 흔적도 없이 분쇄되어 소멸한다. 그러므로 몸의 주인은 죽음을 두려워한다. 죽음은 자연의 운행이 이기심을 타이르기 위해 주는 교훈이라고도 볼 수 있다.

15

의지를 없애버리면 육체의 소멸에 대해 어떠한 꺼림칙함도 없어진다. 그러면 영원한 올바름도 잘 알게 된다. 성품이 좋지 못한 사람은 무엇보다도 필연적 운명인 자신의 죽음을 가장 두려워하고 싫어한다. 죽음은 피할 수 없는 운명이지만 현명한 사람은 오히려 죽음을 바람직하다고 생각한다.

즉, 모든 악한 마음은 생존 의지가 가장 격렬하게 작용하는 곳에 생기므로 나쁜 마음을 가지느냐 착한 마음을 가지느냐에 따라서 사람마다 죽음을 꺼림칙하게 생각하기도 하고, 또 아무렇지도 않게, 혹은 바람직하게도 여긴다. 따라서 개개인 생명의 끝도 그 사람이 나쁜지 착한지에 따라서 재앙이 되기도, 행복이 되기도 한다.

16

사물이 있는 그대로 보인다는 것만은 세계의 허물 없는 모습이다. 순수한 표상, 이 속에는 특수하고 다양한 형상이 아주 명료하면서도 의미 깊게 나타나며, 이 형상 속에는 세계의 의지가 표명되어 있다. 이처럼 모든 사물이 있는 그대로 보이고, 이를 통해 순수한 표상이 생겨난다는 것은 그야말로 아름다운 일이다.

　　이런 이유 때문에 우리는 세계를 명랑하고 훈훈한 장소로 보고 한결 생존에 집착하는 게 아닐까? 그래서 죽음을 우리가 일찍이 겨우 빠져나온 암흑, 또다시 꼼짝없이 끌려가는 암흑이라고 생각하고는 한결같이 두려워하고 싫어하는 게 아닐까? 그러나 우리는 죽음이 우리 눈을 감게 할 때 비로소 참다운 광명을 찾을 수 있다. 이 광명에 비하면 지금 보는 태양의 빛 따위는 그저 음영에 지나지 않는다고 나는 믿는다.

17

우리는 죽은 사람이나 모든 동물의 사체를 보면 무어라 표현할 수 없는 우울한 기분에 빠진다. 그 이유는 육체라는 형태가 실체가 아닌, 단지 실체의 표상에 지나지 않았다는 점을 그 시체가 가장 뚜렷하게 보여주기 때문이다.

18

우리가 모든 동물의 눈에서 반짝이며 나오는 불꽃을 설령 이론상으로는 얼마 후에 멸하는 유기체와 부단히 순환하는 액체의 일시적인 부산물이라고 인정할 수밖에 없다고 하더라도, 그 불꽃은 영원한 반짝임이다.

19

인간을 화폐라고 본다면 그 한쪽에는 '제일 가치가 적은 자'라는 글자가, 또 다른 한쪽에는 '모든 것 중의 모든 것'이라는 글자가 새겨져 있을 것이다. 이처럼 모든 물질에도, 또 모든 정신에도 역시 의지와 표상처럼 두 개의 면이 있다.

나 역시 한쪽에서는 훨씬 전부터 이대로였고 또 언제까지나 이대로일 것이다. 그러나 다른 한쪽에서는 마치 들에 피는 꽃과 같이 나 역시 일시적인 존재에 지나지 않다고도 생각할 것이다.

다만 물질만이 진실로 존속한다고 할 수도 있지만 동시에 형태도 그렇다고 할 수 있다. 그래서 스콜라 철학의 "형태는 사물에 존재를 준다"라는 명제를 "사물에서 형태는 내적 존재를, 물질은 외적 존재를 준다"라고 정정해야만 한다.

본래 관념만이 존재한다고도, 개체만이 존재한다고도 할 수 있다. 실재론과 유명론이 병립하는 연유다.

이같이 죽음의 신에게도 두 개의 얼굴이 있다. 하나는 분노에 찬 얼굴이며 다른 하나는 한없는 너그러움을 띤 얼굴이다. 또한 이러한 모순은 이외에도 얼마든지 있는데 참다운 철학만이 이러한 모순을 조화롭게 해준다.

20

어떤 사람이 이 좁고도 짧은 현세에서 악착같이 사는 우리를 보면, 마치 동물 세계의 생활을 쳐다보는 듯한 느낌일 것이다.

21

물질의 어떠한 미립자나 분자라 할지라도 결코 무로 돌아가는 법은 없다. 그러나 인간의 정신은 죽음이 자신의 존재마저도 멸해버리지 않을까 우려한다.

22

어떠한 상황에도, 또 어떠한 사람에게도 가장 잘 적용하고 이해할 수 있는 위로의 말로서 "죽음은 삶과 같이 아주 자연스러운 것입니다. 그뿐 아니라 우리는 그보다도 더 앞, 훨씬 더 멀리까지도 알아보고 싶어 하죠"라고 말하면 좋을 것이다.

23

만약에 우리가 과거를 되돌아보듯이 미래를 명료하게 내다볼 수 있다면, 자신의 청년 시절 아득한 기억이 때로는 상세하고 뚜렷하게 눈에 떠오르듯이 우리의 죽을 날도 아주 상세하게 보일 것이다.

24

노쇠와 죽음의 원인은 결코 형이하形而下의 이유가 아니고, 오히려 형이상形而上의 근거다.

내가 한 마리의 파리를 때려눕혔다고 하더라도 지금 내가 때려죽인 것은 물자체가 아니고, 단지 현상에 지나지 않는다는 사실은 말할 필요도 없이 명백하다.

25

아마도 다른 많은 행성에서도 마찬가지겠지만, 매 순간 이 행성에서는 인간이라는 존재자가 수천씩 태어나지만 동시에 그만큼 많이 죽어간다. 그런데도 모든 인간은 짧은 생애를 마친 후에 어떤 다른 세계, 하늘만이 아는 세계에서 무한하게 존속하고 싶어한다. 그러나 인간은 동물에게서는 눈을 돌린다.

이러한 인간의 소망은 정말로 우습지 않은가. 그러나 이런 소망은 의로워 보일 뿐만 아니라 여기서 만족을 얻기도 한다. 다만 여기에는 하나의 조건이 붙는다. 즉, 개체성은 원래가 개별 분화의 원리에 기인해 생긴 단순한 현상일 뿐이며 본체(참 존재)에서만 존속한다. 더구나 이 본체가 모든 개체에, 그야말로 모든 개체에 빠짐없이 나타나는데 다만 개체가 그런 자신을 깨닫지 못할 뿐이다.

사색에 대하여

Selbstdenken

1

장서의 수량이 아무리 많더라도 정리하지 않으면 효용이 적고, 수가 적더라도 완벽하게 정리하면 큰 효과를 얻는다. 지식도 마찬가지다. 아무리 많이 알아도 자신이 깊이 생각한 지식이 아니면 그 가치가 의심스러우며, 적은 양이라도 몇 번이고 깊이 생각한 지식이라면 그 가치는 훨씬 크다. 아무런 노력 없이 하나의 진리를 터득하더라도 그 진리를 다른 여러 가지 지식이나 진리와 결합하고 비교할 필요가 있다. 이 과정을 거친 후에야 비로소 자기 자신의 지식을 완전한 의미로 획득하고 그 지식을 자유로이 활용할 수 있기 때문이다. 우리는 자신이 알고 있는 것만을 철저히 생각할 수 있다. 알기 위해서는 배워야 한다. 그러나 안다고 하더라도 참다운 의미로 아는 것은 이미 깊이 생각해본 것뿐이다.

그런데 독서와 학습만이라면 누구나 다 쉽사리 시작할 수 있으나 사색은 보통 그렇지 않다. 사색은 바람에 날리는 불꽃처럼 그 대상에 가지는 어떠한 관점에 좌우되면서 타오른다. 이 관심은 객관적인 형태를 취하든지 혹은 주관적인 형태를 취하든지 둘 중의 하나라고 해도 좋다. 주관적인 관심은 우리의 개인적인 문제에 한정해 작용한다. 그러나 객관적인 관심은 사색을 호흡하듯 자연스럽게 행할 수 있을 만큼 천부적인 재질을 부여받은 두뇌의 특유물이다. 이러한 사람은 아주 드물다. 대부분의 학자가 풍부한 사색의 예를 거의 제시하지 못하는 것도 이 때문이다.

2

스스로 하는 사색과 독서가 정신에 미치는 영향에는 믿을 수 없을 만큼 큰 차이가 있다. 그러므로 사색하는 두뇌와 독서하는 두뇌의 차이는 점점 더 커진다. 즉, 독서는 정신에 사상을 강요하지만 이 사상은 그 순간 정신의 방향이나 기분과는 관계가 없고 이질적이다. 독서와 정신의 관계는 도장과 도장이 찍히는 최초의 대상과 비슷하기 때문이다. 독서에 열중하는 정신이 외부에서 받는 압박은 굉장하다. 충동적인 연결은 물론 기분적인 연결마저도 느끼지 않는 여러 가지 일을 차례차례 생각하지 않으면 안 된다.

그러나 (엄밀한 의미에서) 스스로 사색하는 정신은 외부 환경이나 어떤 종류의 기억에 구속받더라도, 독서하는 정신과는 반대로 자신의 충동에 따라 움직인다. 눈에 비치는 세계는 독서처럼 단 하나의 명확한 생각을 머릿속에 남기지 않고, 단지 그의 본성과 현재의 기분에 맞는 게 무엇인지를 사색할 수 있는 소재와 기회를 제공할 뿐이다. 이러한 이유로 독서를 많이 하면 정신에서 탄력성을 모조리 빼앗아간다.

이는 마치 용수철을 계속 내리누르면 탄력을 잃는 것과 같다. 즉, 자기 사상을 가지고 싶지 않다면 틈이 나는 대로 책을 읽는 것이 가장 안전하고 확실한 길이다. 원래가 우둔하고 정신을 갖지 못한 보통의 사람들이 학문을 쌓아나갈 때 점점 이러한 경향이 강해진다. 그들의 저작이 결국 실패하는 이유도 이처럼 안전한 길을 걷기 때문이다. 영국의 시인 포프는 《우인愚人 열전》 3권에서 "영원히 읽히지 않기 위해 영원한 독서를 한다"라고 말했다.

학자는 책을 읽은 사람이며, 사상가나 천재는 인류를 계몽하고 그 전진을 촉진한 사람으로 세계라는 책을 직접 읽어본 사람이다.

3

원래 자신이 가진 기본적 사상에만 진리와 생명이 깃든다. 우리는 자신의 사상만을 참다운 의미로 충분히 이해하기 때문이다. 책에서 읽은 다른 사람의 사상은 다른 사람이 먹다 남긴 음식, 다른 사람이 벗어던진 헌 옷에 지나지 않는다.

우리의 정신 속에서 우러나오는 사상은 무르익은 봄철의 꽃이며, 책에서 읽은 다른 사람의 사상은 화석에 흔적을 남긴 태고의 꽃과도 같다.

4

독서는 사색의 대용품일 뿐이다. 독서는 다른 사람에게 사상 유도의 역할을 맡기는 일이다. 대부분 책은 그 지도를 받는 사람 앞에 얼마나 많은 미로가 있는지, 그 사람이 얼마나 심한 오류에 빠질 위험이 있는지를 보여주는 데만 효용이 있다. 그러므로 자신의 재질에 인도받는 사람, 즉 자발적으로 올바르게 사색하는 사람은 올바른 길을 발견할 나침반을 가진 셈이다.

독서는 자기 사상의 샘이 고갈되었을 때만 해야 하며, 사실 가장 훌륭한 두뇌를 가진 사람도 부득이 독서를 하는 경우가 곧잘 있다. 그러나 이와 반대로 책을 읽을 목적으로 생생한 자신의 사상을 추방하는 일은 성스러운 정신에 대한 반역이다. 그러한 죄인은 식물도감을 보거나, 동판화의 아름다운 풍경을 보기 위해 넓은 자연에서 도망치는 자와 같다.

5

독서는 자기 머리가 아니라 다른 사람의 머리로 생각하는 일이다. 끊임없이 독서를 계속하면 다른 사람의 사상이 우리 머릿속에 자연스럽게 흘러 들어온다. 그러므로 조금의 틈도 없는 완결한 체계까지는 가지 않더라도, 언제나 정리된 사상을 스스로 창조해내려는 사색에 독서보다 해로운 것은 없다. 다른 사람의 사상은 그 어느 것을 보더라도 저마다 다른 정신을 모체로 하고 있고 다른 체계에 속하며 다른 색채를 띠고 있다. 그래서 그 하나하나가 자연히 합류하여 참다운 사색이나 지식, 식견이나 확신으로 이어지는 전체적인 조직을 이루지 못하고 오히려 창세기의 바빌론을 연상시키는 말의 혼란을 우리 머릿속에 일으키며, 결국에는 이들을 지나치게 흡수한 정신에서 통찰력을 빼앗아 거의 고질적인 상태로 몰아넣기 때문이다.

이러한 상황은 많은 학자를 보면 분명히 알 수 있다. 그들이 상식이나 올바른 판단, 사리에 대한 분별 따위에서 학식이 없는 다른 많은 사람보다 못한 이유도 이 때문이다. 이들은 경험과 대화와 독서로 모은 얼마 되지 않는 지식을 언제나 자기 생각으로 지배하고 통합시킨다.

체계적인 사상가도 이 과정을 밟는다. 그러나 한층 대규모로 행한다. 즉, 사상가에게는 많은 지식의 재료가 필요하기 때문에 독서량도 많을 수밖에 없다. 그러나 그의 정신은 매우 강력해서 그 모두를 소화하고 동화하여 자신의 사상 체계에 병합할 수 있다. 끊임없이 시야를 넓히면서도 유기적인 조직을 잃지 않는 장대한 통찰력으로 그 재료를 지배할 수 있다. 이때 사상가 자신의 사색은 파이프 오르간의 기초 저음같이 모든 음 사이를 누비며 언제나 울려 퍼지고, 결코 다른 음에 묻혀 그 소리가 죽는 일이 없다. 그러나 박학다식할 뿐인 두뇌는 이와 달리 모든 음색이 음악의 파편을 산란하게 헤뜨려서 기본적인 소리조차 더는 들을 수 없을 정도다.

6

독서로 한평생을 보내며 여러 책에서 지혜를 얻은 사람은 여행안내서를 몇 권 읽고 어느 지방에 정통하다고 자처하는 사람과 같다. 이런 사람은 보고할 자료를 여럿 가지고는 있지만 그 지방의 사정에 대해서는 정리된 지식도 명료한 기초적 지식도 전혀 없다. 이와 대조적으로 한평생을 사색으로 보낸 사람은 그 지방을 직접 여행한 사람과 같다. 이러한 사람만이 그 지방의 사정을 참답게 정리한 지식을 가지고 있다고 할 수 있는데, 이때 그는 그 지방을 자기 집만큼 확실하게 안다.

7

범용한 서적 철학자와 스스로 사색한 사람의 관계는 역사 연구자와 목격자의 관계와 같다. 사색하는 사람은 자신이 직접 그 일을 파악하고 이야기한다. 따라서 자기 나름대로 사색하는데도 모든 사상가 사이에는 기본적인 일치점이 있고, 상호 간의 차이는 다만 저마다의 입장 차이에서 오는 데 지나지 않는다.

그러나 입장의 차이는 있어도 누구나 다 똑같은 말을 하는데, 그 이유는 두 사람 모두 객관적으로 파악한 내용만을 말로 표현하기 때문이다. 그 증거로, 내 입장에서는 역설적이라서 공표하기를 주저한 문장이 종종 훌륭한 고인의 저작에 명백하게 나와 있을 때가 있고 나는 기쁨과 놀라움을 느끼는 일이 자주 있다.

반면, 여러 사람의 말이나 의견, 나아가서는 또 여기에 대한 다른 사람의 반론 따위의 보고는 서적 철학자의 일이다. 그는 비교하고 고려한다. 비판을 통해 그 일의 진리의 배후에 이르려고 한다. 그러나 이러한 일에 열중하는 철학자는 비판적 방법을 무기로 하는 역사가에 가깝다. 이를테면 이러한 이유로 그는 라이프니츠에게 (아주 짧은 기간일지라도) 스피노자주의자였던 시대가 있었는지 어떤지 따위의 연구를 한다. 호기심이 많은 사람을 위해 이러한 일의 명백한 실례를 들면, 헤르바르트의 《도덕 및 자연법의 분석적 해명》과 《자유에 대한 편지》를 꼽을 수 있다.

8

단순한 경험도 독서와 마찬가지로 사색에 별로 보탬이 되지 않는다. 단순한 경험과 사색의 관계는 먹는 것과 소화하는 것의 관계와 같다. 경험이 자신이 이룬 여러 가지 발견을 통해 인지를 촉진했다고 호언장담한다면, 이는 마치 입이 육체를 유지하고 있는

게 자신 때문이라고 호언하는 것과 같다.

9

참다운 재능을 부여받은 두뇌를 가진 사람의 작품이라면 그게 누구의 작품이든 평범한 사람들의 저작과 구별된다. 그 단호함과 확고함에 따르면 명석한 표현법이 그 특징이다. 이 훌륭한 사람들은 산문이나 시 혹은 음악 따위의 어떤 형식을 취하더라도 무엇을 표현하려는지를 명확히 알고 있기 때문이다. 이 단호함과 명석함도 범용한 사람들에게는 없기에 즉시 그 범용함이 나타난다.

10

제일가는 정신의 특징은 모두 남의 손을 거치지 않고 자신이 직접 판단을 내린다는 데 있다. 이러한 정신을 가진 사람이 제의하는 의견은 하나하나가 모두 자신이 사색한 결과며, 또 그러하다는 사실이 말끝마다 나타난다. 그래서 이 훌륭한 사람들은 독일 제국의 제후처럼, 정신의 제국에서 직속 신하의 자격을 갖추고 있다. 범용한 무리는 배신의 지위에 서는데, 이러한 사실은 그들이 쓰는 문체에 비춰봐도 추측할 수 있다. 범용한 자들이 사용하는 문체에는 자신만의 특징이 전적으로 결여되어 있다.

이러한 점에서 참다운 사색가는 군주와도 같다. 그는 누구의 힘도 빌리지 않고 독립적인 지위를 유지하고 자신 위에 서는 자를 누구도 인정하지 않는다. 군주에게 모든 결정권이 있듯이, 모든 판단은 군주의 절대적 권력 아래에서 내려지고 군주는 자신

을 판단의 근거로 삼는다. 즉, 군주가 타인의 명령을 승인하지 않
듯이 사색가는 권위를 인정하지 않고 참다운 것을 직접 확인하기
전까지는 승인하지 않는다. 그러나 그 외 범용한 두뇌를 가진 사
람들은 세상에서 통용되는 의견이나 편견, 권위 등에 사로잡혀
법이나 명령에 묵묵히 복종하는 민중과도 같다.

11

세상 사람들은 어려운 문제를 해결하려 할 때 열의와 성급함 때
문에 권위 있는 말을 인용하고 싶어 한다. 자신의 부족한 이해와
통찰력 대신 해당 분야 다른 사람의 이해와 통찰력을 동원할 수
있을 때 마음속에서부터 기쁨을 느낀다. 물론 자신의 이해와 통
찰력을 동원하고 싶어도 그들에게는 원래 그러한 힘이 없다. 그
들의 수는 한이 없다. 세네카의 말처럼 "사람들은 누구나 판단하
기보다는 믿는 것을 더 선호하기" 때문이다. 그러므로 논쟁할 때
그들이 약속이나 한 듯이 내세우는 무기는 권위다. 그들은 제각
기 다른 권위를 무기 삼아 교전한다. 우연히 이 싸움에 말려든 자
가 근거나 논거를 무기로 대항하려고 해도 별로 좋은 방법이라고
는 할 수 없다. 이 논증적인 무기에 대항하는 사람들은 말하자면
불사신인 지그프리트와 같다. 사고나 판단의 힘을 튕겨내는 신비
로운 효험에 젖은 무리다.

12

현실에서 아무리 아름다운 행복 또는 쾌적한 생활을 하더라도 우
리는 중력의 압박을 받으며 움직이고 있을 뿐이고, 언제나 이를

이겨내야만 한다. 그러나 사상의 나라에서 우리는 물체가 아닌 정신으로 중력이라는 필연의 압박에서 벗어난다. 그러므로 지상의 어떠한 행복도 아름답고 풍성한 정신이 때를 얻어서 자기 안에서 찾아낸 행복보다는 못하다.

13

마음속의 사상은 가슴속 애인의 존재와 같다. 감격하고 흥분하여 이 사상을 절대로 잊지 않을 것이며, 또한 이 애인에게 냉담해지는 일도 없을 거라고 생각한다.

그러나 눈에 보이지 않으면 마음에서도 멀어지는 법이다! 아름다운 사상도 글로 적어두지 않으면 완전히 잊혀 다시 생각나지 않을 우려가 있고, 사랑하는 애인도 결혼이라는 형식으로 묶어두지 않으면 우리를 피해 몰래 사라져버릴 위험이 있다.

14

거의 모든 사상은 사색의 결과로 그 사상에 도달한 사람에게만 가치가 있다. 그중 소수의 사상만이 독자의 반향을 일으킬 힘, 즉 글로 쓰인 후에도 독자의 관심을 끄는 힘을 가지고 있다.

15

그러나 그런 때라도 한 사람의 사상가가 특히 자신을 위해 사색한 것만 참으로 가치 있다. 일반적으로 사상가는 자신을 위해 사색하는 자와 처음부터 남을 위해 사색하는 자로 나눌 수 있다. 첫째 유형에 속하는 사람들이 참다운 사상가며 이중적인 의미로 스스로 사색하는 자다. 그들이 참다운 철학자, 시를 사랑하는 자기 때문이다. 즉, 첫째로 그들만이 온몸을 다해 어떠한 것을 알려고 진지하게 노력하고 둘째로 이성과 지혜를 얻는 노력, 말하자면 사색에 그들 존재의 즐거움과 행복이 있다.

둘째 유형에 속하는 사상가는 소피스트다. 그들은 세상 사람들에게서 사상가로 인정받기를 염원한다. 즉, 명성 속에서 행복을 찾는다. 그들의 진지한 노력은 이처럼 타인 본위다.

그런데 한 사람의 사상가가 이 두 유형 중 어느 쪽에 속하는지 그 거동을 두루 살펴보면 곧 분명해진다. 리히텐베르크는 첫째 유형에 속하는 전형적인 인물이며, 헤르더는 둘째 유형에 속한다.

16

우리의 존재, 애매하고 고뇌에 찬 존재, 짧은 꿈과도 같은 이 존재는 참으로 중대하고 임박한 문제다. 한번 이 문제를 다루면 다른 문제나 목적은 모두 그 그림자에 덮일 정도다. 그러나 소수의 예외를 제하면 모든 사람은 이 문제를 명확하게 의식하지 못할 뿐만 아니라 심지어는 전혀 모르는 듯 보인다. 하지만 이보다는 전혀 다른 문제에 정신을 쓰고, 오직 오늘이나 자신의 일신과 연결되는 내일이라는, 역시 짧은 시간에만 신경을 쓰면서 무위한 나날을 보낸다. 그 이유는 이 문제를 고의로 무시하거나 혹은 이 문제에서 일부러 속된 형이상학 등과 타협하고 그걸로 만족하거나 둘 중 하나다.

그런데 이 문제의 중요성을 잘 생각하고 이 문제에 대한 사람들의 일상적인 태도에 주목하면, 인간이란 겨우 넓은 의미에서만 생각하는 동물일 뿐이라는 의견에 도달한다. 그리고 인간에게서 사려 없음, 우둔의 특징을 찾아내더라도 기이하다는 생각을 품지 않고 오히려 인간의 진실을 적극적으로 알고자 나아간다.

인간의 지적 시야의 평균 수준은 동물의 시야, 즉 미래와 과거를 의식하지 않고 모든 존재를 단 하나의 존재로 한정하는 동물의 시야보다 더 넓다. 하지만 사실은 우리가 평소 생각하는 만큼 인간과 동물 사이의 거리가 헤아릴 수 없을 정도로 멀지는 않다.

심지어 대화할 때도 대다수의 사상은 지푸라기처럼 짧고 단편적이어서, 여기서 긴 사상의 실을 짜낼 수 없다. 이것도 지금 말한 데 그 원인이 있다.

세계가 참되게 생각하는 존재들로 가득 차 있다면, 아무래도 모든 종류의 소음이 그토록 무제한으로 용인되지는 않을 것이다. 사실 그 무제한은 현재가 가장 심하며, 가장 무섭고 무익한 소음마저도 용인되고 있다. 그러나 자연이 인간의 본성을 사색으로 정했다면, 자연은 인간에게 귀를 주지 않거나 주었다 하더라도 적어도 박쥐처럼 공기가 통하지 않는 밀폐 마개를 귀에 붙였을 것이 틀림없다. 나는 그러한 귀를 가진 박쥐가 부럽다. 그러나 사실 인간은 다른 동물들과 마찬가지로 나약해서 인간의 힘은 생명을 유지할 수 있게 계산된 것이다. 따라서 언제나 귀를 열어두고 그 귀는 밤낮없이, 묻지 않더라도 추적자의 접근을 알려준다.

옮긴이의 말

《삶과 죽음의 번뇌: 쇼펜하우어 인생론》은 쇼펜하우어의 대표작인《의지와 표상으로서의 세계*Die Welt als Wille und Vorstellun*》2권과《소품과 보유집*Parerga und Paralipomena*》에서 선별한 글을 번역했다.

쇼펜하우어의 이 두 책은 쇼펜하우어가 일반인을 위해 자기철학의 고갱이를 간추려 쉽게 해설한 에세이로 삶의 괴로움, 허무, 생존 의지, 사랑, 죽음, 고독, 독서, 사색 등을 폭넓게 다룬다. 생전에 환영받지 못한 쇼펜하우어는 이 두 책으로 비로소 세상의 광범위하고도 깊은 관심을 끌었다. 내용의 충격 때문도 있지만 여느 철학서에도 없는 풍자, 비유, 비판, 독설 등의 장점 덕분이기도 하다.

쇼펜하우어는 1788년 2월 22일 독일 단치히에서 태어났다. 그의 아버지는 자유주의를 신봉하는 은행가였으며, 어머니는 단치히 시의회 의원의 딸로 많은 아동 작품을 저술한 작가였는데 바이마르에서 문학 살롱을 마련하여 괴테를 비롯한 많은 작가와 교류했다.

쇼펜하우어는 부모를 따라 유럽 각지를 돌아다녔고 그 덕분에 여러 나라 언어에 능통했다. 유럽 여행 후 상인이 되라는 부친의 권유로 함부르크에서 수습 생활을 했지만, 부친이 세상을 떠나자 괴팅겐대학교 의과에 입학했다. 그러나 의학에 취미를 느끼지 못해 철학과로 옮겨 플라톤과 칸트를 연구했다.

1811년 베를린대학교로 옮긴 쇼펜하우어는 피히테의 강의를 들었으나 별로 만족하지 못했다. 1813년 〈충족이유율充足理由律의 네 가지 근원Ueber die vierfache Wurzel des Satzes vom zureichenden Grunde〉으로 예나대학교에서 철학박사 학위를 받았다. 1820년부터는 베를린대학교에 강사로 출강했지만 당시 철학계의 거두였던 헤겔을 반대했다는 이유로 교수가 되지 못했다.

베를린에 콜레라가 유행한 1831년에 프랑크푸르트암마인으로 자리를 옮긴 쇼펜하우어는, 그곳에서 철학자로서 시간을 보내다가 1860년 9월 21일 세상을 떠났다.

쇼펜하우어는 이 책에서 "인생이란 고통이며 마침내 허무에 도달하게 된다"라고 말한다. 그러나 조금 더 세심하게 읽어나가면 부정의 뿌리가 삶의 깊은 긍정에 닿아 있다는 사실을 발견할 수 있다.

그의 철학은 여기에 새삼스럽게 거론할 필요가 없을 만큼 널리 소개되었지만, 처음 접하는 사람이라면 월 듀랜트의 《철학 이야기》를 참고하면 될 듯하다.

쇼펜하우어 연보

1788년 2월 22일	독일 단치히에서 태어났다.
1793년 (5세)	단치히가 프러시아에 병합되자 함부르크로 옮긴다.
1797년 (9세)	아버지와 함께 프랑스 여행 중에 아버지의 친구 브레 시마르의 집에 남아 프랑스어를 배운다.
1799년 (11세)	함부르크에서 철학박사 룬게의 사립학교에 입학하여 4년간 공부한다.
1803년 (15세)	학자가 되고 싶었으나 유럽 여행 후 상인이 되라는 아버지의 권유로 2년간 여행을 다닌다.
1805년 (17세)	여행을 마치고 함부르크로 돌아와 아버지와 한 약속대로 상인이 되기 위해 수습 생활을 시작하지만, 이 해에 아버지가 세상을 떠난다.
1807년 (19세)	어머니 친구의 권유로 고타의 김나지움에 입학한다.
1808년 (20세)	바이마르 김나지움으로 전학한다.
1809년 (21세)	괴팅겐대학교 의과에 입학한다.
1810년 (22세)	철학과로 옮겨 자연과학을 배우고 슐체의 강의를 듣는다.
1811년 (23세)	베를린대학교로 옮겨 피히테와 슐라이어마허의 강의를 청강한다.
1813년 (25세)	〈충족이유율의 네 가지 근원〉으로 예나대학교에서 철학박사 학위를 받는다. 이 논문을 읽은 괴테가 색채론을 연구해 보라고 권한다.
1814년 (26세)	드레스덴으로 이사한 후, 도서관과 미술관 등에서 학문과 예술을 연구한다.
1818년 (30세)	《의지와 표상으로서의 세계》를 완성한다. 이탈리아를 여행한다.

1819년 (31세)	4월, 로마를 거쳐 베네치아로 가서 애인과 깊은 관계에 빠진다. 바이마르로 돌아와 괴테를 방문한다.
1820년 (32세)	베를린대학교에 강사로 출강한다.
1821년 (33세)	자서전적 산문 〈하나의 가지〉를 쓴다.
1822년 (34세)	이탈리아를 여행한다.
1829년 (41세)	논문 〈시각과 색채에 관하여〉를 발표한다.
1831년 (43세)	베를린에 콜레라가 유행하자 프랑크푸르트암마인으로 옮긴다.
1836년 (48세)	《자연에서의 의지에 관하여》를 출판한다.
1839년 (51세)	노르웨이 왕립 학술원에서 실시한 현상 논문에 〈의지와 자유〉가 입선한다.
1841년 (53세)	《윤리학의 두 가지 문제》를 펴낸다.
1844년 (56세)	《의지와 표상으로서의 세계》 2판을 펴낸다.
1846년 (58세)	철학박사 율리우스 프라웬쉬테트가 그를 방문하여 친교를 맺는다.
1847년 (59세)	학위 논문 〈충족이유율의 네 가지 근원〉을 대폭 수정하여 재판을 펴낸다.
1851년 (63세)	《소품과 보유집》을 펴낸다.
1852년 (64세)	〈노령老齡〉을 쓴다.
1853년 (65세)	존 옥센포드가 쇼펜하우어의 철학을 논한 〈독일 철학에서의 우상 파괴〉를 발표한다. 마인츠를 여행한다.
1854년 (66세)	《자연에서의 의지에 관하여》 개정판과 《시각과 색채에 관하여》를 펴낸다. 프라웬쉬테트가 《쇼펜하우어 철학에 관한 서간집》을 발표한다.
1855년 (67세)	프랑스 화가 쥘 룬테쉬츠가 쇼펜하우어의 초상화를 그린다.
1856년 (68세)	라이프치히대학교에서 〈쇼펜하우어 철학 핵심의 해설 및 비판〉이라는 현상 논문을 모집한다.
1857년 (69세)	카를 G. 벨이 현상 논문에 당선되어 《쇼펜하우어, 철학의 개요 및 비판적 해설》이라는 표제로 출판된다.
1859년 (71세)	《의지와 표상으로서의 세계》 3판을 펴낸다.
1860년 (72세)	9월 21일, 아침을 마친 후 식탁에 앉은 채로 세상을 떠난다.

옮긴이 송영택은 부산에서 태어났다. 서울대학교 독어독문학과를 졸업하고 서울대학교에서 강사로 재직했다. 《현대문학》의 시 추천을 받아 등단했고, 한국문인협회 사무국장 및 한국문인협회 국제펜클럽 한국본부 이사를 역임했다. 옮긴 책으로 《헤르만 헤세 전집》, 《릴케 시집》, 《말테의 수기》, 《삶을 사랑하는 젊은이들에게》 등 다수의 독일 문학 작품과 철학서 등을 옮겼다.

삶과 죽음의 번뇌: 쇼펜하우어 인생론

1판 1쇄 발행   2024년 7월 20일

지은이	아르투어 쇼펜하우어
옮긴이	송영택
펴낸곳	㈜문예출판사
펴낸이	전준배
기획·편집	백수미 박해민 이효미
표지디자인	최혜진
본문디자인	서옥
영업·마케팅	하지승
경영관리	강단아 김영순
출판등록	2004. 02. 11. 제2013-000357호 (1966. 12. 2. 제1-134호)
주소	04001 서울시 마포구 월드컵북로 21
전화	393-5681
팩스	393-5685
홈페이지	www.moonye.com
블로그	blog.naver.com/imoonye
페이스북	www.facebook.com/moonyepublishing
이메일	info@moonye.com
ISBN	978-89-310-2361-9 03160